黑龙江自由贸易试验区建设与区域经济联动发展研究

荣红霞 刘美艳 著

清华大学出版社
北京

内容简介

本书是"黑龙江省哲学社会科学规划基金项目(一般项目):基于反事实模型视角的黑龙江自由贸易试验区建设与区域经济联动发展研究(项目批准号:20JYB038)"及"黑龙江省经济社会发展重点研究课题(基地专项):打造向北开放新高地的财税金融政策支持研究(课题编号:24420)"的成果。黑龙江自由贸易试验区的设立对于实现区域经济高质量发展产生了重大影响。本书从贸易效益、规模经济效益、制度溢出效应、虹吸效应等方面,对自由贸易试验区带动周边区域经济增长的路径进行分析,通过比较"反事实"经济绩效值分析黑龙江自由贸易试验区的建设对该省经济发展的影响,实证检验了建设自由贸易试验区对属地城市GDP增长率的拉动水平,并着重分析了自由贸易试验区对区域经济的带动效应及其影响因素。

本书封面贴有清华大学出版社防伪标签,无标签者不得销售。
版权所有,侵权必究。举报:010-62782989,beiqinquan@tup.tsinghua.edu.cn。

图书在版编目(CIP)数据

黑龙江自由贸易试验区建设与区域经济联动发展研究 / 荣红霞,刘美艳著. -- 北京:清华大学出版社,2025.1.
ISBN 978-7-302-67992-9
Ⅰ. F752.835
中国国家版本馆CIP数据核字第2025B16C69号

责任编辑:强 溦
封面设计:傅瑞学
责任校对:刘 静
责任印制:丛怀宇

出版发行:清华大学出版社
网　　址:https://www.tup.com.cn,https://www.wqxuetang.com
地　　址:北京清华大学学研大厦A座　　邮　编:100084
社 总 机:010-83470000　　邮　购:010-62786544
投稿与读者服务:010-62776969,c-service@tup.tsinghua.edu.cn
质量反馈:010-62772015,zhiliang@tup.tsinghua.edu.cn
印 装 者:北京建宏印刷有限公司
经　　销:全国新华书店
开　　本:170mm×240mm　　印　张:11.75　　字　数:214千字
版　　次:2025年1月第1版　　印　次:2025年1月第1次印刷
定　　价:59.00元

产品编号:106707-01

FOREWORD 前　言

　　党的二十大报告指出："我们实行更加积极主动的开放战略，构建面向全球的高标准自由贸易区网络，加快推进自由贸易试验区、海南自由贸易港建设，共建'一带一路'成为深受欢迎的国际公共产品和国际合作平台。我国成为一百四十多个国家和地区的主要贸易伙伴，货物贸易总额居世界第一，吸引外资和对外投资居世界前列，形成更大范围、更宽领域、更深层次对外开放格局。"

　　从党中央、国务院提出的关于高质量、新要求发展自由贸易试验区建设的发展历程中，自由贸易试验区建设已经成为我国"走出去"与"引进来"双向开放，对接国际标准，深化体制创新，改革开放的重要窗口。因此，深入发掘自由贸易试验区的内在动力、功能定位与潜在成果，是自由贸易试验区构建、形成独特联动、协同发展、提升区域竞争力的关键。

　　黑龙江自由贸易试验区的发展是内在动力与外在动力相互影响的结果。本书通过分析成功的"自由贸易试验区"各自的成功路径，结合我国第三批自由贸易试验区的建设情况，基于区位、要素等特征，分析总结黑龙江省如何通过自由贸易试验区的建设，实现区域经济发展、扩大开放，带动周边城市发展；依据"供给—需求—环境"来分析实现路径，提出供给侧政策保障措施、需求侧政策保障措施、优化营商环境政策保障措施三个层面的保障措施。根据黑龙江自由贸易试验区各片区功能定位和其他经济功能区产业布局，主张以产业协同发展为主线进行积极探索，选择冰雪经济、国际贸易等产业在国家级新区、海关特殊监管区和省级经济功能区中开展协同发展试点，逐步形成可复制推广的有效经验。本书以专著形式作为项目的最终成果出版，受黑龙江省哲学社会科学研究规划项目资助。本书具体写作分工如下：第1章、第2章、第3章、第7章、第9章由荣红霞（哈尔滨金融学院"对俄金融合作"研究中心）撰写；第4章、第5章、第6章、第8章由刘美艳（哈尔滨金融学院"对俄金融合作"研究中心）撰写。本书作为项目研究成果，可能存在一些问题和不足，我们真诚地希望专家学者及从事相关工作的同仁提出宝贵意见，我们也将进一步推进和深化对这一问题的研究，后续研究成果将以论文形式发表。

著　者

2024年10月于哈尔滨

目 录
CONTENTS

第1章 引言 / 1
    1.1 问题的提出 / 1
    1.2 国内外研究文献述评 / 3
    1.3 研究目的和研究意义 / 10
    1.4 研究对象与基本思路 / 11
    1.5 具体研究方法 / 12
    1.6 研究逻辑框架 / 12

第2章 自由贸易试验区建设与区域经济联动发展的相关理论基础 / 14
    2.1 基本概念 / 14
    2.2 自由贸易相关理论 / 16
    2.3 本章小结 / 25

第3章 黑龙江自由贸易试验区影响区域经济发展的现实基础 / 26
    3.1 中俄边境贸易发展 / 26
    3.2 黑龙江自由贸易试验区历史演进与发展现状 / 29
    3.3 黑龙江自由贸易试验区联动区域发展 / 39
    3.4 本章小结 / 42

第4章 黑龙江自由贸易试验区对区域经济发展影响分析 / 43
    4.1 贸易效益 / 44
    4.2 产业集聚及优化升级 / 48
    4.3 规模经济效益 / 51
    4.4 溢出效应 / 55
    4.5 辐射和虹吸效应 / 60
    4.6 本章小结 / 62

第5章 黑龙江自由贸易试验区与区域联动发展的机制构建 / 63
    5.1 要素联动机制 / 63

5.2 产业联动机制 / 66
5.3 区域合作机制 / 69
5.4 运行保障机制 / 72
5.5 本章小结 / 73

第6章 黑龙江自由贸易试验区建设与区域经济联动发展的实证分析 / 75

6.1 理论模型构建与数据描述 / 75
6.2 "反事实"实证结果及分析 / 80
6.3 基于反事实思维下的实证检验 / 86
6.4 黑龙江自由贸易试验区建设与区域经济联动发展核心驱动因素检验 / 88
6.5 本章小结 / 97

第7章 黑龙江自由贸易试验区联动区域经济发展的政策支持机制分析 / 99

7.1 政策支持机制设计因素分析 / 99
7.2 黑龙江自由贸易试验区联动区域经济发展的政策支持动力机制 / 102
7.3 基于政策支持的动力机制影响分析 / 106
7.4 黑龙江自由贸易试验区联动区域经济发展政策支持的协调机制 / 110
7.5 本章小结 / 128

第8章 国内外自由贸易区建设对黑龙江的启示及借鉴 / 129

8.1 发展中国家典型自由贸易区建设 / 129
8.2 发达国家典型自由贸易区建设 / 138
8.3 中国自由贸易试验区的建设事实特征 / 144
8.4 本章小结 / 158

第9章 黑龙江自由贸易试验区推进区域经济联动发展的对策 / 160

9.1 黑龙江自由贸易试验区推进区域经济联动发展的思路 / 160
9.2 政策支持的保障体系 / 162
9.3 黑龙江自由贸易试验区推进区域经济联动发展的具体措施 / 174
9.4 本章小结 / 177

参考文献 / 178

第 1 章

引 言

1.1 问题的提出

2013年12月4日,商务部新闻办公室召开"自贸区建设"专题新闻发布会提出,自2001年加入世贸组织以来,我国迈出了对外开放的步伐,逐渐把国际国内两个市场、两种资源结合起来,在建设区域自由贸易区,扩大贸易投资便利化及自由化的新征程中,构建起高水平的自由贸易区网络,与世界其他国家加强经贸联系和经济一体化,实现互利共赢、共同发展。

2014年12月5日,中共中央政治局就加快自由贸易区建设进行第十九次集体学习。习近平总书记指出,加快实施自由贸易区战略,是适应经济全球化新趋势的客观要求,是全面深化改革、构建开放型经济新体制的必然选择。习近平总书记强调,要站在新的历史起点上,实现"两个一百年"奋斗目标、实现中华民族伟大复兴的中国梦,必须适应经济全球化新趋势、准确判断国际形势新变化、深刻把握国内改革发展新要求,以更加积极有为的行动,推进更高水平的对外开放,加快实施自由贸易区战略,加快构建开放型经济新体制,以对外开放的主动赢得经济发展的主动、赢得国际竞争的主动。

2015年12月6日,国务院发布《关于加快实施自由贸易区战略的若干意见》,该文件是中国建立自由贸易区后第一部具有重大战略意义的综合性文件,是对我国自由贸易区的"顶层设计",它清晰地指出,要加快构建周边自由贸易区,不断深化经贸关系,构建合作共赢的周边大市场,积极推进"一带一路"沿线自由贸易区,结合周边自由贸易区建设和推进国际产能合作。

2017年1月15日,新华社就上海自由贸易试验区的建设问题发文指出,多伦多大学柯尔顿教授、日本拓殖大学朱焱教授等,均表达了对上海自身良港、完善配套设施等有利的发展前景，以及中国与其他各国之间良好的经贸合作，将为该地区企业开展经贸活动提供更有利的环境的看法。

2017年3月5日，习近平在十二届全国人大五次会议上海代表团审议时，作出重要指示指出，建设自由贸易试验区是党中央在新形势下全面深化改革、扩大对外开放的一项战略举措，要努力把上海自由贸易试验区建设成为开放和创新融为一体的综合改革试验区，成为服务国家"一带一路"建设、推动市场主体走出去的桥头堡。

2017年9月1日，中共中央政治局委员、国务院副总理汪洋在第十一届中国-东北亚博览会开幕式暨第九届东北亚合作高层论坛上表示，扩大互利合作、促进共同发展，是东北亚各国企业和人民的共同期盼。中方愿与地区国家共同努力，进一步开放市场，提高贸易便利化水平，扩大贸易规模；深化投资合作，构建互利共赢的区域产业链、创新链、物流链，提升区域经济整体竞争力。

党的十九大报告指出，推动形成全面开放新格局。要以"一带一路"建设为重点，坚持引进来和走出去并重，遵循共商共建共享原则，加强创新能力开放合作，形成陆海内外联动、东西双向互济的开放格局。拓展对外贸易，培育贸易新业态新模式，推进贸易强国建设。赋予自由贸易试验区更大改革自主权，探索建设自由贸易港。

党的二十大报告指出，我们实行更加积极主动的开放战略，构建面向全球的高标准自由贸易区网络，加快推进自由贸易试验区、海南自由贸易港建设，共建"一带一路"成为深受欢迎的国际公共产品和国际合作平台。我国成为一百四十多个国家和地区的主要贸易伙伴，货物贸易总额居世界第一，吸引外资和对外投资居世界前列，形成更大范围、更宽领域、更深层次对外开放格局。党的二十大报告还指出，加快构建新发展格局，着力推动高质量发展，要推进高水平对外开放，加快建设海南自由贸易港，实施自由贸易试验区提升战略，扩大面向全球的高标准自由贸易区网络。

从自由贸易试验区建设的发展历程来看，自由贸易试验区已经成为我国"走出去"与"引进来"双向开放，对接国际标准，深化体制创新，深化改革开放的重要窗口。因此，深入发掘自由贸易试验区的内在动力、功能定位与潜在成果，是黑龙江自由贸易试验区创新探索、形成独特联动、协同发展，提升区域竞争力的关键。

一个国家因其空间上的非均质性，造成其地域上的差异，使其经济基础各不相同，所从事的经济活动也不尽相同，最终创造的经济价值不同。首先，一个国家经济特区的发展与其地理位置和区域经济发展内部因素的差异有关；其次，通过分析影响区域经济不平衡发展的因素，有效地把握自由贸易试验区的发展规律,对自由贸易试验区的建设具有借鉴和帮助作用;再次,自由贸易试验区的建设对区域经济发展是否能产生积极影响;最后,如何结合自由贸易试验区的发展属性,提出一套适合我国区域经济协调发展的对策,是本研究的主要内容和意义。

1.2 国内外研究文献述评

1.2.1 有关自由贸易试验区的功能研究

对有关自由贸易试验区的功能研究主要从自身功能及其带动功能两个方面展开。

1. 自身功能

自由贸易试验区具有什么样的功能,主要取决于它自身发挥的特定功能,而功能的发挥又与自由贸易试验区的类型有很大关系,祁欣和孟文秀(2010)提出了一个新的功能模式,即自由贸易试验区在物流集散上还发挥了重要功能。Chauffour和Maur(2011)指出,自由贸易区的功能正在逐步提升,其主要表现为降低生产要素壁垒,减少货物和服务流通之间的壁垒等方面。李国英(2016)从四个自由贸易区的功能定位出发,提出了河南省发展内陆自由贸易区的思路。

2. 带动功能

从宏观上看,自由贸易试验区对国家或地区的经济发展、外资吸引、制度创新方面等都具有正向意义。其代表性意见包括:①自由贸易区的建立有利于促进区域经济转型,为全球经济的持续增长提供推动力;陈爱贞(2014)提出上海自由贸易试验区的建立改变了区域经济模式,实施了"单边开放"、扩大了市场、实行了放权改革等。②Kankesu(2002)和Christorher(2014)认为,自由贸易试验区能够吸引外资,还可以促进贸易发展,带来外汇和增加就业。③自由贸易区的建立和运作可以带动区域内部的发展,促进区域体制的创新。张佑文(2014)提出上海自由贸易试验区应在原有体制的基础上进行改革,以取得显著效果,并通过制度的构建,实现产业结构的持续调整,为制度创新提供不竭的动力。曹远征(2014)认为,上海自由贸易试验区的出现,将推动以服务业为中心的市场化改革进程的加速。

Scitovsky(1958)认为边境贸易发展到一定程度即建立自由贸易区,贸易自由化将使得国内厂商的国内市场份额减少,导致企业竞争加剧,产生了自由贸易区的竞争强化效应。Daniau(1960)从生产要素市场一体化的角度提出,自由贸易区建设能够推动区域经济一体化发展。Rhee(1990)指出自由贸易区建设能够引导本国企业融入全球价值链中，从而提升全球性竞争实力。Batiz、Rome(1991)认为自由贸易区建立之后，贸易自由化将会提升成员国内部的技术进步水平与生产效率，因而产生更多的经济产出。Johansson、Nilsson(1997)认为对外出口加工区具有催化剂作用，能够吸引外国公司进驻，有助于学习先进的生产技术与管理经验。Krugman(1999)认为自由贸易区的建立可以改变传统国际贸易形式，并且能增加消费者所得或者生产者所得，因而使得经济福利扩大。Soloaga、Winters(1999)通过贸易引力模型证实优惠贸易安排政策制度下可以产生贸易转移效应。Cemat(2001)运用贸易引力模型证实发展中国家之间成立RTAs(区域贸易协定)的贸易转移效应未必大于与发达国家商建RTAs。Hllawt(2007)通过CCG模型证实SADC自由贸易区(亚洲&南部非洲发展共同体)对马达加斯加的经济增长推动作用不明显，但能有效改善贸易条件，尤其纺织业与服装业受益显著。Schrank(2008)通过对多米尼亚共和国的实证研究表明，该国出口加工区的离岸制造业，能够带来技术溢出，提高生产效率，对当地经济增长有一定的推动作用。Sawkut Rojid(2009)通过成本效益办法的应用证明了毛里求斯通过出口加工区创造出口的效果。Kim Sang Kyum(2010)运用EVA方法定量评价了韩国自由贸易区建设给公共投资项目带来的经济效益。Bolle、Williams(2012)证实美国的自由贸易区发展显著推动了本国的经济增长。Vicens(2013)构建了面板数据模型对美国自由贸易区进行实证分析，表明美国自由贸易区的建立对于扩大美国出口贸易具有显著的推动效果。QiXin、Muhammad Saqib Irshad(2014)探讨了中国-东盟自由贸易区对双边经济发展的影响，认为贸易自由化产生了较多的积极效应。A-RomKim、JingLu(2016)证实了自由贸易协定和经济一体化的贸易创造效应。

1.2.2 有关自由贸易区建立的影响因素研究

Baier、Berg-strand(2004)从理论和实证上研究了两个经济体之间建立FTA(自由贸易协定)的经济影响因素，认为最主要的因素是基于政府最大化各自利益的相互选择。Endoh(2006)认为签订FTA的可能性随着政府公共服务能力改善而提高。Márquez-Ramos等(2009)认为两经济体之间的要素禀赋差异越大，两个经济体之间建立FTA的可能性越小。Ayathilaka、Keembiyahetti(2009)实证研究认为两经济体之间距离越近、经济规模越大、要素差异越大、进口关税水平越高、政治越稳定，两个经济体之间建立FTA的可能性越大。Kitwiwattanachai(2010)以亚洲自由贸易区为研究对象，利用可计算的一般均衡模型，从自由贸易区的生产者、消费者、政府和国外经济四个层面，对东亚自由贸易试验区的可替代性进行量化评价。

1.2.3 有关自由贸易试验区的发展模式研究

有关自由贸易试验区建设发展模式的研究主要包括管理模式、法制建设、政策效应和监管制度四个方面。

1. 管理模式

管理模式主要体现为国家内部设立专门负责自由贸易试验区建设的管理机构,并且针对自由贸易试验区内不同的管理模式实现有效的管理。Madani (1999)认为,管理自由贸易区的重点是调整管理模式,相对减少贸易和投资壁垒更有利于自由贸易区的发展。方磊等(2016)认为,试点自由贸易试验区管理模式应该从管理体制上、通关监管、离岸金融及外商投资方面进行模式优化。

2. 法制建设

法制建设具体体现为健全的法制体系、完善的法律监管机构为自由贸易试验区的建立提供了有效的导向与监控机制,从而提高了自由贸易试验区管理的应变性。王建文和张莉莉(2014)认为,上海自由贸易试验区应有明确的法律法规对其进行全面的金融监管,并建立相应的监管机构。Bolle(2016)提出了美国自由贸易区制定法律法规措施的可行性,对自由贸易区的发展起到一定的保障作用。

3. 政策效应

自由贸易区各项优惠措施的出台,可以有效地减少自由贸易区的关税、非关税壁垒,促进区域经济的发展。陈林和罗莉娅(2014)对上海自由贸易试验区的体制变革进行了理论研究,提出在制度方面改革具有积极的政策效应。王利辉(2017)提出了自由贸易试验区的建立将会产生更多的政策效果,会促进自由贸易和自由贸易区的发展。

4. 监管制度

监管制度主要表现在海关监管的制度、方法等都会对自由贸易试验区的建设、运行和招商引资方面产生影响。在自由贸易试验区海关监管战略方面,孙浩(2015)提出了对货物应分类监管,对企业与货物实行同时监管的观点,将海关监督的客体扩大到"物"与"服务"两个方面。

1.2.4 有关自由贸易试验区的经济效应研究

研究自由贸易试验区对经济发展的效应分析,主要从自由贸易试验区的经济增长效应、辐射带动效应、经济福利效应三个方面展开。

1. 经济增长效应

学术界一般认为,建立自由贸易区对一个地区的经济增长和发展水平都会产生正面的作用。Ederington和McCalman(2008)提出,建立自由贸易区有利于促进区域外部先进技术的集聚,推动产业内的资源更加高效地分配,从而提升整个产业的能效,推动可持续发展。Hu和Liu(2014)通过研究证实,建立自由贸易区对我国的经济发展具有重要的现实意义。陈琪和刘卫(2014)提出,上海自由贸易试验区对经济发展具有正效应,体现在可以有效配置资源,实现区内经济增长。杨向东(2014)通过对上海自由贸易试验区实施"负面清单"的分析,发现其可以有效地减少贸易成本、降低关税,促进区域经济发展;将贸易政策进行进一步规范化扩展,以达到经济发展的目的。谭娜、周先波、林建浩(2015)对上海自由贸易试验区对经济增长的效应进行了实证分析,得出自由贸易试验区对区域经济发展的促进作用。殷华和高维和(2017)认为上海自由贸易试验区的建立,对上海市国内生产总值、投资、进口、出口等方面产生了重要影响,并且随着制度创新,上海的区域经济效应将越来越明显。

2. 辐射带动效应

自由贸易试验区建立后实施的优惠政策和改革深化主要是在贸易、投资和金融等方面进行制度上的改进,持续地将各类资源聚集起来,并向周边城市进行辐射。Ribeiro(2012)和Castilho等(2015)研究发现,玛瑙斯自由贸易试验区的财政优惠政策能够提升地区中间产品生产效率,改善当地人民的生活水平,促进区域经济福利水平。苏振东和尚瑜(2016)从出口贸易这一新的角度出发,建立微观引力模型进行实证分析,证明天津自由贸易区的建立将在出口方面促进京津冀地区的经济一体化发展。

3. 经济福利效应

自由贸易区的主要表现是贸易和投资的便利化运作,自由化带来福利的变化。Facchini和Willmann(1999)运用福利效应模型对自由贸易区进行了分析,发现自由贸易试验区的建立对其所在国家的福利水平产生较显著的福利效果。根据Rahman(2003)的研究,墨西哥在成为北美自由贸易试验区成员之后,社会福利水平在生产消费、就业率增长等方面得到显著提高。

1.2.5 有关自由贸易区的政策支持研究

Viner(1950)发现,通过建立关税联盟,国内生产效率较低的商品将被其他成员国家生产效率较高的商品所取代,从而实现资源的最优分配,提升了生产效率,提高了社会福利。Balassa(1962)认为应加强自由贸易区内部成员国贸易政策一体化的协调,提高成员国间要素的自由流动,以实现资源优化配置。Corcien(1972)认为建立自由贸易区后削减关税壁垒和形成规模经济使得国内生产成本降低并提高生产效率。Susanto、Rosson和Adcock(2006)运用贸易引力模型确认,关税每减少1%,美国从墨西哥进口农产品的进口量就会上升3.96%。Feltenstein(2008)分析了亚洲四小龙自由贸易区的保税区效力、效率评价和突变演化研究来的福利,认为自由贸易区的建立对经济发展具有重大作用。Waters(2013)提出发展中国家更应该采取出口补贴等财政政策,提升出口加工区的动力,实现推动就业及经济增长的作用。Mah、Yoo(2014)对于孟加拉国政府制定出口相关优惠政策措施进行评价,提出税收优惠政策可以扩大出口贸易,对于国家经济增长和就业有正向推动作用。

高莉和迟连翔(1994)提出了在图们江建立自由贸易区服务中国、俄罗斯、朝鲜三个国家,对税制原则提出积极协调原则,以使自由贸易区内税收制度与各国接近。解涛和张翔宇(2009)认为中俄双方应对边境地区经贸合作给予政策配套支持。在金融服务领域,双方应加快合作节奏,放宽进入金融领域的限制,互设分支机构,完善银行结算体系制度,为直接交易提供便利;在保险服务领域,提出放宽出口信用保险的承保条件,提出扩大俄方商业银行的信用证可以开具的范围。张利俊(2012)建议着力推进企业"走出去"战略,加强与俄远东地区双边合作项目建设,探索与俄方共同商建跨境经济合作区,积极争取设立中俄边境自由贸易区。认为国家应该对从事边境贸易的小微企业加大财政资金支持力度。建议中央政府增加一般性转移支付的规模和比例额度,为各类国家专项资金(如边境贸易转移专项资金和中小企业专项资金)建立协调机制,并在政策上优先考虑已有单独计划的满洲里等城市。周海涛、林映华(2016)基于"市场导向"和"政府主导"的政府支持型企业科技创新政策模式,构建了"市场需求-能力供给-环境"的结构框架。

1.2.6 有关自由贸易区的建设经验研究

蒙丽珍(2007)对于中国-东盟自由贸易区建设提出应调整财政支出结构,增加公共产品的供给力度。丘东晓(2011)认为FTA是由两国或者多国之间签署的协议,属于国家之间谈判协商的结果,对于实证研究要使用含有谈判和讨价还价特征的模型。这样的模型更具结构性和更接近现实。张婷玉(2014)运用实证方法对美国自由贸易试验区的战略绩效进行了研究,通过政治思想、顶层规则、国家安全、战略能源四个角度对美国自由贸易试验区的非经济效应进行了剖析。钟智全、马秋云、杨鹏(2014)提出,对于推进广西构建边境自由贸易区,当地政府应重新梳理边境贸易政策,争取国家的相关政策支持。

1.2.7 有关自由贸易区的机制建设研究

赵传君(2010)系统分析了中俄自由贸易区建立的可行性,分析了机制设计需要考虑需求问题、对自由贸易的承受能力等，提出了中俄自由贸易区的建区模式为分层次、分阶段、分区域推进，认为俄罗斯远东地区和中国的延边口岸地区可以作为中俄自由贸易区建设的一个"先行地区"。姜文仙（2011）认为，可以从内生动力与外生动力两个方面对区域协调发展的动力来源进行划分。其中，内生动力来自区域系统之内的企业与地方政府，而外生动力来自区域系统之外的中央政府。内生动力的机制是：地区间的利益增长存在着"成果关联"，也就是各地区间的利益增长相互影响，成为内生动力的基础。徐伟（2017）研究了国有林区林下经济产业发展的动力机制，梳理了其动力因素和动力因素的动力机制，分析了各动力因素的作用和地位，应建立国家主导型机制、市场需求导向型供求机制、技术创新导向型创新机制和相关产业导向型驱动机制，以期对国有林区林下经济产业可持续发展的途径进行探索。白恩来、赵玉林（2018）建立了产业政策工具、产业政策功能和产业发展政策需要的政策支撑体系，并分析三种政策协同作用下的政策演进机制。在此基础上，对政策支持新兴产业发展的机制的理论结构框架进行了优化和完善，并从需求面、供给面和环境面给出了相应的政策建议。

1.2.8 有关自由贸易试验区和经济区的协同发展研究

王爱俭等（2019）研究发现二者协同发展对推动区域经济增长起着"关键性"的作用。赵培培（2021）研究发现天津自由贸易试验区建设促进了京津冀经济协同发展。安云龙等（2019）研究认为通过模式、机制创新可促进二者协同发展。温皓斐（2020）通过研究提出建立要素、产业等联动机制对二者协同发展至关重要。崔大为（2021）研究认为可通过产业融合和分工合作促进二者联动发展。李春珍（2022）研究提出可通过完善政策法规、加强制度建设等措施推进山东自由贸易试验区内外联动发展。本研究将在借鉴已有研究成果基础上结合黑龙江省实际情况，从自由贸易试验区和其他经济功能区协同发展的可行性、一般思路、具体措施、实现路径四个方面展开论述，探索可复制推广的推进二者协同发展的有效模式。

1.2.9 研究现状述评

通过对现有的国内外研究文献进行梳理，有关国内外的文献对于自由贸易区建设与区域经济发展基于不同的视角、不同的理论、不同的研究方法进行了定性或实证分析，成果颇丰，对本研究有较多借鉴之处。但是，从反事实模型的角度研究自由贸易区推动区域经济发展的研究比较少,还需要在以下两个方面进一步完善。

1. 关于自由贸易试验区的政策支持影响因素的研究

自由贸易试验区发展的影响因素分析等方面成果丰硕,但也有一些内容需要关注。国外学者对自由贸易区建立的作用及建立的影响因素研究较多,政策支持视角主要从关税同盟政策的影响,提出关税同盟创造的效应及政策一体化视角消除政策差异,论证了构建自由贸易区对经济增长的推动作用。国内学者对自由贸易区的构建可行性分析较多,主要是做理论研究,实证分析相对较少,分析政策支持的影响因素的较少。实证分析方法比较单一,研究角度较窄。本研究采用理论研究与实证分析相结合方法,采用多维的实证分析,多角度地实证分析政策支持对中俄边境贸易发展的作用影响。有关影响因素分析,多数文献研究是从构建自由贸易区的可行性角度论证。很少有学者将内外因素综合起来,对政策支持的动力机制因素进行研究,并按重要程度对内外部影响因素进行排序,以及基于层次分析法基础上,选取影响中俄边境贸易发展的政策支持的重要因素再进行微观检验。

2. 关于推进区域经济发展的结构框架

不少国内学者的研究对于自由贸易试验区推进经济发展提出了一些策略,大多具体到某一层面政策,但很少关注多项政策的融合。政策支持是一个系统工程,现有文献缺少从多维角度进行讨论分析,形成政策支持的结构框架,此方面研究相对较少。本研究从"需求侧""供给侧""营商环境侧"三个维度提出了政策优化思路。

不少中外学者提出了自由贸易试验区推进区域经济发展的建议,但是鲜有学者从政策支持的角度以及动力机制的角度细化研究,研究的广度和深度有待加强,还需深入探索与研究。

国内外已有的研究均从理论与实证上证明,自由贸易试验区的建立既能推动内陆地区的对外开放和经济增长,又能通过区域间的产业联系来实现经济的转型。关于自由贸易试验区经济效应与功能定位的现有理论研究比较丰富,为本研究提供了一定的参考依据,但在实证研究上还存在一定的欠缺。目前国内有关自由贸易试验区研究主要集中在上海、天津、浙江等东部沿海地区,其他地区的实证研究还比较少,对黑龙江自由贸易试验区的实证研究则较为匮乏。随着"一带一路"建设,黑龙江自由贸易试验区的发展将迎来新的机遇,将成为以俄罗斯和东北亚为重点的对外开放与合作的新高地。因此,本研究将重点分析黑龙江自由贸易试验区的经济效应。

1.3 研究目的和研究意义

1.3.1 研究目的

1. 为黑龙江自由贸易试验区发展提供建设方向

本研究考察黑龙江自由贸易试验区的现状,从经济规模、产业布局、区位和税收优惠等方面考察自由贸易试验区的一般规律,探讨黑龙江自由贸易试验区对区域经济发展的影响,为未来黑龙江自由贸易试验区的发展和建设提供更多参考。

2. 为推进区域经济联动发展提供政策建议

针对黑龙江自由贸易试验区对区域经济联动发展的影响,探讨自由贸易试验区建设对区域经济和腹地经济的影响程度,汇总了自由贸易试验区经济效应的实践经验,并探讨了促进经济发展的途径,为政府加速黑龙江自由贸易试验区建设的进一步发展指明方向,并提出切实可行的政策建议。

1.3.2 研究意义

1. 理论意义

(1) 为黑龙江自由贸易试验区发展提供建设方向。黑龙江自由贸易试验区的设立对于实现区域经济的高质量发展具有重大影响。本课题研究黑龙江自由贸易试验区建设成效,探讨了自由贸易试验区建立后的经济规模、产业布局、区位环境和优惠政策,分析了黑龙江自由贸易试验区对区域经济发展的贡献,为黑龙江自由贸易试验区的建设发展提供参考,为自由贸易试验区驱动经济发展提供更多的政策依据。

(2) 对黑龙江自由贸易试验区对区域经济发展产生的效应进行系统分析。黑龙江自由贸易试验区对区域经济发展的经济影响体现在利用自由贸易试验区的区域环境优势、经济、政策和对外发展需要等方面,黑龙江自由贸易区的经济发展对区域经济发展起到了积极的促进作用。本研究以自由贸易理论和非均衡经济增长理论为基础,分析了黑龙江省自由贸易试验区对区域经济效应,特别是对外贸易和工业发展的影响。

2. 实践意义

(1) 展示黑龙江自由贸易试验区推动区域经济发展的示范作用。本研究分析黑龙江自由贸易试验区对地区经济发展的作用机制,剖析了其产生影响程度。此外,在实证结果的基础上,本研究为自由贸易试验区的下一步发展指明了方向,并给出了相关的政策建议,从根本上促进自由贸易试验区的自主构建,对其他自由贸易试验区的发展也具有一定的借鉴意义。

(2) 为更好地推进区域经济联动发展提供政策建议。本课题的研究重点是黑龙江自由贸易试验区对区域经济高质量发展的影响,探讨黑龙江自由贸易试验区如何对区内经济及腹地经济产生影响,从黑龙江自由贸易试验区的经济效应中总结实践经验,探索推动区域经济发展的路径。

1.4　研究对象与基本思路

1.4.1　研究对象

在贸易理论和经济增长非均衡理论基础上,为分析黑龙江自由贸易试验区对区域经济发展影响的现实基础,研究贸易促进效应、规模经济效应、溢出效应和虹吸效应对黑龙江自由贸易试验区区域经济发展的影响;运用"反事实"分析模型考察黑龙江自由贸易试验区的贸易促进效应和规模经济效应,并确定试验区对区域经济发展的影响程度,提出黑龙江自由贸易试验区推进区域经济联动发展的实现路径。

1.4.2　基本思路

(1) 在黑龙江自由贸易试验区成立、打造具有"一带一路"特征的自由贸易试验区和自由贸易试验区的设立对地区发展促进效应的三大现实条件下,梳理相关文献,对自由贸易试验区的发展模式、职能、效应等问题进行系统论述,并从影响作用和影响程度方面对黑龙江自由贸易试验区对区域经济的发展进行研究,分析黑龙江自由贸易试验区对区域经济发展的影响及其程度。

(2) 分析区域经济发展现状和黑龙江自由贸易试验区的发展,总结现阶段黑龙江自由贸易试验区建设的成效。基于贸易视角,从贸易促进效应、规模经济效应、溢出效应和虹吸效应等方面分析黑龙江自由贸易试验区对区域经济发展的影响。

(3) 运用系统动力学建模和计算机模拟构建黑龙江自由贸易试验区系统动力学模型,分析自由贸易试验区系统各要素之间的相互促进和因果关系,研究自由贸易试验区发展的系统动力学机制。构建"反事实"模型,利用经济增长指数,对尚未建立自由贸易试验区的其他省市面板数据进行系统的计量分析,确定最佳拟合组,将最佳拟合组的"反事实"模拟数据与实际变化进行比较,对黑龙江省自由贸易试验区政策如何促进区域经济增长进行定量分析,以层次分析法为依据,搭建评价体系,分析各级指标对其上级指标的影响程度,确定众多指标对自由贸易试验区绩效的影响权重,最终提出促进区域经济协调发展的途径。

(4)建设黑龙江自由贸易试验区推进区域经济联动发展的实现路径。通过实证分析建立评价指标体系,探讨黑龙江自由贸易试验区与区域经济发展的关系,设计黑龙江自由贸易试验区促进区域经济联动的路径。按照"供给-需求-环境"结构框架,从供给、需求、环境三个角度来分析实现路径,提出具体保障措施。

1.5 具体研究方法

(1)文献梳理法。利用学校图书馆、网络资源、报刊等媒介获取相关资料,收集并整理国内外有关自由贸易区的发展,以及自由贸易区对区域经济发展的影响等方面的研究成果,为本研究奠定相关的理论基础,完成文献研究综述。

(2)实证分析与规范分析相结合方法。对有关黑龙江自由贸易试验区对区域经济的影响进行实证分析,运用博弈的分析方法探讨黑龙江自由贸易试验区与区域经济发展的关系,设计黑龙江自由贸易试验区推进区域经济联动发展的实现路径并进行规范分析。采用实证分析与规范分析相结合的方法,使实证分析准确、规范分析有理有据。

(3)计量分析法。①采用系统动力学模型分析区域协同性。将黑龙江自由贸易试验区看成一个系统,确定系统中各因素之间的因果关系,选择不同的变量,并使用系统动力学模型来模拟不同变量变化的原因。②运用"反事实"研究方法。为研究黑龙江自由贸易试验区对区域经济的影响,采用反事实分析模型来规避数据的内生性问题,即在没有设立自由贸易试验区的情况下,通过对经济影响的定量分析更准确地分析指标是否对区域经济产生影响。

1.6 研究逻辑框架

本研究的逻辑框架如图1-1所示。

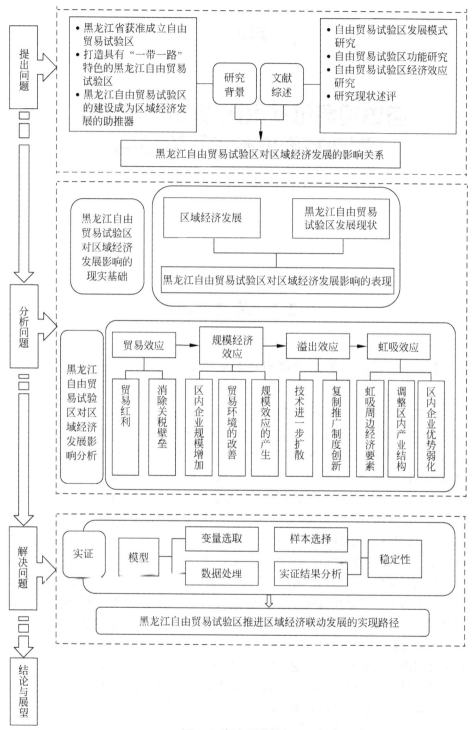

图 1-1 研究逻辑框架

第2章

自由贸易试验区建设与区域经济联动发展的相关理论基础

2.1 基本概念

2.1.1 自由贸易区与自由贸易试验区

1. 自由贸易区的概念

对于自由贸易区(Free Trade Area,FTA)的概念,目前国际上没有达成共识,各国海关部门的表述如下。1973年,海关合作理事会制定的《关于简化和协调海关业务制度的国际公约》(以下简称《京都公约》)中,自由贸易区的概念是指进入一国享有进口关税等税收优惠的地区的货物,不受普通货物的海关管制;美国海关委员会对自由贸易区的描述是,它是一个自给自足的封闭区域,只要货物不进入国内市场而是再出口的货物可以免征关税。《中国利用外资基础知识》一书对自由贸易区的解释是,自由贸易区位于一国之内,但不在海关管辖范围之内,旨在促进双方贸易的经济特区更具权威性。

根据世界贸易组织的解释,自由贸易区有三层含义:一是自由贸易协定;二是根据两个或多个关税地区之间的自由贸易协定而设立的自由贸易区;三是透过进一步开放世界贸易组织最惠国待遇的市场,以及内部关税和贸易进口数量的限制的免除,在区内实现货物自由流通的良性循环。与此同时,对于非成员国之间的关税和其他贸易壁垒依然可以相对独立地维持在成员国之间,同时它仍然能够保持自己内外经济政策的相对独立性。即关税同盟使得成员国在关税政策一致基础上进行合作,这是经济交流与合作的前提。服务和投资的市场准入条件相应得到改善,从而为贸易和投资自由化创造了特定区域。

本研究基于世界贸易组织的相关解释界定自由贸易区的概念,即自由贸易协定和自由贸易区。

2. 自由贸易区的特点

第一,自由贸易区具有排他性。区外成员不能通过多边最惠国待遇享有区内成员的优惠待遇。第二,自由贸易区具有互惠性。成员国之间可以相互取消内部关税和对贸易进口量的限制。它涵盖了缔结自由贸易协定的成员国的全部(而非部分)领土。第三,自由贸易区的发展具有多样性。其所涉及的领域不仅是货物贸易自由化,逐渐涉及服务贸易、投资领域、政府采购等多领域的彼此认可自由放开。

3. 自由贸易试验区

《京都公约》中提到,自由贸易试验区是指当任何货物进入缔约方领土时,缔约方领土的一部分在自由贸易区领土之外。自由贸易试验区是一个主权国家(地区)的行为,实则是一国或地区在其领土范围内所设立的一种对其征收特殊关税的贸易区域。其本质含义是在此区域内进行贸易、制造和加工等业务活动的过程中可以不受相关限制。自由贸易试验区是在区域经济一体化的带动下逐渐产生的,在全球范围内有很多成功的例子。

我国已与多国签署自由贸易协定和自由贸易区,还在国内建立了自由贸易试验区。2013年8月22日,上海自由贸易试验区正式落成。2015年5月,国务院批准设立广东、天津、福建自由贸易试验区。2016年8月,辽宁、湖北、河南、浙江、陕西、四川、重庆等七省市设立自由贸易试验区。2018年4月,海南设立自由贸易试验区,标志着我国自由贸易试验区进入蓬勃发展阶段。

4. 黑龙江自由贸易试验区

中国(黑龙江)自由贸易试验区,简称黑龙江自由贸易试验区,占地119.85平方公里,包括哈尔滨片区、黑河片区和绥芬河片区。中国(黑龙江)自由贸易试验区于2019年8月设立。2019年8月30日,黑龙江(自由贸易试验区)在哈尔滨揭幕。

黑龙江自由贸易试验区功能定位为:核心功能是制度创新,以可复制、可推广为基本要求,全面落实党中央关于推进东北地区全面振兴的要求,完成对北方开放的重要窗口;努力深化产业结构调整,建设俄罗斯-东北亚区域合作中心枢纽。

经过近些年的改革探索,我国已经瞄准国际先进规则,开展了更多具有国际竞争力的制度创新,推动经济发展的质量、效率和动力转换,努力建设高标准、高质量、营商环境好、贸易投资便利、产业集群高端、服务体系健全、监管安全高效的自由贸易区。

根据国务院对各自由贸易试验区的总体方案，自由贸易试验区总体规划的核心内容是制度创新。在有关上海自由贸易试验区建设的文件中，明确提出了"加快金融体制创新"、"以制度创新为核心"的指导思想；天津自由贸易试验区的重要使命与发展目标都提及了"以制度创新为核心"的重要表述；湖北、河南、重庆、四川、陕西、辽宁、浙江等第三批自由贸易试验区，也以"以制度创新为核心"作为主要任务；在海南、山东、江苏、广西、河北、云南、黑龙江、北京、湖南和安徽等自由贸易试验区的建设依然以"制度创新为核心"作为战略定位和重要发展目标。因此，如何实现各自由贸易试验区的发展模式差异化、探索自身区位优势的特色及实现路径是形成我国东西贯通南北"多极"协同发展格局的关键之举。

2.1.2 区域联动发展的概念

首先，我们从"区域经济发展"的角度分析"区域联动发展"的概念。区域经济发展是指不同类型的经济活动高度集中在同质或非同质的空间中相互作用，区域经济联动发展是资本、技术、信息、劳动力等生产要素和产品的流动过程。其次，探索讨论"联动发展"的概念时，我们还将讨论"协调发展"和"综合发展"两个概念。"协调发展"是指在地理位置相邻、经济联系紧密的地区，以基础设施为基础，通过政府宏观调控措施和市场配置资源的方式，引导资源要素实现合理有效配置，区域产业结构不断优化，建立区域经济协调发展体系，实现区域经济一体化目标。"综合发展"是指一个地区的经济按比例协调地发展，它强调在地区经济专业化的基础上，区域内各生产部门以合理的比例关系相结合，彼此在再生产过程中建立密切的经济联系，从而使当地的自然资源和劳动力资源得到有效的利用，实现区域经济的协调发展，并获得结构经济效益。简言之，在区域经济发展的不同时期，"协调发展"是初级阶段，"综合发展"是最高级阶段，而"联合发展"则处于中级阶段，更具针对性和针对性，起到改善区域整体功能、提升整体效率的作用，体现为相互联系与制约的制度安排体系，以及区域之间的功能协调、空间集聚和交流互动方面。

2.2 自由贸易相关理论

2.2.1 自由贸易区理论

自由贸易区理论认为，自由贸易区成员国之间有选择从其他国家或地区进口产品关税税率的自行决定权。自由贸易区的重要原则是原产地规则，其规定只有源自一个区域或主要在一个区域内生产的产品,才能在成员国间实现自由贸易。

建立自由贸易区有以下几个方面效应。第一,大多数国家政府都通过谈判和协商创建了能够推进全球经济一体化的自由贸易区,成员国之间在相对公平的情况下签署自由贸易协定起到了促进合作和交流的作用,有利于保证交易的公平性。第二,建立自由贸易区有助于减少甚至可能消除本地区成员国之间的贸易壁垒问题,对于简化有关贸易手续起到了积极作用,同时可以实现资源要素在更广阔的范围内实现自由流动,资源优化配置具有可行性。第三,自由贸易区为成员国彼此之间提供了广阔的市场发展空间,扩大生产规模,促进专业化生产,有助于更好地发挥成员国彼此间的比较优势,实现规模经济效益的增加。

在图 2-1(1)中,假定有 x、y 两个国家,两国的需求状况相同,x 国是本国,y 国是贸易伙伴国,在加入自由贸易区之前,x 国的供应是 OC,需求是 OD,价格是 P_x,CD 是 OC 的供应量和 x 国的需求量之间的差额,即 x 国需要进口 CD,价格是 P_w。在图 2-1(2)中,当 y 国的供求平衡时,y 国的价格为 P_y,供给量和需求量为 OF,这意味着 y 国可以自给自足,不需要进口商品。假设 x 国的效率低于 y 国,结果是 $P_x > P_y$。如果 x 国和 y 国都加入自由贸易区,则 x 国商品的均衡价格为 P_y,$OA + OF$ 为供给,$OB + OF$ 为需求,需求大于供给,AB 为进口,价格为 P_y。假设 y 国能够完全解决 x 国的需求问题,x 国以 P_y 价格从 y 国进口产品,AB 是进口数量,$EF = AB$,y 国的剩余 OE 供应其国内需求,EF 剩余需求将以 P_w 价格从其他地区进口以满足国内需求。

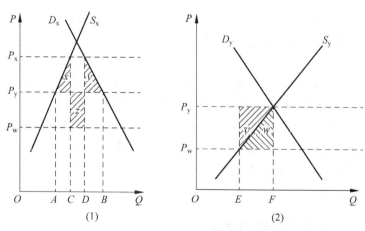

图 2-1 自由贸易区的贸易创造和贸易转移效应

从图 2-1 的分析可以看出,当 x 国和 y 国都加入自由贸易区时,x 国发生 $x+y$ 的贸易创造效应、z 的贸易转移效应,对于 y 国需求、供给和均衡价格影响不大，但 y 国增加了 $v+w$ 的收入。与此同时，y 国需要从其他地区进口 EF，以满足其国内需求，由于 $EF>CD$，因而名义上增加了出口量。因此，当 x 国和 y 国建立自由贸易区时，x 国的福利水平会根据贸易创造效应 $x+y$ 相对于贸易转移效应 z 而增加或减少，而 y 国和其他地方的福利水平会增加。

自由贸易区的建立将使成员国之间的合作更加密切，同时促进双方在经贸发展与合作方面的经验交流，推动相关领域科技成果的迅速转化，使整个地区的成员国共同进步和完善。此外，在经济全球化框架下，成员国将以更加一致的态度开展经济合作和政治交流，形成合力，增强成员国抵御风险的能力。

2.2.2 区域经济发展基本原理

对区域经济发展相关基本原理进行梳理，能够为黑龙江自由贸易试验区的建设、促进区域经济的发展提供一定的理论支撑。具体如下。

(1) 绝对成本理论。1776 年，亚当·斯密提出绝对成本理论观点，他认为一国参与国际贸易中的国际分工问题首先应以本国生产产品的绝对成本差异为基础前提，通过区域分工层面上，根据彼此绝对有利的生产条件进行相应分工，保证生产要素和资源在不同地区之间实现有效配置，进而实现增加区域经济利益。

(2) 比较优势理论。大卫·李嘉图提出比较优势贸易理论，认为生产技术的相对差异性是国际贸易交往的基础条件，因而形成相对成本的差异化，可以选择对绝对成本上没有相对优势的地区进行区域合理分工，从而获得利益。

(3) 要素禀赋理论。赫克歇尔与俄林提出了要素禀赋理论。该理论核心思想是某地区或国家之间要素禀赋的差异是导致劳动分工和贸易分工的前提条件。

亚当·斯密以绝对成本理论为基础，发展了区域划分理论。基于比较优势理论和要素禀赋理论基础，逐渐形成了区域分工理论。

在 20 世纪 90 年代中期，区域经济一体化成为一种新的发展趋势，此方面理论研究也应运而生。区域经济一体化理论主要核心观点认为：不同领域的不同主体的整合的重要性，并促进了经济政策的统一、行政机构的建立和帕累托最优目标的实现。

2.2.3 区域空间结构理论

区域空间结构是指一定区域内经济活动的空间形态，是经济活动的区域特征及二者在空间上关系的反映，主要包括"中心—外围"理论、点轴发展理论和网络发展理论。

1. "中心—外围"理论

弗里德曼提出区域经济系统由两个子空间系统组成,一个是社会经济活动汇聚的中心,另一个是它们影响的外围。此外,他还提出了"核心区域发展格局",倡议"先富后富",实现区域发展的目标。相继,保罗·克鲁格曼将贸易理论与区位理论结合,提出"中心—外围"模型论点,探讨了集群产生的内在动力,重点阐述和梳理了有关市场经济中运输成本降低、规模经济效应和产业集聚的作用效益。

2. 点轴开发理论

1984 年,陆大道先生提出点轴开发理论强调对经济发展产生重要影响有两个因素,即区位和交通条件。改善交通条件可以通过降低生产和运输的综合成本来增加区位优势,这种区位可以称为"点"增长极,而交通基础设施的"线性"分布可以将"点"增长极连接起来形成经济增长"轴",点轴发展可以促进区域经济的协调发展。

在自由贸易试验区建设中,由于不同区域省份经济发展水平、基础配套设施存在显著异质性,因此需要将优势资源整合集中在少数但具有更优区位条件的省份进行试点,有利于发挥经济增长极的辐射作用效果。区域中心城市依托交通、信息、资本等相关要素的优势条件较易形成产业集聚,通过区位优势形成发展为区域经济中心节点,而交通物流网络的搭建则是区域中心城市辐射周边其他区域产业发展的枢纽,从而形成点轴发展特色模式。该理论是我国自由贸易试验区空间布局的重要考量,通过对区域中心城市的优先试点发展,以政策、资本、人才等优势资源密集在中心城市以期实现更高效的发展,再通过建设交通物流网络等基础配套设施,实现协同发展。园区内主导产业与点轴辐射地区的落定,资源的高效流通和配置可以助推外向型经济空间格局的构建,实现各区域经济协同发展目标。

3. 网络开发理论

该理论是点轴发展理论的扩展与延伸,提出在经济发展到一定阶段后,点轴间的相互交叉将会越来越多,在一个较大区域内形成生产要素、交通要素和通信要素的网络。这个网络可以深化区域内的生产要素交流,促进区域经济一体化,还可以通过向外扩大网络,加强与区域外其他经济体的联系,促进更大规模的生产要素优化配置。

2.2.4 区域经济非均衡理论

区域经济失衡理论源于约瑟夫·熊彼特的区域经济失衡"创新"理论,他认为创新引起的区域经济"失衡"可以促进经济增长,最终实现区域经济的相对均衡。区域经济非均衡理论出现于20世纪50年代，下面从增长极理论、循环累积理论和不平衡增长及区域经济传递理论对此进行阐述。

1. 增长极理论

经济增长通常是通过一个或几个增长中心逐步转移到其他部门或地区实现的。增长中心即增长极，狭义的经济增长极体现为：工业增长极、城市增长极和潜在的经济增长极三种模式。

自由贸易试验区的建设是重要产业和区域政策的试验田，因此有必要将区域经济发展理论引入自由贸易试验区对区域经济增长的分析中。增长极理论作为区域经济非均衡理论的重要一环，特别强调某一部门、产业或区域率先发展的重要性，通过优先发展部门、产业或区域带动其他部门、产业和区域实现协同发展。Perroux(1950)最早提出"增长极"的概念，指出经济增长不会在所有区域一起出现，一个国家实现经济平衡发展是不可能在现实中存在的，它只存在于理想中。一个国家(地区、产业)经济很难实现均衡发展，往往需要一个经济增长中心带动其他区域、产业。因此，其表现形式主要为通过选择特定的地理空间形式，推动区域经济极化发展模式，一般会选择扩大区域间的发展差距(Hirschman,1957)。

此外，Myrdal(1957)的基于扩散效应和回波效应论证了经济增长极对其他地区的影响效应。扩散效应是指某一区域依靠技术、资本和政策优势可以充分形成区域内部的产业集聚，并且成为区域经济中心。该经济中心向周围地区不断辐射和实现扩散，从而带动其他地区实现经济增长，同时其他区域又会反过来更好地促进经济中心的发展。回波效应是指某一区域通过区域经济中心的地位不断挤占其他区域的劳动力、资本和技术等要素，会使得经济中心愈加发达，而落后地区愈发落后。

由于自由贸易试验区具有政策上先行试点的优势，一般具有良好的资本、制度、技术和经济基础等基本要素的城市才能作为首选。从普遍性来看，我国目前的各个自由贸易试验区其属地城市都属于各个省份(区域)内部制度相对较完善、政策较为宽松及经济相对较发达的城市，因此自由贸易试验区的设立往往会加速该省份(区域)内部人口、资本和技术等要素向自由贸易试验区属地城市转移，从而形成该省份(区域)内部的经济增长极实现。自由贸易试验区和自由贸易港作为中国新一轮对外开放的前沿高地，同样成为区域经济发展的经济增长极实现的重要途径，并通过"由点及面"的模式不断"辐射"至区域内其他城市以及区域外关联城市，形成空间格局协同发展的良好局面。

当前国内学者研究普遍得出结论：自由贸易试验区对属地省份的经济增长具有显著的正向溢出效应(殷华和高维和，2017；叶修群，2018)。基于长远视角,经济增长极通过产业集聚、资本积累以及人才集聚等方式率先实现自身的发展,又通过完备的基础设施、制度环境以及产业供应链加速与周边其他地区的经贸联系,从而促进周边其他地区的经济增长(Diao 和 Somwaru,2012)。若从短期时间来看,经济增长极可能会损害区域内其他城市的福利效应,区域中心城市通过挤占其他"边缘"城市的资源红利来率先实现自身的发展,只有当区域经济增长极达成一定规模、拥有完备的生产体系时,区域经济增长极才能产生经济辐射溢出效应带动其他"边缘"城市实现协同发展。从全局来看,第一批、第二批设立的自由贸易试验区起步相对早、拥有较为完备的生产体系和经济基础,而第三批及以后设立的自由贸易试验区均面临不同程度的起步较晚、制度环境不稳定以及经济基础条件薄弱等问题,且布点数量较多,因而导致不同批次设立的自由贸易试验区所产生的经济溢出效应存在差异化,甚至可能效果背离初衷。因此,除了对自由贸易试验区整体的经济溢出效应考虑分析外,还需要对各自由贸易试验区(片区)的经济溢出效应的边际水平进行深入分析。此外,中国自由贸易试验区发展仍然处于初始阶段,还存在区内货物和服务贸易尚未完全实现自由流转,海关监管还存在管理不到位、自由贸易试验区与区外市场关联性不强等问题。自由贸易试验区设立所形成的"政策洼地"会加速对其他地区要素的吸收,从而可能出现"极化效应"和"虹吸效应"远远大于溢出效应的情况,这也要统筹考虑。

经济增长极的类型包括:①产业增长极。国家发展改革委、交通运输部于 2018 年发布了《国家物流枢纽布局和建设规划》,该文件提出要建设一批具有经济辐射带动作用的国家级物流枢纽站,加快周边物流网络搭建,整合优势资源淘汰落后产能,优化产业布局进而推动产业布局重新调整,形成物流中心枢纽产业增长极的实现。产业增长极围绕特定的主导产业发展,一般分布在产业集聚的地域,通过产业集群的发展模式实现主导产业的优先发展,同时也促进相关产业的协调发展,从而形成产业增长极。董凡、Hong Mingyong(2005)指出,西部地区应率先发展轻工业,然后通过优先发展轻工业促进其他相关产业的发展,实现西部地区产业结构的优化。②功能特区等地理空间的经济增长极。区域经济增长极是考察区域经济发展水平的重要决策因素(赫希曼,1957;梅尔达尔,1957)。吴临海(2000)认为,高新区可以通过政策、人才、资金、产业集聚等因素发挥功能特区的示范作用,促进周边地区的经济增长。潘文清和李子爱(2008)分析了环渤海、长江三角洲和珠江三角洲地区增长极的溢出效应,发现经济溢出效应最明显的地区是中部地区,对西部地区的溢出效应有限。长江三角洲的溢出效应最强,其次是珠江三角洲,环渤海经济圈最弱。吴楚豪、王树理(2019)分析了东部经济发达省份第一梯队对于第二、第三梯队的主导作用,发现以第一梯队为核心的"节点"对周边第二、三梯队省份经济水平的拉动作用明显,指出要重视区域经济强省的经济"辐射"功能,促进区域经济协调发展。基于经济增长极理论,李平(2014)指出应依靠区域中心城市和功能特区的建设来加强主导产业,促进周边地区的资源整合和产业集聚,并发挥区域增长极的扩散效应,促进周边地区相关产业的协调发展。

2. 循环累积理论

缪尔达尔的"循环累积模型"提出在动态的社会过程中,社会因果要素与经济因素之间存在着循环累积,并阐述了"地理二元经济"的消除,同时解释了"扩散效应"和"回声效应",即循环累积的因果关系将使发达地区与欠发达地区产生相互作用,发达地区表现出螺旋上升运动,欠发达地区表现出下降运动,此时区域差距继续扩大。在初始阶段,回声效应大于扩散效应,但回声效应的作用并不是无限制的,在一定程度"扩散效应"会显著。

3. 不平衡增长及区域经济传递理论

赫尔希曼在20世纪50年代提出了不平衡增长理论,并解释了"涓滴效应"和"极化效应"这两个概念。他认为,发展是一个不平衡的演变链,其他部门的增长是由主导部门推动的,因此应在早期阶段注重发展战略性工业部门,以推动整体经济发展。然而,在经济发展的初始阶段,随之而来的"两极化效应"会拉大地区差距,而"下渗经济学"则会缩小地区差距。因此,政府应该进行有效干预,防止区域发展拉大差距。

2.2.5 制度创新理论

随着全球价值链和国内价值链的并行发展,国际(国内)分工越来越细化,贸易成本也越来越细化和复杂化。自由贸易区的制度创新是指通过一系列政策法规降低要素流通的贸易壁垒和"冰山成本",加快要素在全球范围(地区)的积累,提高国内外资本的配置能力,从而降低交易成本,获得制度比较优势,提高我国(地区)的竞争力。根据North(1971)的理论,制度创新意味着当市场规模扩大时,现有的制度体系不能保证市场获得最大收益,如果制度创新的成本低于潜在收益,则可通过改变这些不利因素来实现预期收益的最大化。

20世纪80年代,学者们开始关注国家创新体系在促进经济增长中的作用。在国家创新体系框架下,区域(企业)将加快资源的有效整合,自发提升区域(企业)知识和技术创新能力,促进全国技术突破、经济增长。在经济体制创新方面,中国试点推进了自由贸易区、出口加工区、综合自由贸易区、自由贸易试验区等多种经济开放载体,根据不同的开放方式、规模和功能,将形成渐进开放和体制创新的新高地。陈琼和刘伟(2014)从新经济地理学的角度分析了上海自由贸易试验区可能产生的正外溢效应和负转移效应。俞应峰(2013)发现,上海自由贸易试验区的金融模式已经从事前审批转向事后监管,释放了市场活力,提高了政府审批效率。殷华和高伟和(2017)认为,上海自由贸易试验区可以通过降低外商投资准入门槛、提高通关便利化水平、改变"负面清单",实现经济发展不平衡向均衡的多次转变。点轴发展理论也是我国区域经济发展的重要理论,它通过形成几个具有典型驱动作用的中心点,向其他地区辐射,进而推动其他地区成为新的经济增长中心点,最终形成全国多中心节点协调发展的新局面。

在自由贸易试验区建设中,由于各地区、各省经济发展水平和基础配套设施差异较大,需要将优势资源集中在地理条件较好的少数省份进行试点,这样更有利于发挥经济增长极的辐射作用。区域中心城市依托交通、信息、资金等优势容易形成产业集聚,交通物流网络的建设关系到区域中心城市周边其他区域产业的发展,从而构成点轴发展模式。该理论也是我国自由贸易试验区空间布局的一种重要形式,通过优先考虑区域中心城市,将政策、资金、人才等资源集中在中心城市,以实现更高效的发展,然后通过建设交通、物流网络等基础设施,实现园区主导产业与轴线相关产业的协调发展,资源的高效流通和配置实现助推外向型经济空间格局的构建,进而实现各区域经济协同发展。

2.2.6 产业共生理论

"共生"一词源于希腊语,1879 年德国生物学家 Antande Bar 解释了共生的含义,在他看来,共生意味着不同的物种可以根据某种物质联系选择在一起,而产业共生意味着不同产业的企业可以借助同类资源共享或不同类型的资源相互补充而形成共生,通过共生促进内部或外部、直接或间接的资源配置效率的提升(王汝忠和郭成城,2017)。胡晓鹏(2008)在狭义和广义上分析了产业共生的内涵。狭义上的产业共生是指同行业或相类似行业的业务单位通过某种机制能够形成的资源整合、互动和协调发展,广义上的产业共生是指在分工日益细化的前提条件下,同一行业的不同业务单位或具有经济联系的不同业务单位之间的整合、互动和协调发展。包立杰(2011)定义了产业共生生态系统,分析了产业共生的特征和模式,指出产业共生主要包括共生群落(不同于传统产业集聚产生的相关效应,但类似于生物群落的特征,即许多相互关联的企业相互合作,最大限度地利用群落中的总资源)、共生整合(注重产业创新和增值过程中的商业联系,以增值共创为基本前提)、共生循环(具有循环经济资源利用特征)、共生关联("食物链")。

在共生理论视角下,产业集聚主要表现为以下三个特征。

第一,分工与合作。不同类型的企业有机地集中在一个特定的区域。虽然通过产业集聚可以共享资源,享有完整的基础支撑体系,但在一定程度上促进了分工与合作的水平,但由于技术类型的差异,更多地表现为两者相互渗透、融合,在双方相互合作的过程中,产生了共同的利益。这种生物群落聚集的生产方式往往能产生比共生成员单独完成生产所能产生的总体经济效益还要多的效益。它也是一种在外向型经济背景下的垂直专业化形式。分工越细,经济发展水平越高,例如美国的硅谷、印度的班加罗尔和中国的温州。

第二,互相竞争。集群经济的发展模式既是企业之间的分工与合作,也是企业之间的竞争。随着劳动分工的日益细化,产品的生产边界不断扩大,这也表明企业之间在劳动分工中存在着竞争。因此,集群经济的发展模式也需要保持个体差异化的发展模式,只有保持自身的特点,才能在集群内部形成可持续发展。它们之间的竞争可以保持企业的学习效应,增强产业聚集经济的创造力,是保持区域集群经济竞争力的重要环节。

第三,共同进化。共同进化是指在共存、融合和渗透的基础上,在保持自适应性的前提下,两种事物形成一种稳定的共存方式,并由此衍生出多样性。在现实中,中小企业普遍面临着资金不足、创新能力不够、风险应对能力低下等问题。共同进化不仅增强了企业的竞争力,而且增强了企业抵御风险的能力。这种"集团供热"式的合作模式,是维持中小企业生存、稳定发展的有效途径。

自由贸易试验区建设能够推动区域间关联产业、上下游企业形成园区内部的产业集聚,不仅可以增强园区内部企业的人才、技术、公共设施的流通和共享,还能增进相互间的学习效应、提升产业间的分工精细化程度、延伸产业链生产边界,进而形成集聚区的规模经济,助推产业结构调整和产业升级。此外,新进入企业能够为园区内产业注入新鲜活力,有助于调整园区内产业的供需结构,实现产业结构的高级化、合理化。

2.2.7 区域经济周期理论

经济周期的研究主要是研究国家(区域)间的协同性(synchronization)或同步性(co-movement)。一致波动理论认为:同一国家内,由于消弭了不同货币体系、政策体制和贸易壁垒的非对称外部冲击,可以实现要素在国家内部自由的流转,虽然各区域(省份、城市)间的经济周期协同性会存在差异,但总体来看经济波动应呈一致性。Kouparitsas 和 Nakajima(2006)认为同一国家由于不存在贸易壁垒,可以使要素在地区间自由地流转,进而增强地区间的联动性。在经济周期研究中,主要研究国家(地区)之间的同步或协同运动。一致波动理论认为:在同一国家内部,由于消除了不同货币体系、政策体系和贸易壁垒的非对称性外部冲击,虽然不同地区(省、市)的经济周期协同效应不同,但总体经济波动应该是一致的,因此可以实现国内要素的自由流动。Kouparitsas 和 Nakajima(2006)认为,在同一个国家没有贸易壁垒,允许因素在地区之间自由流动,从而增加了地区间的联系。

Poncet 和 Rondeau(2004)进一步认为,即使区域间经济属性存在差异,它们也会通过区域间经贸联系实现空间溢出,最终实现经济周期波动的一致性。王巧璐等(2019)发现,东部、中部和西部地区的经济周期趋于收敛,而东北三省的个体经济周期呈现持续分化的趋势。国外研究得出结论,日本的地区和国家商业周期同步率高达65%,而英国的地区商业周期同步率高度一致(Wall,2007;Arti 和 Okubo,2010)。相干波动理论虽然可以解释更多国家(地区)经济周期的同步性,但由于不同国家(地区)的文化、产业结构和地理分布不同,仍然存在一些不能用相干波动理论解释的典型事实。例如,中国幅员辽阔,地域经纬度广,导致地区间产业结构和经济发展规模存在明显差异。东部地区的经济发展水平远远超过中西部地区,因此,经济周期波动的区域化破坏了区域间经济周期波动的一致性,即区域协同假说。

区域协同假说弥补了一致波动理论的不足,将中国经济周期波动的研究扩展到区域层面。作为区域协调发展政策的重要组成部分,研究自由贸易试验区内省(市)与非试验区内省(市)经济周期的协同效应具有重要意义。尽管目前对中国经济周期一致性的研究已经扩展到省级(赵永亮,2009;黄九利等,2011),但是根据区域协同假说,例如,中国西部四川和重庆的经济发展水平明显高于邻近的云南和贵州。由于微观层面上城市级经济周期波动的分化程度可能更大,因此有必要对自由贸易区省(市)与自由贸易区其他省(市)之间区域经济周期的异质性进行分析。

2.3 本章小结

界定自由贸易试验区、区域经济联动发展等概念;梳理自由贸易试验区与区域经济联动发展的理论基础。通过对自由贸易区理论、区域经济发展基本原理、区域经济等理论进行梳理,为后续课题研究奠定坚实的理论基础。

第 3 章

黑龙江自由贸易试验区影响区域经济发展的现实基础

2013年后,我国分7批设立了22个自由贸易试验区,形成了统筹沿海、内陆、沿边的改革开放创新格局。10多年来,各地自由贸易试验区在贸易、投资、金融、航运、人才等方面对接国际通行规则,推出了一大批基础性、开创性改革开放举措,形成了许多标志性、引领性制度创新成果,培育了一批具有国际竞争力的产业集群,站在了中国高水平对外开放的前列,也积极服务了区域重大战略、区域协调发展战略、共建"一带一路"倡议等重大国家发展战略。本章将对黑龙江自由贸易试验区和区域经济发展现状进行分析。

3.1 中俄边境贸易发展

3.1.1 中俄边境贸易结构互补

根据赫克歇尔-俄林模型,一个国家(地区)应该生产并出口密集使用该国(地区)相对丰富要素的产品,而进口密集使用该国相对稀缺要素的产品。

中俄边境贸易结构具有比较优势,俄罗斯对中国的进口产品、出口产品主要分类如表3-1、表3-2所示。

表 3-1 俄罗斯对中国的进口产品主要分类

海关分类	H.S.编码	商品类别	2017年/百万美元	2016年/百万美元	同比增长/%	占比/%
		总值	48 042	38 105	26.08	100.00
第16类	84~85	机电产品	25 445	20 171	26.15	53.00
第11类	50~63	纺织品及原料	3572	3063	16.62	7.40

续表

海关分类	H.S. 编码	商品类别	2017年/百万美元	2016年/百万美元	同比增长/%	占比/%
第15类	72~83	贱金属及制品	3408	2555	33.39	7.10
第20类	94~96	家具、玩具、杂项制品	2770	1984	39.62	5.80
第6类	28~38	化工产品	2347	1914	22.62	4.90
第7类	39~40	塑料、橡胶	1962	1683	16.58	4.10
第17类	86~89	运输设备	1879	1396	34.60	3.90
第12类	64~67	鞋靴等轻工产品	1775	1280	38.67	3.70
第18类	90~92	光学、医疗、设备、钟表	1074	846	26.95	2.20
第2类	06~14	植物产品	1019	893	14.11	2.10
第13类	68~70	陶瓷、玻璃	789	614	28.50	1.60
第8类	41~43	皮革制品、箱包	544	375	45.07	1.10
第4类	16~24	食品、饮料、烟草	504	503	0.20	1.10
第10类	47~49	纤维素浆；纸张	274	258	6.20	0.60
第1类	01~05	活动物；动物产品	242	219	10.50	0.50
		其他	438	349	25.50	0.90

资料来源：http://www.askci.com/news/finance/20180428/142858122382_2.shtml.

表 3-2　俄罗斯对中国的出口产品主要分类

海关分类	H.S. 编码	商品类别	2017年/百万美元	2016年/百万美元	同比增长/%	占比/%
		总值	38 922	28 018	38.92	100.00
第5类	25~27	矿产品	26 388	18 696	41.14	70.50
第9类	44~46	木及制品	3265	2594	25.87	8.70
第16类	84~85	机电产品	2191	1385	58.19	5.90
第1类	01~05	活动物；动物产品	1102	1057	4.26	3.00
第6类	28~38	化工产品	1099	1021	7.64	2.90
第10类	47~49	纤维素浆；纸张	904	810	11.60	2.40
第15类	72~83	贱金属及制品	641	210	205.24	1.70
第7类	39~40	塑料、橡胶	493	345	42.90	1.30
第17类	86~89	运输设备	264	298	-11.11	0.70
第3类	15	动植物油脂	245	173	41.62	0.70
第2类	06~14	植物产品	244	186	31.83	0.70
第18类	90~92	光学、医疗设备、钟表	213	237	-10.13	0.60
第4类	16~24	食品、饮料、烟草	182	205	-11.22	0.50
第14类	71	贵金属及制品	142	95	49.47	0.40
第11类	50~63	纺织品及原料	10	13	-23.08	0.00
		其他	1538	693	121.93	4.00

资料来源：http://www.askci.com/news/finance/20180428/142858122382_2.shtml.

从表3-1、表3-2可以看出,俄罗斯对中国的进口产品主要是电力及电机设备、纺织服装等产品。由此可见,中国在轻工业产品等劳动密集型产品上具有比较优势;俄罗斯对华出口主要是石油产品、润滑油、木材、钢铁和其他比较优势资源产品。尽管俄罗斯在钢铁行业保持着绝对优势,但其优势正在减弱。在中俄双边贸易中,中国电子产品的整体比较优势虽然在上升,但增长不大,增长速度也不快。俄罗斯主要发展森林和皮革资源,在纸浆、木浆、珠宝、毛皮等工业方面具有比较优势。在这一行业中,两国贸易较多,已形成了双向的产业内贸易流。

从中俄边境贸易发展的特点和优势看,双边贸易具有很强的互补性,如表3-3所示。基于中俄边贸合作的较好基础,研究探索新的合作方式,为建立黑龙江自由贸易试验区奠定了前提和基础。

表3-3 中俄边境资源与经济互补情况

结构	中国黑龙江省、内蒙古自治区	俄罗斯远东地区
资源结构	煤炭、耕地草场、劳动力资源	石油、天然气、煤炭、黑色与有色金属、森林、水资源
产业结构	农业、石化、机械、钢铁、农产品加工	石油、天然气开采、煤炭、电力、森工、冶金、建材
技术结构	农业种植、食品加工、机电	军工、核电、能源开发、渔业、电力
进出口商品结构	轻工业、饮食服务、电子信息、出口农畜产品;进口工业原材料、钢材、木材、化肥、机械设备	出口石油、天然气、木材、煤炭、海产品、金属、矿物;进口食品、日用品

资料来源:黑龙江省、内蒙古自治区国民经济和社会发展统计公报。

3.1.2 黑龙江省对外贸易发展

从对外贸易规模看,黑龙江省对外贸易发展(见图3-1)表明,2015年黑龙江省进出口总额大幅下降,2017年开始逐步回升。对外贸易依存度呈下降趋势,远低于同年全国水平,以2016年为例,黑龙江省对外贸易依存度仅为9.20%(见图3-2)。从对外贸易结构来看,主要出口产品有机电、农副产品、服装等。在对外贸易产品方面(见表3-1和表3-2),黑龙江主要进口原油、机电产品、农产品、原木和粮食等,主要出口机电产品、汽车相关产品、农产品和轻纺等国际市场小商品和低附加值产品。据对外贸易市场统计,对俄贸易占黑龙江省对外贸易总额的60%,但是,进出口产品主要是原材料和初级加工产品,附加值较低。

图 3-1 黑龙江省对外贸易发展(2012—2021 年)

资料来源:黑龙江省统计年鉴(2022)。

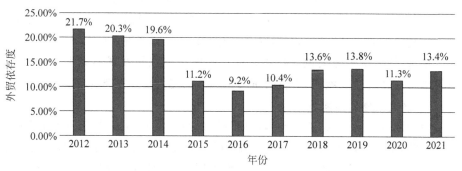

图 3-2 黑龙江省外贸依存度(2012—2021 年)

资料来源:黑龙江省统计年鉴(2022)。

3.2 黑龙江自由贸易试验区历史演进与发展现状

3.2.1 黑龙江自由贸易试验区历史演进

1. 黑龙江省"一窗四区"建设

黑龙江省目前拥有 25 个国家级一类口岸,其中与俄罗斯有关的边境口岸有 15 个,占据全国对俄边境口岸的 70%。黑龙江省不仅积极融入中蒙俄经济走廊,还在 2017 年提出了"打造一个窗口、建设四个区"的战略推进计划,即打造我国对北开放的重要窗口、建设中俄自由贸易试验区、边境重点开发开放试验区、跨境经济合作示范区和欧亚物流枢纽。黑龙江省以国内区域合作为背景,以对俄罗斯的开放为基础,面向日本、韩国及中国的香港和澳门等国家(地区)全面对外开放,积极参与中蒙俄经济走廊建设,以"三桥一岛一道一港"通道为突破口,加快重大基础设施建设,推动跨境基础设施多边对接,全面搭建对外开放平台,打造跨国产业链和产业集聚带,努力打造跨国工业产业集群与国内外联系紧密的联动基地。

黑龙江省积极探索与共建"一带一路"国家的合作,并加强与俄罗斯、欧洲、日本、韩国等国家的合作,充分发挥其"桥头堡"和"枢纽"作用地位,目标是建成一个集亚洲和欧洲等多国家的资源及市场综合平台,从总体上拓展黑龙江省对外开放的深度和广度,在全国沿边开发开放中发挥重要的战略性作用;积极培育示范区试点地区,打造中俄边境贸易发展的升级版;积极探索和推动对俄贸易转型升级,选择条件成熟的区域先行试点建立"龙江经济合作实验区",形成内陆合作的新亮点并具有辐射带动东北地区沿边开放的作用,对于推动中俄边境贸易发展具有深远的现实意义;建立和完善大型国际渠道的市场体系,发挥大型国际渠道的作用;以"一窗四区"建设为载体,以沿边经济带为依托,促进黑龙江省优势行业与俄罗斯远东地区合作对接;建立和完善大型国际性通道的市场体系,发挥大型国际渠道的作用。推动中俄边境贸易发展形成生产贸易链,将对俄贸易平台做大做强,为自由贸易试验区的建设提供基础保障。

2. 中俄边境贸易发展趋势

中国经济发展进入"新常态",而俄罗斯的经济发展不够景气。受到国际局势的影响,俄罗斯政府明确了发展战略目标,积极探索远东地区和西伯利亚地区发展的新路径,期待改善远东地区的投资环境、应对本国经济发展下滑态势。对于俄罗斯来说,发展与中国的经济合作意义重大。中俄两国应利用地理和资源禀赋互补优势,抓住俄罗斯远东发展建设的机遇,大力推进中国和俄罗斯之间边境贸易合作发展。

充分发挥中俄边境自由贸易优势,实现东北地区经济振兴与俄罗斯远东地区开发有效对接和联动发展,自由贸易试验区这一平台不可或缺。中俄边境地区合作至关重要,代表着中俄全面战略协作伙伴关系发展水平及层次。两国政府建立边境自由贸易区,推动边境地区合作发展,不仅会直接影响全面战略协作伙伴的发展,与此同时也反映了两国目前经济合作的主要问题。目前,中俄合作的态势非常好,但如何运用国家的优惠政策尤其是财税金融政策支持来推动对俄罗斯的边境合作需要明确。

3. 转型过渡

(1) 从边境保税区、边境经济合作区向自由贸易区过渡

中国的边境保税区并非国外的自由贸易区模式,与自由贸易区还具有较大差距,并未实现自由贸易区的功能,也未得到相应政策支持。从边境保税区、工业园区向边境自由贸易区的过渡,就是要逐渐减少其与自由贸易区的差异,与国际规则接轨。

(2) 从边境自由贸易区向自由贸易区转型

自由贸易区的建设目标是：形成人民币与卢布的自由兑换和流通、海外资金的自由汇进和汇出；建成国际枢纽中心，既能面向国内市场又要考虑国际市场，既充分拉动国内经济发展又能对接欧亚经济联盟。中俄边境自由贸易区的建立，可以带动中国东部地区和远东联邦区的经济发展，最终在中俄之间建立自由贸易区，即全面自由贸易区。其功能定位应借鉴国际自由贸易区的发展，实现中俄边境自由贸易区向自由贸易区的转变。自由贸易区应具备港口功能、加工功能、贸易服务功能和金融服务功能。港口功能是充分发挥边境口岸作为对外开放门户的作用，连接中俄市场和双边资源，应扩大港口功能，扩大沿边区位优势，实现其范围大、领域广、起点高的全新开放模式；加工功能体现为重点发展出口导向工业，开拓俄罗斯市场，专门为制造、装配等出口商品进行深加工；贸易服务功能体现在针对双边贸易需求提供服务，有效推动供给。如果没有需求，中俄边境贸易的发展将会放缓甚至停滞。俄罗斯主要向我方出口初级资源性产品，我方主要向俄方出口低档的轻工产品及农畜产品，虽能满足双方需求，但有待挖掘双方深层次双边贸易需求。俄罗斯在机械制造、航天航空等领域具有比较优势，我方的装备制造业具有一定实力，双方贸易合作范围有待提升；金融服务功能主要表现为服务领域扩展，完善结算政策，降低汇率风险，为边境贸易企业发展提供融资保障支持。

4. 黑龙江自由贸易试验区是优化区域开放布局的必然趋势

2013年9月，《黑龙江和内蒙古东北部地区沿边开发开放规划》发布，规划中指出，黑龙江和内蒙古东北部地区是我国对俄罗斯及东北亚开放的重要区域，在全国沿边开放格局中具有重要战略地位。2014年8月，国务院印发《关于近期支持东北振兴若干重大政策举措的意见》（也称东北振兴"新35条"），将哈尔滨定位为对俄合作中心城市。2016年4月，《中共中央 国务院关于全面振兴东北地区等老工业基地的若干意见》提出，要主动融入、积极参与"一带一路"建设战略，协同推进战略互信、经贸合作、人文交流，加强与周边国家基础设施互联互通，努力将东北地区打造成为我国向北开放的重要窗口和东北亚地区合作的中心枢纽。推动丝绸之路经济带建设与欧亚经济联盟、蒙古国草原之路倡议的对接，推进中蒙俄经济走廊建设，加强东北振兴与俄远东开发战略衔接，深化毗邻地区合作。以推进中韩自由贸易区建设为契机，选择适宜地区建设中韩国际合作示范区，推进共建中日经济和产业合作平台。

3.2.2 自由贸易试验区发展现状

1. 我国自由贸易试验区的发展
(1) 我国自由贸易试验区的布局

建立自由贸易试验区是中国对外开放战略布局中的重要举措，更是国家推进改革开放进程的必由之路。自由贸易试验区的成功设立,既有利于中国开展国际贸易往来,也有助于我国应对复杂多变的国际环境形势。我国开拓性地利用自身地理位置优势,率先选定上海市作为第一个自由贸易试验区试点。自 2013 年以来,我国已经建成 22 个自由贸易试验区,分批建立且选择在不同地区建立,既体现了国家整体布局,也实现了自由贸易试验区由沿海地区到内陆地区的延伸,由南向北涵盖了我国东北、西南、华中、华北、华南、华北地区。

中国自由贸易试验区建设通过从东部沿海发达城市试点开始、逐步向其他沿海城市迁移、然后选择内陆城市试点的网络结构体系,最终呈现出全面开花的格局,沿海—内陆相连接的自由贸易试验区网络结构已经形成。第一批(2013 年)中国自由贸易试验区仅有上海市一个布点;第二批(2015 年)中国自由贸易试验区布局了三个省(市),分别是广东省、天津市和福建省;第三批(2016 年)中国自由贸易试验区涵盖了七个省份,涉猎浙江省和辽宁省两个沿海省份,涉及重庆市、湖北省、四川省、河南省、陕西省五个内陆省区(市);第四批(2018 年)中国自由贸易试验区选址海南省;第五批(2019 年)中国自由贸易试验区批准的是山东省、江苏省、广西壮族自治区、河北省、云南省、黑龙江省六个省区;第六批(2020 年)中国自由贸易试验区批复北京市、湖南省和安徽省三个省区(市);第七批(2023 年),新疆自由贸易试验区挂牌成立,成为我国在西北沿边地区设立的首个自由贸易试验区。经过上述七批自由贸易试验区的建立,全面、系统的自由贸易试验区空间网络布局正式形成。随着中国经济高质量发展的需要和对外开放进程的加快,自由贸易试验区开放的时间间隔期越来越短。目前,中国自由贸易试验区所涉及省份达到 22 个,片区数达到 67 个,且还在不断增加。片区的选择一般倾向于省会城市及通关口岸城市,体现地区增长极的需要,同时也有利于自由贸易试验区充分释放优惠政策的效果作用,使贸易便利化得到极大提升。中国 22 个自由贸易试验区功能定位如表 3-4 所示。

表 3-4　中国 22 个自由贸易试验区功能定位

批次	时间	数量	自由贸易试验区	功能定位
第一批	2023 年 9 月 29 日	1 个	上海	自由贸易试验区深化改革的试验场
第二批	2015 年 4 月 21 日	3 个	天津	京津冀协同发展、离岸金融市场
			福建	致力于海上丝绸之路和两岸合作
			广东	粤港澳经济一体化

续表

批次	时间	数量	自由贸易试验区	功能定位
第三批	2017年4月1日	7个	辽宁	东北地区物流与航运中心
			浙江	东部重要海上门户、国际大宗商品贸易自由化先导区
			河南	现代交通与物流枢纽
			湖北	长江经济带交通枢纽和创新产业
			重庆	"一带一路"内陆国际物流枢纽
			四川	"一带一路"向西开放物流枢纽
			陕西	"一带一路"交通商贸物流中心
第四批	2018年10月16日	1个	海南	面向太平洋和印度洋的重要对外开放门户
第五批	2019年8月30日	6个	山东	区域性经济中心、物流中心和科技创新中心,对接日韩贸易往来
			江苏	开放型经济发展先行区、实体经济创新发展和产业转型升级示范区
			广西	21世纪海上丝绸之路和丝绸之路经济带有机衔接的重要门户
			河北	国际商贸物流重要枢纽
			云南	面向南亚东南亚辐射中心、开放前沿
			黑龙江	对俄罗斯及东北亚合作的中心枢纽
第六批	2020年9月21日	3个	北京	服务业扩大开放先行区、数字经济试验区
			湖南	世界级先进制造业集群、内陆开放新高地
			安徽	内陆开放新高地
第七批	2023年11月1日	1个	新疆	服务"一带一路"核心区建设

资料来源：依据各个自由贸易试验区总体方案等相关资料整理。

(2) 我国自由贸易试验区的战略意义

我国自由贸易试验区的战略目标各不相同,各地区经济发展存在差异化,基于各自由贸易试验区的区位优势和产业优势布局,从空间和时间上可以通过网络空间形式充分发挥正向协同作用。例如,上海市、江苏省和浙江省的自由贸易试验区的溢出效应能够充分带动长三角经济圈的联动发展；北京市、天津市和河北省自由贸易试验区的溢出效应可带动京津冀经济圈的联动发展；粤港澳大湾区和海峡两岸的联动发展依托广东省和福建省的自由贸易试验区实现；黑龙江自由贸易试验区借助区位优势可联通中蒙俄经贸通道实现省内联动发展；山东省自由贸易区借助交通便利以及港口城市的区位优势可重点发展日韩经济贸易；云南自由贸易试验区临近东南亚边境且具有较长连接线，有利于发展两地经贸合作；海南全省均为自由贸易试验区，十分有利于开展与印度洋、太平洋地区的贸易合作；重庆市自由贸易试验区的溢出效应有利于实现成渝经济圈的对外开放；内陆城市经济圈的贸易主要依托河南省、安徽省、湖南省、湖北省四个省区的自由贸易试验区的联动发展；在"一带一路"倡议的全面开展下，陕西省自由贸易试验区和广西自由贸易试验区成为战略开放的重要布局地区。

中国自由贸易试验区的建设体现了我国地区经济的高质量高发展，是经济创新和改革开放的重要体现，更体现了制度创新推动技术创新实现，优惠政策导向提升贸易便利化程度，通过经济稳定性、经济复盘性、经济创新性和经济开放性等多角度的溢出效应对区域经济产生积极正向的推动作用，进一步促进地区经济稳步发展。

自由贸易试验区建设是我国新时期对外开放前沿高地的体现，是国家区域协调发展战略意志的重要体现。目前，自由贸易试验区建设已经发展到全国22个省份，鲜明形成了"1+3+7+1+6+3+1"的雁阵网络格局，覆盖四大板块区域，涵盖我国沿海、内陆、沿边等不同地理区位的省市，实现了"由点到面"全方位布局战略的伟大探索实践。自由贸易试验区建设已经显现为区域经济增长极的重要力量，具有辐射带动区域内（外）与其他省份（城市）经济发展的重要功能。

（3）我国自由贸易试验区的发展与定位

自由贸易试验区建立在一定的经济区域范围内，其发展与定位离不开区域经济这一"土壤"。区域经济发展为自由贸易试验区的发展提供自然资源、土地、劳动力、技术、制度等要素，同时，自由贸易实验区各种要素聚集能力的大小、产业结构优化与升级也会对区域经济发展产生影响。自由贸易试验区创新与区域经济发展的融合呈现出以下特点：发展目标的一致性、对外贸易便利化、对外开放政策优化，充分彰显了自由贸易区的独特定位和重要性。自由贸易试验区与区域经济发展的联系如图3-3所示。

可见，自由贸易试验区与区域经济发展之间是相互影响和制约的关系。自由贸易试验区是区域经济新的"增长点"，在区域经济发展中发挥着辐射作用；区域经济发展为自由贸易试验区提供了劳动力、技术、资本、优惠政策和配套发展环境等方面的支持。自由贸易试验区的目标与区域经济的目标一致，两者的发展互相影响。自由贸易试验区发展的有效经验可以复制和推广到其他地区，而探索中的经验教训可以为其他地区提供负面的借鉴。事实上，自由贸易试验区的发展需要国家层面的更多支持，包括国务院制定的创新政策，海关、国家外

第3章 黑龙江自由贸易试验区影响区域经济发展的现实基础

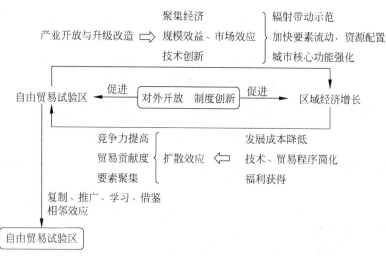

图 3-3 自由贸易试验区与区域经济发展的联系

汇管理局和商务部等制定的贸易许可证制度等规章制度,其宗旨是加快区域经济发展,改善区域间经济发展的不平衡,目标是通过有效的监督制度、资源配置制度和技术信息创新实现贸易便利化、开放与合作。

2. 黑龙江自由贸易试验区的发展

(1) 区位布局

黑龙江自由贸易试验区包括哈尔滨片区、黑河片区和绥芬河片区,总面积119.85平方公里,具体如表3-5所示。

表 3-5 黑龙江自由贸易试验区区位布局

黑龙江自由贸易试验区	面 积	范 围	功 能 定 位
哈尔滨片区	79.86平方公里	东至三环路、南至松花江、西至王万铁路、北至宏盛路,实施范围全部位于哈尔滨新区	重点发展新一代信息技术、新材料、高端装备、生物医药等战略性新兴产业,科技、金融、文化旅游等现代服务业和寒地冰雪经济,打造东北全面振兴全方位振兴的增长极和示范区
黑河片区	20平方公里	四个功能区:综合保税区、跨境产业集聚区、跨境经贸旅游示范区、产城融合区	重点发展跨境能源资源综合加工利用、绿色食品、商贸物流、旅游、健康、边境金融等产业,建设跨境产业集聚区和边境城市合作示范区

续表

黑龙江自由贸易试验区	面积	范围	功能定位
绥芬河片区	19.99平方公里	七大功能区：绥芬河边境经济合作区、黑龙江绥芬河综合保税区、中俄互市贸易区、公路口岸作业区、铁路口岸作业区、金融服务区、跨境合作区	重点发展木材、粮食、清洁能源等进口加工业和商贸、金融、旅游、现代物流等服务业，建设商品进出口储运加工集散中心和面向国际陆海通道的陆上边境口岸型国家物流枢纽

资料来源：中国（黑龙江）自由贸易试验区官网整理所得。

哈尔滨片区，位于东北亚中心，区位条件相对优越，是连接中蒙俄经济走廊和亚欧国际货运走廊的重要节点，也是连接欧亚北的航空枢纽，与远东联邦区、蒙古、日本、韩国处于两小时的空中交通圈内，航运和俄罗斯远东港口可以连接到国际陆海通道。

黑河片区划分为四个功能区。一是综合保税区，包括以黑河保税物流中心（乙类）为核心，规划面积3平方公里，发展保税仓储物流业、电子商务、保税期货交割、保税展销服务、保税加工业；二是跨境产业集聚区，包括发展木制品加工业、绿色食品加工业、机电产品进出口制造业、电力、石油、天然气、煤炭和矿产品及其他能源资源进出口加工业；三是以大黑河岛为主体的跨境贸易旅游示范区，规划面积0.92平方公里，建设以休闲教育中心、休闲度假中心、经贸旅游中心为重点的跨境休闲旅游度假示范区；四是产城融合区，建设设备齐全、功能完善的商业服务中心和城市金融服务中心，形成产城功能一体化。依托黑河片区的建设，黑河将重点建设七个产业发展平台，包括国际合作政策平台、对外法律服务平台、互惠贸易平台、科技人才服务平台、投融资平台、跨境电子商务平台、跨境物流平台，充分发挥自由贸易试验区的辐射效应。

绥芬河片区于2019年9月29日正式启动，占地19.99平方公里，包括中俄贸易区、金融服务区、跨境合作区、绥芬河边境经济合作区、公路口岸经营区、铁路口岸经营区和黑龙江绥芬河综合自由贸易区，是边境地区充分融入"一带一路"，开展边境振兴和民生富裕行动，深化新时期中俄全面战略协作伙伴关系的重要平台。基于区位优势，绥芬河片区突出对俄罗斯的特色，以投资自由化、金融国际化和贸易便利化三个领域为重点，在促进贸易转型升级、深化投资领域改革、加快政府职能转变、开放金融业、为振兴东北提供服务、全面提升与俄罗斯合作水平六个方面进行制度创新；在授权的基础上，尝试探索俄罗斯边境开放与东北亚合作的"先锋"制度措施，积极构建与俄罗斯远东大发展战略和自由港体系相适应的合作开放机制；建立符合国际通行规则的审批程序、贸易监督体系和企业服务体系；区域产业结构优化，国际国内资源深度衔接，两个市场，两种规则，依托功能一体化优势，协调发展一体化自由贸易区、互市场贸易区、开放试验区、边境经济合作区、跨境经济合作试验区、跨境电子商务试验区和海外园区，重点发展金融、现代物流等服务业，以及绿色食品、粮食、水产品、木材、清洁能源等进出口加工贸易，探索发展离岸金融、离岸贸易等新型服务贸易，建设陆地边境口岸国家物流枢纽和商品进出口加工配送中心，创建贸易投资便利化、服务体系完善、高端产业集聚、营商环境优良、边境地区监管安全高效的自由贸易试验区。

（2）产业布局

黑龙江自由贸易试验区三个区域根据各自的基础和发展优势不同，经过产业结构升级调整，初步构建了各自的高质量发展框架。哈尔滨片区的产业布局是重点发展新一代信息技术、生物医药等战略性新兴产业，新材料、高端装备、金融、科技、文化旅游、寒冷地区冰雪经济等现代服务业，打造与俄罗斯、东北亚全面合作的承载高地和连接国内、欧亚国家的国家物流枢纽，打造东北地区全面振兴的示范区和增长极；黑河片区的产业布局以发展绿色食品、卫生、旅游、贸易物流、边境金融、跨境能源综合加工利用为重点，建设跨境城市合作示范区和产业集聚区，打造中俄交流合作和沿边境口岸物流枢纽重要基地；绥芬河片区的产业布局以发展清洁能源、粮食、木材等进口加工业和现代物流、商贸、金融等服务业为重点，建设国家物流枢纽和货物进出口集散中心，打造东北亚开放合作和中俄战略协作的重要平台。

（3）片区成效

片区已完成的项目包括滨碧海产业园项目、深圳（哈尔滨）产业园科创总部项目、黑河月星集团物流枢纽区项目、跨境电商智能仓储物流公共服务平台项目、绥芬河集疏运平台国际物流产业园项目、中俄木材加工交易中心项目等。黑龙江自由贸易试验区的建立为黑龙江省新时期的高水平对外开放和高质量发展带来了重要的新机遇，也为企业投资发展带来了新的政策红利和巨大商机。

黑龙江自由贸易试验区成立四年来，三大自由贸易片区之一的哈尔滨市坚持体制创新，不断借鉴区域先进经验，全力构建以对俄合作为重点的对外开放新格局，科创链与产业链正在形成，加速构筑发展新高地。目前，哈尔滨片区具备科技合作潜力的国家级高新技术企业近1000家，占全市国家高新技术企业数量的40.3%。2022年，哈尔滨自由贸易片区推进省市重点项目66个，完成投资121亿元，对接深哈合作项目43个，完成投资额127.8亿元。2023年上半年，哈尔滨片区新设立企业2949家，同比增长36.5%；进出口总额42.7亿元，同比增长 40.0%,高于全国的 37.9 个百分点和全省的 23.4 个百分点。其中,对俄罗斯进出口总额 20.8 亿元,同比增长 149.9%,高于全国 109.3 个百分点,高于全省 134 个百分点。

2020 年,黑河自由贸易片区对外贸易进出口完成 419 582 万元,批准跨境电子商务试点城市、跨境电子商务综合试验区和国家电子商务示范区,成功开通保税物流中心(B 类)"1210"业务,实现跨境电子商务交易额 15.01 亿元,网络零售额 4.18 亿元。2021 年 5 月,商务部批准黑河纳入国家首批边民互市贸易商品落地加工试点地区,首单俄罗斯进口中药材从黑河顺利入关,黑河自由贸易片区互市贸易商品进口取得新突破。2021 年 8 月,东北地区首个菜鸟跨境中心在黑河开业,黑河对俄进出口物流配送网络进一步完善,2021 年前三季度实现跨境电子商务交易额 12.49 亿元,网上零售额 3.07 亿元。截至 2022 年 8 月,黑河自由贸易片区进出口贸易总额达到 181.6 亿元。该区占据了黑河城市面积的 56.4%,拥有 90% 以上的制造业企业,占据了 95% 的贸易额。黑河自由贸易片区将以对外开放为重点,以制度创新为重点。建设"6+N"跨境产业聚集,推动自由贸易试验区高水平、高质量发展。多点突破,多区联动,打造北方开放的新高地。

2023 年 1 月至 8 月,绥芬河自由贸易片区新设企业 683 家,同比增长 46.9%,其中外资企业 11 家;实际使用外资 200.3 万美元,外贸进出口额完成 119.5 亿元,同比增长 17.7%。绥芬河自由贸易片区已实现了多元化发展,在跨境木材产业、中药材加工产业等方面呈现出良好的发展势头。特别是跨国木材工业,已经形成从国外到国内、从进口到加工的完整木材产业链。绥芬河自由贸易片区将采用"多区联动"模式,如自由贸易试验区、跨境电子商务试验区、互惠市场贸易试验区、绥东试验区和海外园区等,推动工业园区与政策性园区的融合;强化创新联动,以自由贸易创新推动各区协同联动,形成各园区各有侧重既有分工又有合作的发展模式,推动形成"跨境木材加工全产业链平台""中俄跨境农工贸产业链""互市贸易全流程监管模式""中俄产业园区跨境联动融合发展"等一批省级创新实践案例,通过制度创新引领,推动园区联动发展模式加快落地见效;强化政策叠加,利用"两头在外"保税政策优势,发挥综合保税区内北大荒等粮食加工企业力量,重点培育以粮食、酒类等商品为主的保税加工产业。突出边境经济合作区产业承载功能,发展以木业加工为主,汽车配件制造、食品加工、中药材加工等为辅的多元化产业。互市贸易区利用 8000 元免税政策优势,建设了全国首家铁路互贸交易市场,逐步实现油菜籽、亚麻籽等互市贸易进口农产品落地加工产业集聚,与综合保税区、互市贸易区在粮食委托加工方面形成联动发展模式。

3.3 黑龙江自由贸易试验区联动区域发展

3.3.1 黑龙江自由贸易试验区联动区域发展的有利条件

黑龙江自由贸易试验区成立五年来,发展日趋成熟,其重要意义在于构建区域经济增长极,进一步增强自由贸易试验区的扩散效应,扩大自由贸易试验区的辐射能力。建设黑龙江自由贸易试验区是促进区域经济全面协调发展的重要目标,符合振兴东北老工业基地的国家战略。扩大自由贸易试验区的动态效应和辐射效应的核心是实现自由贸易试验区与包括自由贸易试验区在内的周边地区的经济联动,以及区域一体化和跨区域一体化。从黑龙江自由贸易试验区实现经济联动的有利条件来看,主要是由于自由贸易试验区的政策利益外溢和各地区实现经济发展共同目标的激励作用,有助于突破行政规划和相关机制制度的局限。

1. 制度日益健全

黑龙江自由贸易试验区是国家政策扶持的一部分,将协调全省各地区的资源,以必要的行政手段为辅助,促进地区、企业的合作,形成政策的助推器,加大对自由贸易试验区企业和相关产业链企业的政策扶持力度,实现全面共赢。政府通过自由贸易试验区规划,可以进一步完善黑龙江自由贸易试验区及周边地区的总体产业布局优化升级;通过扩大税收优惠、地价优惠、电价优惠等优惠措施,吸引周边地区企业投资或进驻;进一步简化各项手续和程序,便利外国企业投资和区内外企业经济合作,促进区内外企业经济合作,促进产业集聚和转移,实现产业结构的优化升级。可以说,黑龙江自由贸易试验区的建设和发展可以促进制度层面的突破,为自由贸易试验区进一步发展和辐射扩大提供软性基础,其核心要素是制度创新。

2. 产业互补合作

黑龙江省区域经济发展差异很大,自由贸易试验区各片区的建设和发展将促进母城产业结构升级。根据区域分工理论,一些产业不可避免地会向周边地区转移,在产业梯度转移和优化升级的过程中,可以实现区域产业的互补性合作,从而促进区域经济联动发展。哈尔滨自由贸易片区以发展旅游、金融、科技产业为重点,传统医药加工、初级食品加工、装备制造等产业逐步向周边城镇和其他城市转移,促进土地、劳动力等低成本地区初级加工业布局,支持自由贸易试验区价值链高端的高附加值产业。黑河和绥芬河自由贸易片区有利于促进进出口产品发展离岸加工、深化初加工等产业,实现重点产业的大规模发展;有利于促进低附加值农产品加工业向周边城镇和地区转移,促进下游产业发展,为自由贸易试验区相关产业提供支持。可见,自由贸易试验区的建设,通过产业转移和升级,优化了区域产业结构,促进了区域产业互补合作。

3. 基础设施条件

基础设施是黑龙江自由贸易试验区发展的基础和关键。从交通角度来看,哈尔滨拥有发达的公路和铁路网络,三条高速公路连接周边地区,是东北地区的铁路枢纽,是区域和东北亚之间的中国大陆,特别是在高速铁路建设方面,"哈大齐"线进一步发挥辐射作用,形成立体交通网络;黑河境内外的港口、航运、铁路和公路畅通无阻,形成了以高速公路、国道和省道为主的公路网。黑河和绥芬河都是与俄罗斯接壤的边境城市,在中俄跨境交通方面,黑河-布市(俄罗斯布拉戈维申斯克市)的跨境黑龙江公路大桥和跨境索道也已建成;绥芬河是滨绥铁路线和绥满高速公路的起点,可通过一条铁路和两条公路到达俄罗斯。

4. 产业发展基础

黑龙江自由贸易试验区的目标之一是深化产业结构调整。就目前黑龙江省自由贸易试验区母城的工业发展而言,哈尔滨和绥芬河侧重于第三产业发展,哈尔滨市的支柱产业是食品和现代服务业,绥芬河的支柱产业包括木材和粮食的进口和加工;黑河在第一产业中所占的比重仍然最大,将重点发展能源和资源型产业。哈尔滨的经济发展水平和产业结构在黑龙江全省处于遥遥领先的地位(见表3-6),以2020年的生产总值为例,哈尔滨市生产总值占整个黑龙江省(13 633.4亿元)的比重为37.67%,在黑龙江省一枝独秀。哈尔滨被称为"冰城",依托"冰雪经济"发展现代服务业取得了巨大成就,可以说,第三产业已经成为哈尔滨经济发展的最大动力。哈尔滨以食品工业、制药工业、石化工业和装备制造业四大主导产业为基础,形成了较为完善的产业体系和产业链,可以支持自由贸易试验区的建设和区内企业的发展需要。

表3-6　哈尔滨市的生产总值与产业结构　　　　　　　单位:亿元

时间	生产总值	第一产业增加值	第二产业增加值	第三产业增加值
2018年	5010.1	−68.1	27	334
2019年	5129.4	43.8	23.4	52.1
2020年	5135.2	46.3	27.9	−68.4

资料来源:哈尔滨统计年鉴(2021)。

5. 科技文化基础

截至2024年6月20日,黑龙江省共有78所普通高等学校,在校大学生超过70万人。哈尔滨市是省文化和科技中心,拥有全省最好的教育资源。哈尔滨市现有哈尔滨工业大学、哈尔滨工程大学、黑龙江大学、哈尔滨理工大学等重点及普通大学49所,其中211大学4所,年在校大学生近62万人,毕业生20多万人。这些高校为哈尔滨和黑龙江两省提供了许多优秀的应届毕业生。此外,黑龙江省还有近百个科技企业孵化器、近百家研发机构和数百家独立的科研机构,在人工智能、造船、航空航天和地理信息技术等科研领域处于全国领先地位。这些资源条件为自由贸易试验区内高端装备制造业、高新技术产业等的发展提供了良好基础,更为自由贸易试验区的跨境经济合作提供了天然优势,满足了黑龙江自由贸易试验区的发展需要。

建立黑龙江自由贸易试验区和其他经济功能区的联动机制,形成各类经济功能区间的协同发展格局,既有利于打造自由贸易试验区这一对外开放高地和服务国家战略的黑龙江样板,还有利于促进其他经济功能区更快发展,持续推动黑龙江省区域经济高质量发展。

3.3.2 黑龙江自由贸易试验区与其他经济功能区协同发展可行性分析

黑龙江自由贸易试验区通过制度创新和营商环境优化,为贸易、投资和高端产业集聚提供便利,从而促进经济高质量发展。其他经济功能区则主要通过优惠政策吸引投资实现产业发展和产业结构优化,从而提升区域经济整体实力。二者在效应、政策、制度、产业等方面有相似点但也存在差异,具体阐述如下。

在效应上,二者都会产生辐射、集聚和示范的经济效应,在促进本区域经济发展的同时正外部性显著。但自由贸易试验区更侧重于"先行先试"以推进和引领创新。

在政策上,二者都具有优惠政策,但自由贸易试验区被赋予更多优惠政策,以提升招商引资竞争力,吸引高端产业落户,推进高质量发展,而"破难点、调结构、提质量"则是其他经济功能区优惠政策的侧重点。

在制度上,二者均进行制度创新,都具有行政效率高、营商环境好的优点,而自由贸易试验区更侧重于通过创新为复制推广提供制度典范。

在产业上,二者的相同产业主要集中于高端制造、现代物流等产业,但自由贸易试验区更侧重于前沿科技、金融产业、文旅产业等高端第三产业,而其他经济功能区仍以制造业为主体产业。

通过比较分析可知,黑龙江自由贸易试验区与其他经济功能区虽然有差异,但相似点的存在也使二者协同发展具有可行性。

3.4 本章小结

黑龙江自由贸易试验区作为新时代在振兴东北老工业基地的政策引领下深化改革、扩大对外开放的国家试点地区,其试点城市的特点、区位特点、试点城市与周边地区的经济联系等方面还有待进一步研究。本章从贸易效益、规模效益、制度溢出效应、虹吸效应等方面对自由贸易试验区周边地区促进经济增长的路径进行了分析。

第4章

黑龙江自由贸易试验区对区域经济发展影响分析

建设自由贸易试验区是国家在新时代进一步推进改革开放的重要战略举措。2019年8月,黑龙江自由贸易试验区正式启动建设,黑龙江省政府采取了一系列措施来减少对经济的干预,包括完善市场机制、简化行政审批程序、减少行政审批环节、优化商业登记流程、推行高效的电子商务平台等。这些措施旨在提升营商环境,为企业和个人创造更加便利和友好的经营条件。黑龙江自由贸易试验区还通过制度创新来推动经济发展。例如,推行优化营商环境综合评价机制,鼓励企业自主评定,增加政府公信力;建立清单管理制度,减少非必要的管理要求和干预;推进跨境电子商务发展,促进外贸便利化等。这些制度创新举措有助于提高经济效益和活力,推动区域内的经济发展。

依托自由贸易试验区的政策优势和制度创新,黑龙江省通过打通瓶颈、畅通难点、解决痛点,释放发展活力,推动贸易便利化、投资便利化、金融便利化、法治化和国际化的改革创新,促进黑龙江省区域经济的高质量发展,打造向北开放合作的新高地。自成立以来,黑龙江自由贸易试验区率先在同批自由贸易试验区中实施了总体方案的100%落地,并提出了进一步提高实施质量的目标,自由贸易试验区的成果创新累计达到200多项,形成120余个省级实践性质的创新型案例。前六批自由贸易试验区的成功改革经验约有93%已经被黑龙江承接并进行复刻推广,另有八大部分的89项涵盖金融开放、跨境投资、跨境融资、科技成果转化的措施在《中国(黑龙江)自由贸易试验区创新发展行动方案(2021—2023年)》中得以体现并逐步推行,旨在形成多维度的制度创新成果,扩大影响范围,挖掘改革的深度影响力,同时加大政策供给,创新政策赋能。

主流区域经济学学者认为:中心城市对周边区域发展具有辐射带动作用,这种带动作用是伴随着区域经济发展而显现效果的。开始时,随着包括人、财、技术等主要生产要素向中心城市流动,形成产业集聚后,中心城市显现出发展优势,而且中心城市与周边城市的沟通更加密切,城市间的人员、贸易往来、资源流动等要素加速流通,极大地改善了城市间的关系,产业关联度提高。各个城市的综合实力不断得到提升,城市间的竞争也会愈演愈烈,如何引导城市之间良性竞争,在保证城市间联系紧密的基础上,实现产业分工协调、提升区域内资源优化配置是重中之重的任务。中心城市对周边区域的主要辐射带动因素包括劳动力、科技、规模效应和经济全球一体化,在这几种因素的推动下,中心城市的人、财、技术的转移加快,使得中心城市扮演着引领区域发展的重要角色。随着城市间经济联系越来越紧密,中心城市的地位更加凸显,其对周边区域的带动效应也更加明显。因此,加强中心城市的规划建设和产业规划布局,促进城市间的合作与联系,是推动区域经济健康发展的重要举措。

黑龙江自由贸易试验区建设推动了黑龙江省区域经济的发展和整体经济结构的转型升级,提升了黑龙江省的开放程度,增强了国际和国内的多向合作,提高了其国际影响力,开辟了新的发展路径,促进了黑龙江省区域经济的高质量发展。基于以上因素,本书在探讨自由贸易试验区对周边区域经济增长的机制路径时,从贸易效益、产业集聚和升级、规模经济效益、制度溢出效应以及虹吸效应五个方面进行分析,有助于深入理解黑龙江自由贸易试验区对周边经济的影响机制,并为进一步优化自由贸易试验区的发展策略提供参考依据。

4.1 贸易效益

黑龙江自由贸易试验区实施区域内经济贸易活动的自由化,监管部门改变原有的管理模式,实行全新的监管方式,即一线彻底放开,二线完全高效管住。为了简化通关手续,营造平等准入的市场环境,黑龙江自由贸易试验区还建立了国际贸易单一窗口,推动服务贸易发展,提升了企业参与的积极性,也间接推动了经济发展。

从黑龙江省的外贸规模来看,2022年,国有企业的进出口额达到1653.8亿元,增长了41.2%,占全省外贸总值的62.4%,比2021年提高了3.6个百分点;民营企业的进出口额为890.5亿元,增长了26.9%,占全省外贸总值的33.6%;外商投资企业的进出口额为102.8亿元,下降了8.7%,占全省外贸总值的3.9%。总体来说,2022年黑龙江省的外贸进出口总额为2651.5亿元,创下历史新高,增长了33%,增速超过全国25.3个百分点,位居全国第5位,东北地区首位,相较于全年目标提高了23个百分点。同时,该年度黑龙江省实际利用的国内资本金额为2975.5亿元,增长了47.9%;新设的外商投资企业增加了144家,增长了14.3%;实际利用的外资金额为5.1亿美元,下降了16.1%;社会消费品零售总额为5210亿元,下降了6%。

从黑龙江省贸易商品构成和方式来看,黑龙江省"一般贸易"占主导地位,其次是"边境小额贸易",而"加工贸易"的比重较小。主要出口商品包括机电产品、农副产品和服装等,主要进口商品则为原木、原油和其他原材料产品;从外贸产品角度来看,黑龙江省主要进口原油、机电产品、农产品、原木以及粮食等用于满足基本生活需求,主要出口机电产品、汽车相关产品、农产品和轻纺织品等附加值较低且市场规模较小的国际市场产品;从外贸市场来看,对俄贸易占黑龙江省外贸总额的近60%,但进出口产品主要是原材料和初级加工产品,附加值较低。

黑龙江自由贸易试验区的面积占全省土地面积的0.3‰,但却贡献了20%的实际使用外资和12.5%的外贸进出口。在制度创新的导向下,黑龙江自由贸易试验区持续优化营商环境,加速项目落地,缩短落地时间。自2019年8月至2022年6月,黑龙江自由贸易试验区外贸额达到690.84亿元,新注册企业达到16 539家,三年间实现了近100%的增长率。其中,外资企业的数量比挂牌前增长了56%,直至2022年6月,黑龙江省外资企业达到75家,占全省新设外资企业总数的21.1%。实际利用外资达到3.4亿美元,占全省的19.7%。黑龙江自由贸易试验区的设立带来了一系列明显的贸易效益,具体体现在以下几个方面。

4.1.1 扩大进口

黑龙江自由贸易试验区通过降低贸易壁垒、减少关税等措施,全面开放市场,吸引更多高质量进口商品纷纷涌入该地区。这些多样化的进口商品不仅丰富了当地市场的供应,还增加了居民的消费选择。消费者可以享受到更加多元化的产品和服务,满足他们不断增长的多样化需求,这进一步促进了商业活动的繁荣,推动了经济的发展和社会的进步。随着进口商品数量和品类的扩大,黑龙江省市场的商品供应逐渐增加。消费者在购物时有更多的选择,能够满足不同其多样化需求,有效提高了消费者的福利和生活质量。

黑龙江自由贸易试验区通过引进高附加值商品进一步推动经济发展,激发市场的活力。进口商品的增加不仅丰富了市场的产品种类,也为企业带来了更多的商机和增长空间,促进了就业和经济的稳定增长。进口商品的引入还能促进产业升级。随着国外进口商品涌入中国市场,本地企业面临与国外进口商品的竞争压力。这种竞争压力推动本地企业进行技术改进和产品质量提升,间接推动产业升级,提升本地企业的产品竞争力。在产品竞争力不断提升的过程中,本地企业向国外先进企业学习或开展贸易合作,通过引进进口商品的方式丰富黑龙江省的商品品种和数量,同时促进与其他国家和地区的贸易合作,吸引更多的国际贸易伙伴,推动贸易往来和合作。进口商品的增加刺激了消费需求和投资需求的增长,进而推动经济增长,带来了更多商机和就业机会,促进经济的繁荣和发展。自由贸易试验区的发展为黑龙江省带来了更加活跃和多元的经济环境,为地方产业的升级和经济的转型升级提供了更多机遇和动力。

4.1.2　促进出口

黑龙江自由贸易试验区对黑龙江省的出口发挥了积极的促进作用。黑龙江自由贸易试验区为当地企业提供了更加灵活和便利的贸易环境,提升了企业的出口能力,尤其是黑龙江省的特色农产品、机械设备和能源资源等行业,他为企业提供了更大的国际市场拓展空间,增加了出口规模和价值,进一步提升了企业的竞争力和发展潜力。自由贸易试验区的建设为当地企业提供了更多的出口机会。通过拓展国际市场,出口企业可以增加出口规模和产品价值,获得更多出口收入,提高企业的盈利能力和经济效益。同时,为了适应国际市场竞争,企业还需要提升综合实力和产品质量。这些方法的实施,能极大地提升企业的产品质量和科技含量,推动企业创新发展,最终实现企业核心竞争力的提升并提高企业知名度,进而提升国际市场份额。

自由贸易试验区的发展还吸引了更多的国际贸易伙伴和投资者进入黑龙江省,企业可以借此机会拓展国际市场网络,增加与国际市场的贸易往来和合作。通过与国际市场的互动,企业可以获取更多的商机和合作机会。企业的不断发展壮大也会带动本地产业的升级和转型。通过提升产品质量、提高技术水平和培育创新能力,企业不仅能够带动产业的升级,还能够提升区域的整体经济竞争力。企业在不断努力提升产品质量的过程中,通过引入先进的生产技术和管理模式,可以提高生产效率和产品的附加值。同时,不断提高技术水平也能够推动产业的技术进步,实现从传统产业向高附加值产业的转型升级。这些措施有助于提高区域的整体经济竞争力,吸引更多投资和资源流入,推动经济的稳定增长。此外,培育创新能力也是企业实现产业升级和提升竞争力的重要途径。通过注重研发创新、技术创新和管理创新,企业能够改善产品品质、开拓新市场,实现经济的多元化发展。同时,企业的创新能力还能够激发全社会的创新活力,形成创新生态系统,进一步提升区域的整体经济竞争力。

4.1.3　促进贸易便利化

促进贸易便利化是黑龙江自由贸易试验区的重要目标,与此同时改变贸易管理体制机制,为企业贸易活动提供更方便的环境。这个目标通过降低贸易壁垒、简化贸易手续、优化物流和通关流程等措施来实现,降低企业交易成本,提高贸易效率,进一步提高区域贸易竞争力,促进区域经济发展和吸引投资。例如,简化报关手续、加快通关速度、实施电子化的贸易文件管理等措施可以减少企业的时间成本和人力资源成本;推行一体化的物流配送体制、建设现代化的物流基础设施、加强互联互通等措施,可以提高货物的流通速度和效率,降低物流成本;制定切实可行的政策,如减免关税、优惠税收政策、贸易融资支持等,可以鼓励企业扩大贸易和投资,进一步促进贸易便利化。这种贸易便利化环境对于提升企业的竞争力十分有利。通过降低贸易壁垒和提高贸易效率,企业可以更便利地进入国际市场,拓展海外业务,提高市场份额和竞争力。完善贸易环境还可以吸引更多的外商投资和合作。降低贸易壁垒和提高贸易便利化水平,将给外资企业提供更稳定、透明和便利的投资环境,吸引外商到自由贸易区投资和合作。这将综合提升区域经济发展水平。

4.1.4 推动产业链协同发展

黑龙江自由贸易试验区的一项重要任务是推动产业链协同发展。产业链协同发展是指不同企业在产业链上的各个环节之间进行密切合作和协同,通过资源的共享和优势的互补,实现产业链的整体优化和提升。

黑龙江自由贸易试验区鼓励企业开展国际贸易和投资合作,通过吸引外商投资及推动企业境外投资,加强产业链上下游的合作关系,促进产业链的协同发展,提高整体经济效益,带动区域经济发展。产业链协同发展可以加强各个环节之间的合作与协调,促使资源的高效利用和优化配置。通过密切协同,企业能够更好地发挥各自的优势,提供更高附加值的产品和服务,提升整个产业链的竞争力。同时还可以激发跨企业之间的技术交流和创新合作;通过共享经验、资源和技术,企业可以借鉴彼此的创新实践,促进技术进步和产品升级,这有助于提高整个产业链的创新能力和竞争力;通过产业链协同发展,企业实现了资源的共享和风险的分担,通过共同采购、共享仓储和物流等方式降低采购成本和运营成本;在面对市场波动和风险时,产业链上的企业可以共同应对,并通过互惠互利的合作共担风险;企业还能借助产业链协同发展拓展市场和合作机会。通过与产业链上的企业建立紧密的合作关系,企业可以扩大市场覆盖面,拓展新客户和销售渠道,促进与更多的投资和合作伙伴进一步合作发展,最终实现资源的优化配置、生产的协同流程和市场的共同应对,提升整个产业链的效率与竞争力,为企业带来更好的发展机遇和可持续的竞争优势。

4.1.5 促进人员流动和互联互通

促进人员流动和互联互通是推动经济和社会发展的重要方面,通过这种方式能够加速人才与技术的国际交流,进而提高区域的创新能力并提升区域竞争力,还有助于加强区域间的交流与合作。在人员流动过程中,促进劳动力流动可以为企业提供更多的人才资源,吸引外地人才到自由贸易试验区就业,从而促进当地经济的发展,创造更多的就业机会。不同地区的人才之间开展交流与合作,通过交流经验、分享知识和技术,可以促进创新能力和竞争力的提升,推动产业发展和升级,进而促进区域间的协调发展。在这种加强交流和合作的框架下,不同地区的人才还可以互相借鉴和学习,共同推动整个区域的经济发展和社会进步。在人员流动过程中还带来了不同地区文化之间的交流与融合,形成了文化的多元化,推动文化创意产业的发展,丰富了当地的文化生活。在经济繁荣的大背景下,可以吸引更多的游客来到黑龙江自由贸易试验区,推进避暑经济和冰雪旅游业的蓬勃发展,推动餐饮、商贸、住宿、交通、物流等相关产业的发展和就业,激发区域经济的活力。通过优化配置人员资源和促进区域经济的协同发展,黑龙江自由贸易试验区可以不断增强竞争力,实现经济的持续繁荣和发展。

4.2 产业集聚及优化升级

黑龙江自由贸易试验区为了推进周边城市发展,发挥其区位的辐射带动作用,会采用产业集群的方式,例如建立物流、贸易等产业集群;通过改革开放的方式来推动政策转型和经济增长极的构建,推动产业结构优化升级;在金融、社会服务、商贸、物流等领域扩大开放,吸引投资者和企业家进入,深化市场开发。同时还把高端制造业和现代服务业等产业引入自由贸易试验区内,丰富产业内容,形成聚集效应,把低技术含量的产业向周边区域转移,增加高技术行业、高端服务业等的引入。

当自由贸易试验区和周围区域形成有效衔接后,城市间进行产业分工整合,最后实现产业链的双向延伸,最终实现辐射区域内的产业对接和转移。这种聚集效应会加快相关产业的发展速度,为一些生产性服务行业提供发展机遇,比如金融保险、交通运输等,降低其交易成本并提升配套服务水平,加速资本要素流动,推动区域经济的协调发展。黑龙江自由贸易试验区通过集中优势资源建设,形成产业集聚效应。集聚经济主要通过扩大要素数量和提高生产效率的途径促进区域经济增长。作为中国特色的区位导向性政策,黑龙江自由贸易试验区是实现该省经济高质量发展的试验场所。这必然引起各类要素在该区域的集聚,并通过集聚效应推动经济增长。

4.2.1　要素数量扩张

黑龙江自由贸易试验区设立的初衷是通过自由的贸易、便利的投资、政府管理、金融制度、税收宽松等方面的探索和创新,吸引资本、人才、技术等要素,逐渐形成可复制、可推广的经营企业模式,打造区域经济增长极。根据新古典经济增长理论,当一个市场处于开放的环境中时,生产要素,包括资本、劳动力和技术,会根据它们的边际生产力水平在不同地区之间进行流动。这种要素流动能够实现不同地区之间的产业协同,并促进经济增长。在一个开放的市场环境下,生产要素将会根据不同的地区提供的资源和潜力,在各个地区之间进行自由流动。资本会流向具有更高投资回报率的地区,劳动力会迁徙到需要人力资源的地区,而技术则会传播到需要技术支持的地区。这种生产要素的流动会实现资源的最优配置,在各个地区之间形成优势互补,推动不同地区形成产业协同效应。通过生产要素的流动和产业协同,不同地区的企业和产业可以拥有一系列的优势。比如,资本流动可以带来更高的投资效益和资金的支持,劳动力流动可以满足产业的用工需求和提升劳动生产率,技术流动可以加快技术创新和知识转移。这些优势进一步增强了地区经济的竞争力和创新能力,促进了经济的增长。此外,生产要素的流动还会产生溢出效应。当生产要素在一个地区积累并形成集聚效应时,这些要素会通过各种渠道和方式影响到邻近地区,进而推动整个地区的经济发展。例如,技术的流动可以产生技术创新的扩散效应,知识的共享推动了整个地区的技术水平提升。这种溢出效应扩大了经济增长的影响范围,促进了经济增长的速度和规模。因此,通过加强生产要素的流动性,资本要素可以从发达区域流向不发达或欠发达区域。新古典经济增长理论认为,区域经济增长的加速主要归因于要素的流动。根据这一理论,要素包括资本、劳动力和技术,它们的流动性可以促进资源在不同地区间的优化配置,从而实现经济的高效增长。所以说,设立自由贸易试验区可以通过增加要素数量来推动区域经济发展。

4.2.2　生产效率提升

根据集聚经济理论,集聚效应的基础包括劳动力"蓄水池"效应、中间投入品规模经济和技术外溢效应。劳动力"蓄水池"效应指的是在一个区域内,由于人口的聚集,使得该地区的劳动力市场更加活跃,从而吸引更多的劳动力涌入该地区。这种劳动力的聚集可以增加该地区的生产力和创新能力，推动经济的发展。中间投入品规模经济是指在一个区域内，由于企业之间的相互关联和协同作用，使得一些中间投入品的使用成本降低，从而促进了这些业务的发展。这种效应可以提高企业的生产效率和竞争力，推动整个经济的发展。技术外溢效应指的是在一个区域内，由于企业之间的相互交流和合作，使得一些技术和知识不断地在企业间流动和传递，从而提高整个区域的技术水平和创新能力，促进经济的发展。

自由贸易试验区通过促进产业集聚，获得竞争优势；通过增强要素的生产能力，产生外部经济效应或溢出效应，从而为经济发展提供重要途径。空间集聚可以促进自由贸易试验区内企业之间的合作和共享资源，与国内外供应商保持良好合作，充分利用区内政策环境和劳动力市场等优势，通过技术外溢等因素促进信息交流和经验学习，从而促进知识的积累和不断更新，从而提高企业的投融资和技术创新能力，促进企业、行业及整个经济的生产效率。

自由贸易试验区采取了一系列措施，如简化贸易手续、推动市场自由化等，以促进贸易的便利化。这样做的结果是增加了设立自由贸易试验区地区的国际贸易规模，同时也扩大了各类高技术含量的中间产品和资本设备的获取渠道。与此相关的小企业和个体经营者可以通过学习、借鉴、模仿跨国公司或发达经济体的先进技术和管理经验，逐步提升自身的技术水平和管理能力，进一步提升自己的创新能力。在投资方面，自由贸易试验区通过降低营商成本、推行投资自由化和负面清单管理模式等制度安排，促进国内外资本的流动。这样的举措有助于吸引更多的投资进入自由贸易试验区，推动国内外两个市场的资本交流与合作。这一政策的实施有利于减少外商直接投资和对外直接投资的限制，吸引更多的外资和国内资本流入实体经济领域，助力经济发展。同时，随着外资和国内资本的流入，知识技术和管理等方面的溢出效应也会逐渐显现，从而逆向带动技术进步，加速自由贸易试验区所在区域的产业技术水平提升和经济转型升级。同时，自由贸易试验区的开放政策促进建立现代公司治理制度、提高公司治理效能，有助于提高行业的生产效率，推动行业重组和要素配置。此外，随着国际资本的流入，市场竞争的加剧将会推动微观经营主体积极提升技术和管理水平，以满足市场需求和提升企业竞争力。这将促进企业经济结构转型和升级，提高我国产业的整体竞争力和技术水平，从而进一步推动经济的发展和持续增长，促进生产效率的提高。

此外，自由贸易试验区的设立旨在通过改革和创新贸易、金融、投资等领域，营造良好的商业环境，以吸引人才和提高整体经济效率，从而使该区域吸引更多先进技术、创新人才和国际资本等创新要素的聚集，提高生产效率。总的来说,自由贸易试验区的空间集聚效应将提高企业、行业和整个经济的生产率水平。在单个企业层面上,如果处于集聚度较低的区域,企业面临的不确定性会更高。而在规模更大的区域,企业可以获得更多的外部帮助,从而提高自身的生产效率。例如,劳动力、中间产品投入和技术溢出等外部经济效应,以及共享、学习和匹配机制所带来的经济效益,将促使在自由贸易试验区内形成规模报酬递增的行业层面效应。相对于保税区、出口加工区等单一特殊经济区,自由贸易试验区的规模和战略定位更高。它内部集聚多种类型的产业,不同产业在集聚过程中相互影响,形成外溢性效应,进而带动所在区域行业生产率的提高,推动经济增长。

4.3 规模经济效益

规模经济效益是指企业或组织在扩大产量规模时,单位成本的平均降低所带来的经济效益。简而言之,就是在产量增加的过程中,单位成本的下降所带来的效益。规模经济效益一般可以分为两种类型:内部规模经济效益和外部规模经济效益。

内部规模经济效益,即当企业或组织的规模不断扩大时,它们可以享受到内部规模经济效益。这是因为生产规模的扩大使得企业或组织能够更有效地利用资源,从而降低单位成本。例如,随着生产规模的扩大,企业可以更好地利用生产线的效率,实现更高的生产效率,减少单位生产成本。黑龙江自由贸易试验区的建设将会带来一系列的内部规模经济效益。首先,通过黑龙江自由贸易试验区的建设将吸引更多的外资企业和国际贸易活动,促进了企业间的竞争,从而推动生产成本的降低。企业可以通过规模扩大来获得更多的采购优势、资源共享和成本分摊,从而降低原材料成本、生产成本和运营成本。其次,黑龙江自由贸易试验区还能吸引更多的创新型企业和高新技术企业进驻,增加技术创新和研发的投入。规模扩大可以带来更多的技术和研发资源,促进技术共享和合作,从而提高技术水平和创新能力,降低技术研发成本。再次,通过规模扩大可以促进生产线的优化和效率的提升。通过引进先进的生产技术和生产设备,提高生产自动化水平和生产能力,企业可以更有效地利用生产要素,提高生产效率和生产产量,降低单位生产成本。最后,通过自由贸易试验区的建设,还能促进企业之间的分工与专业化。不同企业可以专注于自身擅长的领域,形成产业链和供应链的完整结构,提高整体的生产效率和质量水平。分工与专业化的加强还可以降低企业的管理成本和操作风险。此外,自由贸易试验区规模扩大将吸引更多的人才。高素质的人才可以提供更专业的技术支持和管理能力,提升企业的创新能力和竞争力。人才的流动还可以促进区域内人才的培养和交流,进一步提高整体的人才素质。通过实现以上的内部规模经济效益,黑龙江自由贸易试验区可以促进企业的发展和提高整体的经济效益。生产成本的降低和生产效率的提升将提高企业的竞争力和盈利能力,吸引更多的投资和发展机会,同时也为地区的就业创造更多的机会和提供更优质的产品和服务。

外部规模经济效益是指企业或组织所处的行业或地区范围内,规模扩大对整个行业或地区带来的效益。这是由于行业内或地区内的企业规模扩大,带来了更多的经济活动和资源共享,从而降低了供应链成本、运输成本和交易成本等。例如,当一个地区内的多家企业共同采购原材料时,它们可以通过集中采购获得更低的价格,降低了每家企业的采购成本。建设黑龙江自由贸易试验区将会带来一系列的外部规模经济效益。首先,黑龙江自由贸易试验区的建设将吸引更多的企业进驻,形成一个完整的产业链和供应链网络。通过供应链的优化和整合,企业可以享受到更便宜、更高质量的原材料和零部件,降低生产成本和提高生产效率,在此过程中还能促进企业之间的资源共享。企业可以共同利用自由贸易区提供的基础设施、物流配送网络、人力资源和知识智库等,实现资源的优化配置和互补。这样可以降低企业的运营成本,提高企业的效益和竞争力,促进境内外的贸易自由化和便利化,吸引更多的外国投资和贸易活动。其次,通过与其他国家和地区的互联互通,自由贸易试验区可以获得更多的进出口贸易机会,扩大市场规模,提升企业的销售额和盈利能力。再次,自由贸易试验区的建设将激发更多的技术创新和引进。企业通过与国内外科研机构和高校合作,可以获得更多的技术支持和创新资源。这将有助于提升自由贸易区企业的技术水平和创新能力,推动整个地区的科技进步和产业升级。最后,黑龙江自由贸易试验区的建设还将简化贸易手续和提升贸易便利化水平。通过改革相关的贸易政策、关税税则和进出口监管制度,自由贸易试验区可以降低市场准入门槛,减少贸易壁垒,提高贸易效率,进一步促进外贸发展和贸易便利化。通过实现以上的外部规模经济效益,黑龙江自由贸易试验区可以促进与周边地区和全球的经济合作与交流。供应链优化和资源共享将吸引更多的企业进入自由贸易试验区,进一步提高地区的产业集聚效应。同时,市场的扩大和贸易便利化将带来更多的外贸机会,促进外贸的发展和增加地区的出口量,推动整体经济的增长和就业的增加。

规模经济效益产生的原因一般包括以下几个方面:一是分工与专业化,规模扩大可以促进分工,使得企业各个环节的专业化和专业化水平提高,从而提高生产效率和降低单位成本；二是固定成本分摊，固定成本在总成本中的比重随着产量的增加而下降，从而使得单位成本下降；三是资源利用和采购优势，规模扩大使得企业可以更有效地利用资源，并获得更有利的采购条件，从而减少成本；四是技术与创新，规模扩大可以带来更多的投入和机会用于技术研发和创新，提升生产效率和产品质量。总之，规模经济效益可以帮助企业或组织在扩大产量规模的同时，降低单位成本，提高竞争力，并实现更高的利润水平。这种方式是在经济规模发生变化后或者生产力要素高度集约后带来经济效益的提升。

黑龙江自由贸易试验区产生的规模经济效益主要是来源于规模扩大和经济活动频繁后成本降低、产量增加、市场规模扩大所带来的经济效益。不仅是成本、产量的变化，还有生产成本和物流成本的降低，都能提高企业的效率和竞争力。随着自由贸易试验区规模的扩大，企业可以获得更多的销售机会和市场份额，进一步推动经济活动的增长。较大的市场规模可以促使供应商提供更具竞争力的价格，降低企业采购成本。另外，由于企业更高的产量，生产效率和规模效应得到提升，固定成本分摊到更多的产品中，进一步降低了单位产品的生产成本。此外，更大的市场规模还有利于物流和配送效率的提升，减少了物流成本。黑龙江自由贸易试验区的规模经济效益通过扩大市场规模和增加经济活动，降低采购成本、生产成本和物流成本，提高企业的效率和竞争力。通过发挥规模经济效益，黑龙江自由贸易试验区吸引了更多的资金来源和优秀企业进驻，推动了黑龙江省经济的整体发展。

4.3.1　降低成本

随着自由贸易试验区规模的扩大，会出现采购、生产、物流和销售等方面的经济规模效应，从而降低企业的成本。自由贸易试验区具有强大的商品需求，需要具备强大的采购物资能力，这样可以进行批量采购，并通过规模性采购与供应商谈判获得更好的价格和优惠条件。此外，采购是一项持久性的工作，通过建立长期合作伙伴关系降低成本，可以将更多的资金投入技术装备的购买，进而实现自动化，减少人力成本，节约生产时间，促进企业生产流程的优化，提高生产效率，并降低能源和原材料的消耗。在推进规模经济发展的过程中，自由贸易试验区还可以设立共享资源，例如共享仓储、共享物流设施、共享研发设备等，从而降低企业的固定成本。此外，自由贸易试验区还提供一系列的政策支持和优惠政策，例如减税、补贴、优惠贷款等，直接或间接地降低企业的成本压力。自由贸易试验区的规模扩大会带来采购、生产、物流和销售等方面的经济规模效应，通过降低企业的成本，提升效率，实现资源共享，促进企业发展。

4.3.2 优化资源配置

规模经济效应反映了经济规模引起的投入产出比率的变动,这种效应不仅表现为成本的降低,还表现出一种动态的经济效应。因此,为了促进自由贸易试验区区域经济的发展,动态优化资源配置是一项至关重要的举措。随着自由贸易试验区规模的扩大和企业数量的增加,不同企业之间可以进行资源的共享和互补,充分发挥资源的效益。合理的供应链设计、共同的研发设施和技术支持等都可以推动资源的高效利用和优化配置。这不仅有利于企业的发展,还可以推动自由贸易试验区的创新能力,从而提高整个区域的经济效益。

此外,当企业形成集群效应并实现规模化经营时,还可以促进技术交流、协同创新和人才流动,加速知识和技术的传播,提高创新水平和竞争力。这样既能增强自由贸易试验区内企业的生产能力和供应能力,还可以推动企业在国内和国际市场的规模扩大、降低产品价格、增加市场份额,提升市场竞争力。在吸引更多的投资、实现良性循环的同时,这些效应为投资者提供了更好的投资机会和市场前景,减少了投资风险,促进了资本流动和经济繁荣。因此,动态优化资源配置和规模经济效应发挥是促进自由贸易试验区经济发展的重要手段。

4.3.3 扩大市场份额

扩大市场份额是企业在黑龙江自由贸易试验区实现增长和增加竞争力的重要目标。2022年1—6月,自由贸易试验区的外贸额达到166.87亿元人民币,同比增长48.3%。这一增长率比全省外贸增幅高出17.6%,占全省外贸总额的13.7%。对俄贸易额达到了135.03亿元人民币,同比增长72.8%,高于全省对俄贸易额增幅30.8%,并占该试验区外贸总额的80.9%。与此同时,自由贸易试验区也吸引了大量的新企业。在其中2694家新设企业中,有8家为外资企业。实际使用外资金额为3303万美元,占全省实际使用外资总额的12.4%。这表明自由贸易试验区的创新政策和良好商业环境已经得到了国内外企业的广泛认可和欢迎。

为了实现市场份额的扩大,企业可以从以下几个方面展开工作。首先,企业可以进行市场调研,了解目标市场的需求和竞争情况。通过市场调研结果,明确企业产品或服务的特点和竞争优势,并制定相应的市场营销策略。通过产品创新、技术升级和品牌塑造等方式,打造独特的产品或服务,与竞争对手区分开来,吸引更多的消费者和市场份额。其次,根据市场需求和竞争情况,制定有竞争力的价格策略。企业可以通过降低价格、提供促销活动或优惠条件等方式,吸引更多的消费者,并实现市场份额的增加。再次,选择合适的销售渠道也是重要的。企业可以考虑线上渠道、线下门店、与合作伙伴合作等,以扩大产品的覆盖范围和销售渠道,增加产品的曝光度和销售机会。这样可以提升企业的品牌知名度和认可度,使消费者对产品或服务产生较高的信任感和忠诚度,进而提高市场份额。最后,企业寻求机会开拓市场也是一种策略。企业可以拓展新的产品线或目标群体,或与其他企业建立合作关系或联盟,共同开拓市场,实行资源共享。通过这些方式,企业可以增加市场份额,扩大产品影响力,提升市场竞争力和盈利能力。

4.3.4 促进竞争

黑龙江自由贸易试验区的建立促进了竞争的发展。自由贸易试验区市场放开后。更多有投资需求的投资者进入,当面临进入三个片区中的某一个时,就会有比较和选择,这样三个片区之间也存在争夺客户的问题,彼此之间会出现通过竞争的方式来获取投资者的满意。同时,随着自由贸易试验区发展空间的扩大,将会有大量竞争者加入,这将增加区域内现有企业的竞争压力。为了在市场上获得更大的份额并增强竞争力,现有企业需要持续改进它们的技术和管理水平。同样,为了能够顺利进入市场或与现有企业进行充分竞争,潜在进入者也需要不断改进技术和管理水平。无论哪种情况,都将推动自由贸易试验区的整体发展。通过竞争的刺激,现有企业将不断提升自身的竞争力和创新能力,以满足市场需求。同时,潜在进入者的竞争压力也将促使它们不断改进和创新,以适应市场的挑战。这种竞争态势将推动自由贸易试验区内的企业进行技术和管理的升级,提升产品质量和服务水平,提高整体经济效益。同时,企业间的竞争还可能导致合作与合作伙伴关系的形成,进一步促进资源共享和协同创新,带动自由贸易试验区的可持续发展。自由贸易试验区的建立将通过竞争的刺激,推动现有企业和潜在进入者不断提升技术和管理水平,以适应和抢占市场机遇。这将带动自由贸易试验区的整体发展,促进经济的繁荣和增长。

4.4 溢出效应

自由贸易试验区内部的制度改革和扩大开放有助于将其打造成为新一轮改革开放的制度试验田。在自由贸易试验区内部进行一定的权力下放,可以促进内部机制的灵活性和适应性,有助于更快地推动改革措施的实施和效果的显现。通过这种方式,自由贸易试验区可以积累经验、防范风险,并且探索出一些可复制和推广的体制机制创新经验。成功的改革经验可以为其他地区的深化体制改革提供示范和引领作用。通过借鉴成功经验，其他地区可以更快地推动改革进程，提高改革的效率和效果，这已成为自由贸易试验区制度创新外溢的重要途径。

通过自由贸易试验区的试验，可以发现哪些制度创新在实践中取得了良好的效果，进一步优化和改进这些制度，使其能够更好地适应市场需求和发展变化。同时，将这些成功的制度创新经验总结出来，并向其他地区推广和复制，以促进全国范围内的体制机制创新和改革。这种制度外溢的过程有助于加快整个国家的发展步伐，并提高经济的竞争力。自由贸易试验区作为制度创新试验田，扮演着探索、创新和改革的角色。通过吸取和借鉴国内外先进的经验和做法，自由贸易试验区可以积极探索适应市场经济发展需要的体制机制创新，为经济发展提供新的动力和增长点。同时，自由贸易试验区还可以通过开放和合作，吸引更多的国内外资本和人才，提升自身的吸引力和竞争力。

自由贸易试验区的制度创新外溢将对国家整体发展产生积极影响，提升经济竞争力，通过制度创新和全面深化改革的进程，能够推动各方面的发展。首先，自由贸易试验区以制度创新为核心，可以促进政府职能转变和解决地方政府在经济发展中面临的一系列问题。这将进一步优化资源配置，发挥市场的作用，提高经济效益。其次，贸易投资自由化能够推动区域经济的进一步开放，并吸引更多的资本流入。这将促进资源的优化配置，推动产业升级和转型发展。同时，自由贸易试验区也能够促进资本的"走出去"，实现资源的全球优势互补。再次，自由贸易试验区还鼓励高端服务业的集聚和金融业的开放，改善营商环境，提升经济发展水平。这将为自由贸易试验区的经济活力注入新动力，同时也通过经验总结和推广对周边地区产生溢出效应。最后，随着自由贸易试验区的不断发展，人员、资金和物流等要素的自由流动将会促进各城市之间经济联系的加强，从而进一步激发区域经济增长的活力。因此，自由贸易试验区在不断壮大的过程中将成为整个区域经济发展的重要引擎。对国家整体发展产生积极影响，提高经济竞争力，并推动全面深化改革的进程。这种外溢效应体现在政府职能转变、贸易投资自由化、高端服务业集聚和金融业开放等各方面，对于加强城市间联系并促进区域经济发展有着重要作用。

例如，上海借助自由贸易试验区的优势，推动了人才、投资、监管、金融等方面的改革，也加快了生产要素流通，形成了国际合作的新局面。依托上海自由贸易试验区，毗邻上海的江浙皖（江苏、浙江、安徽）都享受了高标准的产业配套设施，整体上提升了长三角的经济实力，更加凸显了长三角的区位优势，上海就是通过这种加强体制机制改革和要素流动，推动了全区域的经济发展和国际合作。这不仅使得上海自由贸易试验区成为一个具有重要引领作用的经济增长极,而且对长三角地区的整体竞争力和区域一体化发展具有积极的推动效应。

具体来说,黑龙江自由贸易试验区建设能带来以下几个方面的溢出效应。

4.4.1 技术溢出效益

技术外溢是指高效能、高技术的企业将其技术和经验传递给低效能企业,进而获得市场的正外部性。除了促进自由贸易试验区内经济增长外,通过技术外溢还能带动周边地区经济的发展。黑龙江自由贸易试验区的设立,使自由贸易试验区内的企业为了适应发展需求,汲取先进技术和成熟理念,迫使低效能企业退出市场,从而把释放的优质资源向高效能企业流动,提升整个行业的效率,实现技术升级带动经济增长。黑龙江自由贸易试验区的设立有助于促进自由贸易试验区内高效能、高技术企业的发展和壮大,同时也有助于周边地区经济的发展。这种技术外溢效应为地区经济的升级和整体发展带来了积极的效应。

黑龙江省相比南方发达地区,在打破多年的陈规和改革体制方面存在差距,缺乏制度红利,这对区域经济发展和体制创新形成了阻碍。然而,通过自由贸易试验区的建设,可以倒逼政府职能的转变,释放制度红利,从制度层面为自由贸易试验区内企业的发展创造有利条件。同时,自由贸易试验区的建设还有望吸引更多企业到自由贸易区投资和设立工厂。通过自由贸易试验区的建设,政府将逐渐转变其职能,从过去的重管制转向提供相关服务和支持。这将为自由贸易试验区内企业的发展提供更多灵活、高效的制度环境,引导产业升级和创新发展。同时,自由贸易试验区的建设也将为企业提供更多的便利,吸引更多企业在投资和办厂,促进经济的发展和就业增长。

4.4.2 经济溢出效益

自由贸易试验区的建设将促进外贸投资和贸易自由化,吸引更多的外资和国际贸易活动,进一步拉动地区经济发展,带来税收收入、就业机会和企业利润增加,促进经济增长。同时,自由贸易试验区还将促进产业链的整合和升级,提升当地产业竞争力,增强地区经济的整体竞争力。随着自由贸易试验区的不断发展和成熟,它将成为一个有效的窗口和平台,吸引更多国内外的企业投资和参与。自由贸易试验区将提供更开放的市场环境和更灵活的政策支持,为企业提供更多的商务机会和便利,促进经济活动的增加。这将带来更多的税收收入,改善地方财政状况,为地区的公共服务和基础设施建设提供更多的资金支持。同时,自由贸易试验区将推动产业链的整合和升级。企业在自由贸易试验区内可以更好地利用资源和市场的优势,加强合作与创新,形成更有竞争力的产业链。通过引进先进技术和管理经验,提高产品质量和附加值,加强品牌建设,提升产业的国际竞争力。自由贸易试验区的成功发展还将吸引更多的人才流入地区。优质人才的流动将促进科技创新和人才培养,提升地区的创新能力和人力资源优势。这将进一步推动地区经济的发展和提升,使其成为更具活力和竞争力的地方经济。总之,自由贸易试验区的建设将成为地区经济发展的重要推动力量,带来增加的税收收入、就业机会和企业利润,促进经济增长。同时,它也将推动产业链的整合和升级,增加地区经济的整体竞争力和可持续发展能力。

4.4.3　创新溢出效益

自由贸易试验区将为当地企业提供更好的贸易环境和政策支持,鼓励企业加强技术研发和创新能力。这将培育创新型企业和高新技术产业,带动科技创新和产业升级。同时,自由贸易试验区还将吸引国内外优质资源和人才聚集,促进创新思维和技术交流,形成创新生态系统,从而产生更多的创新溢出效益。自由贸易试验区通过建立更加开放、灵活、透明的政策环境,将为企业提供更多的支持和便利。例如,可以推出减税优惠政策、知识产权保护措施、创新项目资金支持等,鼓励企业加大技术研发和创新投入。这使得企业能够更加专注于技术创新和产品研发,提高市场竞争力和附加值。通过技术进步和产业升级,自由贸易试验区将成为一个创新创业的热土。同时,自由贸易试验区作为国际合作和交流的重要平台,吸引了大量国内外优质资源和人才的聚集。这些优质资源和人才的引进将带来创新思维的碰撞和技术交流的加强。创新型企业和高新技术产业将获得更多的学习和合作机会,不断提升自身的技术水平和专业能力。同时,创新资源和思维的交流也会促进创业创新的融合和交叉,产生更多跨领域的创新效应。自由贸易试验区为创业创新提供了更加良好的环境。试验区内的政策优惠和创新支持措施,将吸引更多创业者和创新型企业进驻,形成创业创新的生态系统。这将促进创新资源的集聚和创新思维的碰撞,激发全社会的创业创新活力,进一步推动地区的创业创新氛围和水平。总之,自由贸易试验区将为当地企业提供更好的贸易环境和政策支持,鼓励技术研发和创新能力的提升。通过吸引优质资源和人才聚集及创新思维和技术交流的促进,自由贸易试验区将培育创新型企业和高新技术产业,推动科技创新和产业升级,为创业创新提供更加良好的环境与条件。

4.4.4　对外开放溢出效益

自由贸易试验区将成为地区对外开放的窗口,吸引更多的外资和国际企业进驻。这将促进国内外企业的合作交流,增加跨境投资和贸易活动,加强地区与国际市场的联系和互动。同时,自由贸易试验区还将加强与其他国家和地区的经贸合作,推动更加开放和便利的贸易政策,促进地区在全球价值链中的地位提升。首先,自由贸易试验区的建设将吸引更多外国企业和投资者进入地区市场。试验区内的贸易自由化和政策优惠将吸引外资进驻和设立分支机构,同时也为本地企业提供了与外资合作的机会。这种合作交流将促进技术转移、经验分享和资源整合,推动地区企业的创新和发展。其次,自由贸易试验区也将加强与其他国家和地区的经贸合作。通过与外部市场的联系和合作,自由贸易试验区可以吸引更多的国际企业和投资,加强与其他国家和地区的贸易往来。借助自由贸易试验区的平台,本地企业将能够与全球知名企业建立更紧密的业务合作关系,深入参与全球供应链和价值链。此外,自由贸易试验区将推动更加开放和便利的贸易政策出台。通过内部的政策创新和试点探索,可以推动贸易便利化、清关通关等方面的改革,降低贸易壁垒和成本。这将吸引更多国际贸易活动和跨境投资,进一步提升地区在全球贸易中的地位和竞争力。最后,自由贸易试验区将成为地区与国际市场互动的桥梁。自由贸易试验区的建设将加强地区与国际市场的联系,推动两者之间的经济、商贸和科技合作。通过加强地区企业的国际交流和经验借鉴,可以提升地区在全球价值链中的地位,促进地区经济的发展和转型升级。自由贸易试验区将成为地区对外开放的窗口,促进外资和国际企业的进驻,推动国内外企业的合作交流,增加跨境投资和贸易活动。通过加强与其他国家和地区的经贸合作和推动更加开放和便利的贸易政策,自由贸易试验区将提升地区在全球价值链中的地位,推动地区经济的整体发展。

4.4.5　社会溢出效益

自由贸易试验区的建设将带来社会效益的提升。首先,试验区的发展将为当地居民提供更多就业机会,提升人们的收入水平和生活品质。随着更多企业进驻试验区,就业机会将大幅增加,解决了就业问题,减少了就业压力,提高了社会的稳定性和和谐度。同时,试验区内部的创新型企业和高新技术产业的发展,也将吸引优秀人才的流入,提升当地的人才素质和创业创新能力。其次,自由贸易试验区将推动区域经济的绿色发展,促进资源的有效利用和环境保护,改善生态环境。自由贸易试验区将倡导绿色生产方式和可持续发展理念,通过引入先进的环保技术和管理经验,减少对资源的依赖和污染物的排放。此举不仅能够改善当地的生态环境,提高人们的生活质量,还能为未来的可持续发展打下坚实的基础。最后,自由贸易试验区的建设还将提升地区的软实力和影响力,推动文化、教育、科技等领域的交流和发展。通过与国内外优秀企业和智力资源的合作,自由贸易试验区将促进文化产业的发展,提升地区的文化创意产业水平。与此同时,自由贸易试验区也将推动教育和科技领域的交流,引进优质的教育资源和科研机构,提高当地的教育水平和科技创新能力。这不仅有助于地区产业的转型升级,还将提升地区在国际上的声誉和影响力。自由贸易试验区的建设将带来积极的社会效益。通过提供更多的就业机会,提升人们的收入水平和生活品质;推动区域经济的绿色发展,改善生态环境;提升地区的软实力和影响力,推动文化、教育、科技等领域的交流和发展,自由贸易试验区将为社会带来持续的发展和进步。

自由贸易试验区的建设还可以推动贸易自由化和投资便利化,通过进一步降低进出口关税、缩短海关清关时间,拓宽投资领域等措施,提高贸易自由化和投资便利化水平,从而增强企业竞争力。同时,自由贸易试验区还能为相关行业提供专门的政策支持、人才引进等措施,促进创新产业的发展和技术创新。自由贸易试验区的建设将吸引更多的人才和企业进入,从而促进人员和资金的流动,实现技术、人才和资本的聚集。这有助于推动城市化进程,为周边地区城市建设提供示范和引领作用。

黑龙江自由贸易试验区的使命是提供一批可供边境口岸复制和推广的模式,推进口岸区域的外贸发展,是国家创新实验改革的关键环节。通过制度创新成果转化,实现政策溢出效应,推动区域发展。对黑龙江省而言,自由贸易试验区周边地市的发展也会被带动起来,实现溢出效应。自由贸易试验区的发展模式可以复刻至周边地市,加上政策配套、多区域联动等形式,最终实现黑龙江省经济的整体发展和提升。

4.5 辐射和虹吸效应

经济辐射是指通过劳动力、技术、信息和资金等要素的流通和转移,经济发展较好的地区资源向周边地市流动,通过优化地区间资源的配置效率促进地区经济的协同增长。经济辐射主要通过点、线、面三种方式实现。点辐射是指从区域核心地区作为源头开始,通过辐射带动效应对周边地区产生影响。核心地区的发展带动周边地区的经济增长,形成一个区域经济带;线辐射是通过交通基础设施,如公路、铁路、港口等,使核心地区与周边地区形成连线。交通基础设施的建设和运营推动着经济要素的流动,加强了地区间的联系,实现经济辐射效应;面辐射是点辐射和线辐射的共同作用,它以重要运输线路、核心城市等为中心,对辐射区域产生更广泛的辐射带动效应。面辐射覆盖范围更广,作用机制也相对复杂,在辐射区域内实现了要素的流动和转移。经济辐射通过点、线、面三种作用方式,实现了经济要素的优化配置和流动,促进了地区经济的协同增长。这种辐射效应不仅可以直接推动周边地区的经济发展,也会间接影响其他经济发展滞后的地区,最终形成辐射面。因此,经济辐射是一种重要的地区发展机制和增长方式。

在区域经济学领域,人们通常使用引力模型来研究城市间的经济引力和经济辐射现象。引力模型表明,城市之间的经济引力与这两个城市的人口总数和经济规模呈正相关关系,而与这两个城市之间的地理距离的平方呈负相关关系。这意味着,经济实力较强的城市对周边城市的经济影响更大,且其影响范围更广。以天津自由贸易试验区为例,它依托天津市得天独厚的区位优势和良好的经济基础,为整个京津冀地区的经济发展注入了新的动力。这样的发展模式使天津自由贸易试验区成为一个重要的经济中心,同时对周边城市产生了广泛的经济影响。该自由贸易试验区试点城市具有交通便利和港口设施齐全的特点,提供了便利的物流和通关服务。与周边地区的距离越近、交通运输越完善,商贸和信息的传递也越高效,运输和交易成本就越低廉。此外,天津自由贸易试验区的发展不仅提升了周边城市的经济增长,还使其他城市能够受益于更高效的通关速度和更低的货物运输成本。不同城市之间的经济联系日益紧密,这推动了资金、信息、物流和技术等要素的双向流动。这种互动和交流促进了不同城市之间商贸要素的互补发展。天津自由贸易试验区作为一个重要的经济引擎,对周边地区产生了显著的辐射效应,通过优化资源配置,实现了区域经济的协同增长。这也是区域自由贸易区建设的一个很好的案例,具有很好的借鉴意义。

黑龙江自由贸易试验区的设立旨在探索一系列对外开放的政策和制度创新,吸引更多外国投资和促进贸易自由化。在自由贸易试验区建设中,创新扮演着重要的角色,推动了关键领域和环节的突破。这种创新精神催生了众多特色制度创新案例。例如,通过"创新中俄跨境集群建设",黑龙江自由贸易试验区与俄罗斯布拉戈维申斯克市政府签署了跨境合作备忘录,共同规划、制定政策和实施项目。此外,在跨境电商货运物流方面,黑龙江自由贸易试验区也取得了显著进展,引入"多仓联动"数字化集运新模式,在黑河片区通过建设各种类型的仓储体系,为快速送达货物奠定了基础。有120多家电商和外企选择了黑河片区的边境仓、中继仓、前置仓等实施综合管理,最终企业的物流效率提升25%,成本仅为原来的4/5;"中俄跨境金融合作与服务集成创新"使哈尔滨片区依托哈尔滨银行发起针对中俄两国的金融机构加入跨境人民币结算体系,通过跨境人民币结算系统处理6000多笔、价值80亿元人民币的跨境业务。

黑龙江自由贸易试验区的发展定位是具有明显区位优势、丰富特色资源、辐射东北亚地区的开放门户，其建设包括了一系列政策措施，例如简化跨境贸易手续、推进海关监管便利化、扩大服务贸易开放、推动金融开放创新、优化投资环境等。这些措施旨在吸引更多国内外企业投资兴业，并促进跨境贸易的便利化和发展。通过建设黑龙江自由贸易试验区，我国希望进一步发掘黑龙江省的经济潜力，推动区域经济一体化和东北地区的振兴发展。同时，黑龙江自由贸易试验区也为跨境贸易和区域合作提供了更多的机会和平台，有助于拓展市场，增加贸易规模和价值，吸引更多的资源和资本流入，促进经济增长。

4.6 本章小结

黑龙江自由贸易试验区不仅是一个经济区域概念，更具有其深层次的内涵。在研究自由贸易区对周边地市区域的辐射带动动力时，要重点关注自由贸易片区的城市特点、区位特性以及经济联结情况。黑龙江自由贸易试验区的建设不仅形成了国家多层次、全面开放的体系，也提高了黑龙江省的开放水平。它把重点放在亟须改革的领域，并结合黑龙江省的区域发展和经济状况，加快打造区域经济增长极，对边境地区的作用更加明显。本章主要从黑龙江自由贸易试验区对区域经济发展影响展开分析，这种影响包括贸易效益，比如扩大进口、促进出口、提升贸易便利化、推动产业链协同发展、促进人员流动和互联互通，还包括促进了产业集聚及优化升级，要素数量扩张、生产效率提升和规模经济效益，还能够降低成本，实现资源的优化配置、扩大市场份额、促进竞争，加上溢出效应以及辐射和虹吸效应，使得自由贸易试验区的建设对黑龙江整体经济发展都起到了推动作用。黑龙江自由贸易试验区的设立为黑龙江省乃至东北亚地区的经济发展注入新的活力，自由贸易试验区中的一系列政策和制度创新吸引了更多的外国投资，促进了贸易自由化，加快了跨境贸易的便利化和发展。建设自由贸易试验区带来了生产要素的自由流动，例如资金、技术、人才等，有利于加快区域经济的发展。同时，自由贸易试验区的建设也推动了黑龙江省的产业转型升级和经济结构的优化调整，促进了各行各业的发展。再者，自由贸易试验区的建设提高了黑龙江省的对外开放水平，加速了区域经济的国际化进程，促进了黑龙江与周边地区的经济互动和合作，对东北地区整体经济的振兴发展起到积极的推动作用。总之，黑龙江自由贸易试验区的建设为区域经济的可持续发展提供了新的动力和机遇，有助于推动黑龙江省乃至东北地区的经济发展。

第5章

黑龙江自由贸易试验区与区域联动发展的机制构建

黑龙江自由贸易试验区的建设有利于加快打造区域经济增长极,尤其是对于边境区域而言作用尤其明显,能够依托自由贸易试验区的建设促进区域内整体经济结构升级,带动所在地区及周边区域经济快速发展。想要更快速地推动区域经济与自由贸易试验区的联动发展,构建出灵活、高效的黑龙江自由贸易试验区联动机制就成了重中之重的问题。本章构建了要素联动机制、产业联动机制、区域合作机制和运行保障机制四大机制来保障黑龙江自由贸易试验区运行,推动黑龙江省区域经济联动发展。

5.1 要素联动机制

根据上一章节对黑龙江自由贸易试验区区域经济联动指标的评价结果,可以看出在黑龙江自由贸易试验区发展过程中所关联的相关要素中,各个要素的联动还存在不协调的状况,导致整体发展不顺畅,然而相关资源要素的顺畅流动、协调发展又恰恰是实现区域经济联动的基础,因此需要建立要素联动机制,最终实现信息资源、劳动力资源和资本资源等关键要素充分流动,最终达到资源优化配置的目的。

5.1.1 信息传导与反馈机制

信息传导与反馈机制是指自由贸易试验区内外各主体在信息层面上的沟通方式。它的建立目的是加强合作、沟通与交流,实现信息的传导和共享,以减少自由贸易试验区与周边区域之间的心理距离,最大化自由贸易试验区的政策利益,并促进协同发展。

为了实现这个目标,首先需要建立有效的黑龙江省政府和企业之间的沟通协调机制。这包括推动区域内各行政单位政府进行定期会晤、互访和对话等交流活动,以提高机构的运作效率。同时,还要推动区域内企业之间的行业沟通协调,确保信息充分流动,增加企业间合作的可能性。其次可以通过建立信息共享平台来实现信息的共享。这个平台可以整合黑龙江自由贸易试验区内外相关企业的信息,包括公共资源、产品与要素市场供需、人力资源、通关报检和物流等方面的信息。通过共享这些信息,可以方便各主体获取需要的信息,促进合作和资源共享。最后需要搭建区域的信息反馈平台,提高企业对政府意见和建议的反馈率。这样,政府可以更直接地了解黑龙江自由贸易试验区相关主体的意见和建议,从而做出更明智的决策和具体安排,同时也有助于确保顶层对黑龙江自由贸易试验区的关注和支持。

5.1.2 资源共享机制

资源共享机制是指在区域范围内实现资源的流动和调配,通过畅通的信息沟通机制实现资源共享。资源共享的核心是发挥市场的基础配置作用,以达到资源整合和集中的目标。在公共资源的配置方面,需要黑龙江省政府发挥主导作用。资源共享机制的设计和执行直接关系到区域内各行政主体、企业和社会团体等是否能够建立信任基础,实现资源信息的共享和合作创新。

为建立资源共享机制,首先需要建立资源信息沟通机制,明确各区域能够共享的资源。其次建立符合黑龙江省经济发展水平和需求的资源共享平台,便整合后的优势资源流向能够产生最大效应的区域。为推动知识、技术、信息、资金和科研平台等资源的共享,需要建立要素联动机制作为一种中间层面的机制。这种机制可以减少相关的搜索成本,发挥整合要素和需求的功能。总的来说,资源共享机制的建立需要通过畅通的信息沟通机制来实现资源的流动和调配。同时,需要黑龙江省政府的主导作用来进行公共资源的配置。通过建立资源共享平台和要素联动机制,可以实现资源的优化配置和最大化利用,促进区域内各主体的合作和创新。

5.1.3 高素质人才培养与流动机制

在推动黑龙江自由贸易试验区的发展过程中,对高素质和专业性人才的需求越来越高。为了满足这一需求,加强专业人才的培养、遏制人才流失以及引进人才变得非常必要。因此,需要建立完善的人才培养和流动机制,以推动黑龙江自由贸易试验区的创新发展。

在人才培养机制方面,一方面,需要加大对教育的支持力度。通过提供更多的教育资源、加强对教育的投入,以及开展职业培训等形式,进一步提高区域劳动力的综合素质,满足黑龙江自由贸易试验区对高素质劳动力的需求;另一方面,由于黑龙江自由贸易试验区的发展特点是与俄罗斯进行经贸合作,因此需要完善合作办学机制。要加强黑龙江省高校与俄罗斯高校的合作,在联合办学、长期或短期人才培训等形式上进行合作,培养出既精通俄语、又对俄罗斯有广泛了解的复合型人才,为自由贸易试验区中俄跨境经济合作项目提供人力支持。通过以上措施,可建立起一个完善的人才培养与流动机制,以适应黑龙江自由贸易试验区的发展需求。这将有助于提升区域人才的整体素质,满足黑龙江自由贸易试验区对高素质人才和专业性人才的需求,促进自由贸易试验区的创新发展。

从人才流动的角度来看,该机制的主要目标是遏制人才流失并引进人才。为实现这一目标,首先需要政府制定完善的人才福利机制,主要包括提高相关待遇和解决住房、收入、配偶就业以及子女入学等问题。此外,还可以支持企业设立自由贸易试验区人才津贴、住房补贴等措施。其次需要充分引进外部人才,通过政策和场所的支持,促使境内外人才在自由贸易试验区自由流动。通过建立完善的人才培养与流动机制,可以推动创新驱动发展,为黑龙江自由贸易试验区注入更多活力,包括提供良好的人才发展环境、加强与高校、研究机构的合作以及搭建人才交流平台等。通过这些措施,可以吸引和留住各类人才,为自由贸易试验区的创新和发展提供重要支持。

5.1.4 合理开放的投融资机制

长期以来,东北地区面临着"投资不过山海关"的难题,为了根本性地解决这个问题,黑龙江自由贸易试验区除了需要在行政体制机制方面做出重大改变之外,还需要重点突破投融资模式,在投融资方面做出创新和改革,特别是建立合理开放的投融资机制,以更好地解决资金短缺的问题。首先,可以引入多元化的投资方式和渠道,吸引更多的资本进入自由贸易试验区;其次,还可以加强与金融机构的合作,提供更灵活、拓展的融资渠道,以满足企业和项目的资金需求;最后,要推动金融创新,培育风险投资市场,支持创业和创新项目的发展。在建立投融资机制时,需要充分考虑市场需求和风险控制,确保合理开放,激发投资者的信心。通过改革投融资机制,解决资金短缺问题,可以为黑龙江自由贸易试验区的发展提供稳定的资金支持,促进区域经济增长,以创新驱动发展。

考虑到黑龙江省经济发展现状,优化投资准入制度需要采取循序渐进的措施,逐步扩大投融资领域的开放程度,再实施高效的金融监管措施,以减少金融自由化对弱势企业带来的风险。为了实现这一目标,可以推行货币自由流通、扩宽企业融资渠道,并进一步简化外资准入制度等政策措施,以促进投融资的开放程度。为推动黑龙江省区域经济的联动发展,需要促进省内资金的跨区域流动,拓宽融资渠道,并构建多层次、多元化的投融资体系。为实现这一目标,可以加大对省内资金流动的支持力度,例如提供便利的金融服务,鼓励金融机构在不同地区之间设立分支机构,为企业提供更多的融资选择。同时,可以建立跨区域合作平台,为投资者和企业提供便捷的信息和对接渠道,促进跨区域的投融资活动。通过以上措施,可以逐步完善投资准入制度,促进黑龙江省区域经济联动发展,同时拓宽融资渠道,建立多层次、多元化的投融资体系,为黑龙江省的经济发展注入更多的活力。

具体而言,在黑龙江自由贸易试验区的建设过程中,可以板块为单位设立项目基金,用于支持重大项目的实施。这些项目基金可以包括地方政府的财政拨款,同时吸引有意愿的民营企业和社会团体参与到黑龙江自由贸易试验区辐射的区域经济合作中。例如,可以通过政府与企业的合作共同设立自由贸易试验区区域项目基金,并给参与的企业和团体提供相应的政策扶持和激励措施,以鼓励他们积极参与进来。这样可以聚集闲置资本,提高资金的利用效率。除了吸纳省内的资金,还应积极推动招商引资活动,吸引我国经济发达地区及俄罗斯等地的资金。通过合作黑龙江自由贸易试验区建设中对资金需求较大的重点项目可以获得更多的外部资金支持。这种多方合作的方式可以丰富黑龙江自由贸易试验区的资金来源,为项目的顺利推进提供更多的经济保障。通过以上措施,可以建立更加灵活和多元化的资金支持方式,为自由贸易试验区的建设提供稳定而充足的资金来源,进一步推动区域经济的发展和繁荣。

5.2　产业联动机制

黑龙江自由贸易试验区是促进服务业开放的重要平台,在自由贸易试验区的建设中,实现黑龙江省区域经济联动的关键在于以生产性服务业为核心,将自由贸易试验区的产业优势转化为整个区域的产业优势。通过重新定位在区域价值链分工中的位置,并通过产业转移和延长产业链的方式,在要素成本较低的自由贸易试验区外布局价值链的生产,实现区内和区外的联动发展。同时,通过深化产业结构等手段,建立区域产业联动机制,使自由贸易试验区的政策效应充分惠及周边区域,在产业发展上实现区域资源的优化配置,最终促进黑龙江省区域经济加强联动,实现经济的共赢发展。

　　黑龙江自由贸易试验区还是支持服务业开放的重要平台。为了实现黑龙江省区域经济的联动发展,关键是以生产性服务业为核心,利用自由贸易试验区的产业优势,将其转化为整个区域的产业优势。通过重新定位在区域价值链分工中的位置,并通过产业的转移和延长产业链的方式,在自由贸易试验区外部选择成本较低的区域进行价值链的生产布局,实现自由贸易试验区与外部区域的互动发展。同时,通过深化产业结构等手段,建立区域产业联动机制,让自由贸易试验区的政策效应充分惠及周边区域,实现区域资源的优化配置。通过以上努力,可以加强黑龙江省区域经济的联动,实现经济发展的共赢。

5.2.1　重点产业遴选机制

　　在布局黑龙江自由贸易试验区和区域产业联动体系的过程中,考虑到战略性产业对区域经济发展的重要性,需要建立重点产业遴选机制,以明确规划区域,特别是自由贸易试验区的母城,作为区域经济增长的核心,需要深入探讨未来产业发展的方向,以为区域的可持续发展提供更多的动力。政府相关部门应该建立一支专责重点产业遴选的小组,并明确各组织机构的职责以及日常工作安排。这个小组的成员可以由政府、统计局、规划局、税务局等相关部门的工作人员组成,通过协作分工的方式来实施相关议定事项,共同参与制定重点产业项目遴选的管理办法。这样可以确保重点产业遴选有所依据,包括确定重点项目的认定标准、明确产业准入条件以及制定监管协议等。此外,还需要确定重点产业项目的申报和遴选流程,包括申报材料的审批、项目洽谈和考察、征求意见、会议讨论等环节。在产业遴选的过程中,要结合城市的特点和未来的发展方向进行审核。同时,将区域联动发展作为最终目标,既可以为中心城市的发展提供方向,也可以为周边区域提供产业发展的目标和动力。

5.2.2　产业布局梯度转移机制

　　梯度转移机制是指将发展机会和资源逐渐从一个地区或一个行业转移到另一个地区或另一个行业的过程。该机制的目的是实现区域或产业之间的平衡发展和资源优化配置。在梯度转移机制中,一般会在发展相对较好的地区或行业进行适度的资源调减,并将这些资源逐步转移到发展相对滞后的地区或行业。这样可以促进整体经济的均衡发展,避免资源过度集中和产业不平衡的问题。梯度转移机制常常需要政府的引导和政策支持,通过调整税收、财政补贴、投资引导等手段来促进资源的合理流动和转移。同时还需要建立完善的产业链和价值链,加强区域间的合作与联动,以提升整体发展水平。梯度转移机制不是简单的资源搬迁,而是通过优化资源配置、促进产业升级和转型升级,实现全面发展和可持续发展的目标。

根据自由贸易试验区以及母城的发展重点,可以合理地将价值链的初级生产环节有序转移到成本较低的周边区域。例如哈尔滨,原本重点发展的低技术水平和低附加值的电子机械和装备制造等资金密集型产业,可以逐步转移到经济较落后的城镇,如大庆和牡丹江等周边地区。同样地,黑河原先依赖资源开发和初级加工制造的初级资源能源型产业以及技术含量较低的进出口产业,可以转移到西北沿边板块的其他城镇和口岸。建立合理的产业梯度转移机制,需要依靠自由贸易试验区周边城市的资源和能源基础,并建设完善的基础设施。在政府的支持下,推动产业有序转移,从而优化区域的产业结构,提高整体产业竞争力。

5.2.3 产业互动机制

产业互动机制是指各个产业之间相互合作、协同发展的机制,旨在促进不同产业之间的资源共享、技术交流、创新合作和市场协同,以实现经济增长和产业升级。在产业互动机制中,不同产业之间可以通过合作共同开展研发与创新,共享资源和技术,提升生产效率和产品质量。这种协同合作的方式可以帮助企业在市场竞争中更好地发挥各自优势,降低成本,提高效益。产业互动机制可以促进产业链和价值链的整合与延伸。不同产业环节之间的合作与协调可以加强产业链上下游之间的联系,形成强大的协同效应。通过产业链的延伸,不同产业可以互相补充,拓展产品和服务的范围,提供更全面的解决方案。产业互动机制还可以促进区域间的合作发展。不同地区的产业可以通过合作和互动,形成区域间的分工合作和优势互补,共同推动整个区域的经济发展。这种合作可在资源配置、市场拓展、人力资源培养等方面实现互补和共享。

通过产业互动,可以促进产业结构的优化。根据区域经济增长极的需求,产业联动和互动机制可以进一步实现地区产业分工合作,进一步优化区域产业结构。一方面,可以在发展模式方面实现产业互动。即在自由贸易试验区内推动总部经济和贸易外包发展。比如,在黑河和绥芬河这两个口岸城市的片区内发展落地生产,推动"出口抓加工"和"进口抓落地"的口岸城市发展模式,为企业的跨区发展提供便利。同时,在周边生产成本更低的区域布局自由贸易试验区内企业的下属生产环节。另一方面,可以在产业链层面实现联动互动。根据自由贸易试验区内的重点产业,布局周边区域的上游产业链,通过产业互补的优势实现区域整体产业分工体系的布局,进一步推动区域经济的联动发展。

根据黑龙江自由贸易试验区各自优势产业和对俄贸易的特点,可以确定自由贸易试验区周边城镇适合发展的相关产业。这些产业既可以为自由贸易试验区提供上游产业链的支持,又可以优化经济欠发达地区的产业结构。发展前向关联产业和旁侧关联产业等有利于最大化区域内重点产业的集聚效应,实现专业化生产,从而提升重点产业的竞争力和区域产业的联动互动水平。

产业联动与互动机制的关键在于合理选择和布局产业,并在政策上提供一定支持。在贸易方面,可以通过税收和运费等方面的政策提供相关福利,确保区域内城市间原材料和产品的畅通,为区域内产业合作提供便利。通过区内和区外的联动发展,构建更加开放、深度和可控的区域价值链,让周边城镇的产业成为自由贸易试验区产业的重要支撑,实现共赢,充分发挥地域产业分工的协作效应。此外,还可以在中俄跨境经济合作的过程中推动承接对俄产业的转移合作。利用黑龙江省产业结构与俄罗斯产业结构的互补性,例如黑龙江省的装备工业、机械制造、石油化工和能源开采等基础较好,但重工业发展水平相对薄弱,关键领域的核心技术掌握有限,面临技术淘汰和产业调整的困境。因此,在自由贸易试验区内大力推动中俄产业合作,发挥各自优势,实现利益共存。

5.3 区域合作机制

区域合作机制是指为了实现区域内国家或地区之间在特定领域的合作而建立的组织结构、制度和机制。它是为解决区域成员共同的经济、社会、环境、安全等领域的问题而设立的,旨在促进成员国之间的合作、协调和互利共赢。区域合作机制的目标通常包括:促进经济一体化、扩大贸易和投资、加强政策协调、推动共享资源和市场、促进人员流动和文化交流、共同应对挑战等。它通过建立合作机制和平台,提供协商、合作、交流和协调的机会,帮助成员国更好地解决共同面临的问题和实现共同利益。区域合作机制的形式多种多样,可以是国际组织、地区联盟、自由贸易区、共同市场、经济合作组织等。例如,欧盟、东盟、亚太经合组织(APEC)、非洲联盟、南美洲南方共同市场(MERCOSUR)等都是区域合作机制的典型代表。在运行过程中,区域合作机制包括政策制定、政策协调、经济合作、资源共享、人员和物资流动等方面的内容。成员国通过制定共同的政策和准则,加强政策协调和合作,推动经济一体化和贸易自由化,实现资源共享和市场一体化,促进人员流动和文化交流。同时,区域合作机制还可以提供平台和机会,促进成员国之间的合作项目、项目融资以及技术和经验交流。

5.3.1 政府调控与服务机制

在建立区域合作机制链时，首要任务是确定政府的调控与服务功能。自由贸易试验区建设推进区域经济的联动发展，政府能够提供最有效的推动力。特别是对于市场经济不够发达的地区来说，政府在初期必须充分发挥宏观调控职能，通过中央政府和各级地方政府的有力推动，促进自由贸易试验区与周边区域的联动发展，并建立多层次的合作机制。然而，在中后期阶段，则应该推动政府功能的转型，打造服务型政府。这意味着政府要更加注重提供优质的公共服务，更加注重市场的规范和公平竞争，更加注重为企业和居民创造良好的营商环境。通过提高行政效能、简化办事流程、优化政策支持，政府能够更好地服务于企业和民众的需求，并协助区域内各方在合作机制中更加高效地运作。

5.3.2 地方政府联动合作机制

自由贸易试验区与周边区域的联动需要各级政府共同努力，建立区域间协调合作的机制，包括政府间的互动机制、互助机制和利益补偿机制，通过平等合作、互相补充和互惠共赢，促进区域发展的协调与融合。首先，政府间需要建立有效的互动机制，充分发挥各区域的比较优势，实现多层次、全方位的合作，以实现区域优势互补和协调发展。这需要政府推动自由贸易试验区企业与周边区域企业进行多样化的合作，并建立跨区域的企业合作机制。其次，互助机制也是至关重要的，通过互助机制实施跨地区的对口支援和协助工作，主要包括资金、技术和项目等方面的互助合作。通过互相支持和合作，各地区能够共同实现发展目标。最后，利益补偿机制必不可少。在合作中，各地区常常会出现税收等利益方面的纠纷，为此需要从区域整体的角度出发，协调各地区之间的分工合作及相关利益。通过制定合理的利益补偿机制，各地区能够共享发展红利，形成合作共赢的局面。

因此，应通过地方政府间的联动合作，推动自由贸易试验区与周边区域展开合作互动，以实现区域的联动发展。为了更好地发挥这些功能，建议建立经济调节委员会，跨越行政辖区开展经济合作。同时，建议在以哈尔滨、黑河和绥芬河为中心的三个板块内，建立跨市的地方干部交流轮值制度，通过非政府组织和企业协会的参与，以及定期会晤和对话机制的建立，充分发挥地方政府在区域经济合作中的推动作用。

5.3.3 自由贸易试验区联动机制

自由贸易试验区的联动机制包括黑龙江自由贸易试验区内部三个片区之

间的跨区合作,自由贸易试验区与周边地区的区域合作,不同自由贸易试验区内部自由贸易和自由投资的互相关联,以及黑龙江自由贸易试验区与中国其他自由贸易试验区之间的协同发展。

就黑龙江自由贸易试验区而言,哈尔滨、黑河和绥芬河三个片区分别位于中心腹地、西北沿边和东南沿边。整体来看,以三者为核心,覆盖了黑龙江省的大部分区域,形成了一个扇形的自由贸易核心区、联动发展区和功能辐射区,实现了区域的协同发展。在三个片区的联动发展中,各片区应建立起基础设施的硬联通和体制机制的软流通,从而构建区域间各要素自由便利交流的机制,实现政策协同和资源共享的一体化机制。通过建立三个片区的交流联动机制,打造一个信息和科研成果共享平台,实现片区之间的联动,促进投资和贸易的自由化和便利化,推动黑龙江自由贸易试验区整体协调发展。

自由贸易试验区内和区外联动是实现区域联动的重要环节,这种联动能够扩大制度创新的溢出效应,使周边区域的各开发区能够积极对接、共享机遇,并通过合作支持自由贸易试验区的建设,从而增强自由贸易试验区的辐射带动作用。同时,自由贸易试验区也应积极开展区域范围内的合作,充分发挥溢出效应,创新产业转移共享机制,实现自由贸易试验区与区外产业园的产业上下游合作,深度融合保税与非保税产业,推动生活与生产的互动促进,通过与外部区域的合作提升产业功能和拓展自主创新,从而实现区域合作的发展。在自由贸易试验区的建设过程中,还应重点打造自主创新示范区,实现"双自联动",推动自由贸易试验区的改革创新经验在更广泛的范围内复制和推广。同时,科技成果的共享也可以提供更多的发展机遇。通过区内和区外的联动,以及"双自联动",能够最大化地发挥自由贸易试验区的辐射效应,协调推动整个区域的发展。

从对外来看,推动黑龙江自由贸易试验区与其他自由贸易试验区的联动十分重要。这包括与辽宁省的大连自由贸易试验区和沈阳自由贸易试验区的联动,还有与已经相对成熟的上海自由贸易试验区和广东自由贸易试验区的联动。与大连自由贸易试验区和沈阳自由贸易试验区的联动主要基于东北地区共有的基础和区位接近的优势,旨在进行产业合作;与上海自由贸易试验区的联动主要是借鉴其运行经验,吸取可复制和推广的经验,包括政府职能、投资准入、贸易监管制度和金融机制等方面的创新机制。一方面是学习上海自由贸易试验区一系列成功有效的创新机制,另一方面也要结合黑龙江省的地缘发展优势,充分发挥改革创新试验区的示范和辐射作用;与广东自由贸易试验区的联动主要是基于黑龙江自由贸易试验区与广东自由贸易试验区的政策优势和对口合作的潜力。该合作建立在以地方为主体、在国家支持下实现互利共赢的基础上，旨在实现重点突破和示范带动。黑龙江自由贸易试验区应充分利用政策优势，加强与广东自由贸易试验区的对口合作，构建政府、企业和科研机构等广泛参与的合作体系，打造常态化的干部交流和人才培训机制。

5.3.4 中俄跨境经济合作机制

中俄跨境经济合作对于黑龙江自由贸易试验区来说是一个重要的环节。作为中俄贸易的重要参与省份，黑龙江省在东北亚区域经济构建中具有关键作用。黑龙江自由贸易试验区的设立和发展与中俄关系日益深入、经贸合作持续增强的趋势相契合。黑龙江自由贸易试验区的定位是深化东北亚经济合作的示范区，通过与俄罗斯远东地区的对接，特别是在推动中俄跨境经济合作方面，可以推动黑龙江省沿边地区的区域经济发展。在探讨中俄跨境经济合作机制方面，首先，需要探索新的中俄产业合作模式。例如，黑河片区的发展可以建立在黑河片区与俄罗斯布拉戈维申克市跨境集群的基础上，进一步探索"两国双园"合作模式，实现特色化发展，并推动黑河片区与俄罗斯超前发展区自由港区的政策对接。其次，还需要构建双向投资促进合作的新机制。既支持黑龙江自由贸易试验区企业到俄罗斯远东地区进行投资，也鼓励俄方企业来黑龙江投资，率先推进中俄投资贸易的自由化进程。最后，还需要促进中俄之间人员、物资、资金和文化等方面的往来便利。这包括实施更加便利的俄罗斯商人入境政策，为在自由贸易试验区内投资和就业的俄罗斯企业的管理人员、专家和技术人员提供政策便利，以促进两国在投资、就业、旅游、金融服务和人员往来等方面的便利化。

5.4 运行保障机制

运行保障机制是指保证区域联动发展的环境，它提供了运行和可持续发展所需的土壤，包括硬件和软件两个方面。软件环境包括完善的自由贸易试验区管理体制、法律和相关制度，以营造良好的营商环境，并确保利益协调和监管机制的健全。此外，还包括建立健康的金融环境，以支持自由贸易试验区的发展。硬件环境主要体现在基础设施方面，例如推动高铁网、高速公路网、航空网络以及口岸和仓储物流等基础设施的互联互通。这将为自由贸易试验区提供保障，促进区域经济的联动发展。

5.4.1 自由贸易试验区管理机制

长期以来，黑龙江省的机制体制的僵化一直是阻碍地区经济发展的主要原因。黑龙江自由贸易试验区的设立可以促使黑龙江省政府转变其政府职能,朝着更加强调监督和服务的方向发展。为了充分发挥政府的服务功能,应该优化和完善自由贸易试验区的管理运行模式。在行政管理方面,可以市场为导向,放开自由贸易试验区管委会的管理权限,使其能够针对变化的市场情况做出及时反应,从而有效提高对区内具体事务的管理效率。在微观层面上,应该给予企业一定的自主权,让它们能够更好地自主经营。而在宏观层面上,可以建立专门协调区域经济联动的自由贸易试验区管理委员会,以明确保障自由贸易试验区要素流动、创新制度的复制实施,以及协调自由贸易试验区与周边区域相关参与主体的合作目标。

5.4.2　区域联动监控机制

规范的管理和监控机制对于自由贸易试验区和区域经济的健康运行至关重要,也是实现可持续发展的必要要求和重要保证。在以自由贸易试验区为主体的区域联动发展过程中,各参与区域和主体都有自己的利益,因此需要建立自由贸易试验区监管机构,并建立规范的考核制度。区域联动监控机制核心是建立健全的信用监管,对包括自由贸易试验区和周边区域的相关主体进行监管。监管方面,政府部门、市场主体甚至媒体都应成为监督的主体;监控过程需要在事前、事中、事后三个阶段进行,并推进黑龙江智慧监管一体化模式,建立事后终身追责制,提升风险防范;监控手段方面,需要建设信息共享服务平台,实现各部门之间的协作管理和咨询支持,并构建综合的执法体系,利用行政、经济、法律等手段形成综合监控,以提高行政执法效率。

5.5　本章小结

本章基于区域经济联动体系的指标和相关结论,提出了机制建设的四个方面,即要素联动、产业联动、区域合作和运行保障。要素联动机制是指在区域内充分整合信息、劳动力、金融等要素,实现它们的共享和流动,以实现区域内资源要素的合理配置。产业联动机制是通过规划在区域内实现产业集群、新业态集聚等,根据需求进行合理布局,如总部经济、落地生产和进出口等,通过产业布局的合理规划和产业链的合作,充分实现区域内的产业联动。区域合作机制包括自由贸易试验区与周边城镇政府和企业之间的相互合作,自由贸易试验区之间的合作,中俄跨境经济合作以及黑龙江自由贸易试验区与国内其他自由贸易试验区的经验借鉴等,各方通过专门的机构进行资源调配、合作和管理。运行保障机制通过构建合理的硬环境和软环境来实现,包括基础设施、营商环境和法律保障等,为自由贸易试验区的发展提供便利和可持续发展的基础。笔者希望通过构建完善的机制来推动黑龙江自由贸易试验区和区域经济联动的更好发展,这将为黑龙江省的区域经济发展带来更大的动力。

第6章

黑龙江自由贸易试验区建设与区域经济联动发展的实证分析

6.1 理论模型构建与数据描述

6.1.1 模型简介

要评估黑龙江自由贸易试验区建设与区域经济联动发展的关系，需要建立一个合适的对照组，以观察设立自由贸易试验区前后的经济表现差异。本课题组采用未设立自由贸易试验区情况下的"反事实"组作为对照组。通过把自由贸易试验区成立前后所对应的指标进行比对，找出各个指标之间存在的差异，可以确定设立自由贸易试验区的设立对黑龙江经济产生的影响，以及自由贸易区建设对区域经济联动的影响。分离出其他影响经济的因素，才能准确判断自由贸易试验区的经济效果。因此研究黑龙江自由贸易试验区的经济效应的关键是构建一个与自由贸易试验区相对应的"反事实"组，并将自由贸易区设立前后的实际情况进行比对，只有这样，才能准确评估自由贸易试验区对黑龙江省经济的影响，并得出准确可靠的结论。

在宏观经济学中，研究经济政策效应常常使用联立方程组模型、VAR模型和DSGE模型等方法。然而，这些方法都存在一些局限性。当涉及联立方程组模型时，通常是为了解决实际问题或描述事物之间的关系。联立方程组模型的建立过程会根据具体问题和变量之间的关系而有所不同。在实际分析论证中，需要根据问题陈述和给定的条件来确定方程的形式和数量。模型的建立需要根据具体情况进行灵活调整和优化，以达到准确描述问题和求解问题的目的。在求解前对变量的外生性和内生性进行假设，这可能会导致结果的不准确性。VAR(Vector Autoregressive)模型是一种多变量时间序列分析方法，用于描述和预测多个变量之间的相互依赖关系和动态演化。VAR模型基于时间序列数据,假设当前时刻的变量值可以由过去时刻的变量值和随机扰动项共同决定。VAR 模型的关键是确定过去时刻的观测值数量来更准确地反映变量之间的动态关系。VAR 模型在宏观经济学、金融学和其他相关领域中得到广泛应用,可用于预测经济指标、研究政策效果等。然而,VAR 模型也存在一些限制,如变量选择、模型拟合的稳定性等问题,需要在实际应用中注意解释和验证模型的合理性。而 VAR 模型需要大量数据支持,且对变量维度有限制,同时经济机理难以解释,限制了其在政策评估中的应用。DSGE(Dynamic Stochastic General Equilibrium)模型是一种宏观经济学模型,用于分析和预测宏观经济变量的行为和相互关系。DSGE 模型基于动态均衡的经济理论,结合随机冲击和适应性行为,描述经济中的决策制定、市场交互和经济波动的机制。这个模型的核心是一组动态均衡方程,反映不同经济决策主体(如家庭、企业、政府)之间的相互作用和市场的清理机制。这些方程包含消费、投资、产出、就业、价格等变量之间的关系,并考虑了外部冲击(如技术、货币政策)对经济的影响。DSGE 模型通常采用离散时间和连续状态变量,用于追踪经济变量在时间上的演进和动态调整。DSGE 模型在宏观经济学研究和政策分析中发挥着重要作用,可以用于解释经济现象、评估政策效果、预测经济变量等。然而,由于建模的复杂性和数据的限制,DSGE 模型存在一些挑战和争议,如模型规范性、参数估计的不确定性等。对于 DSGE 模型的应用和解释,需要结合实际情况和其他经验方法进行有效的验证和评估。DSGE 模型依赖于参数校准和估计的不确定性,以及模型设置的可靠性,这也限制了其在政策评估中的应用。为了克服这些问题,学者们开始转向微观领域的方法,使用匹配、双重差分等方法构建"反事实"来科学地评估宏观政策效果。通过匹配方法,将受政策干预的观测值与未受干预的观测值进行匹配,以此得到一个相对应的"反事实"组,评估政策对经济的影响。双重差分方法则通过对干预组和对照组在政策干预前后的差异进行比较,来分析政策效应。这些微观方法的优势在于能够克服传统方法的限制,通过更接近实际情况的研究设计,提供更准确可靠的评估结果,为宏观经济政策的制定和评估提供了科学依据。

6.1.2 模型设定

我国自由贸易试验区的选址是经过严格论证后设立,同时自由贸易试验区的成立可能与经济增长之间存在双向因果关系。然而,黑龙江自由贸易试验区政策干预以来的时间序列数据较少,因此传统的政策效应评估方法在其经济效应评估中的应用受到了限制。为了克服这些限制,本课题组借鉴 Hsiao 等人提出的"反事实"分析方法,来评估黑龙江自由贸易试验区经济方面的效应。

反事实模型是一种研究方法,用于推断如果过去的某些事件或条件发生了不同的情况,将会对结果产生怎样的影响。它是基于"如果……那么……"的逻辑推理,通过在模型中改变某些因素,预测其对观察结果的影响。反事实模型常常用于评估政策、决策和历史事件的影响。通过构建合理的模型和假设,改变其中的某些因素并进行模拟,可以推断出如果历史上的某个决策方向不同或某个条件不同,可能会导致不同的结果。例如,假设正在研究某个国家的经济政策的影响,可以构建一个经济模型来模拟政策改变前后的情况。通过假设某个政策方向不同,并根据模型进行推演,可以估计出这个政策的改变对经济增长、就业率、通胀等方面的影响。需要注意的是,反事实模型是一种理论推断的方法,其结果依赖于构建模型的合理性和假设的准确性。在使用反事实模型进行推断时,需要考虑到因果关系、模型的局限性和实证验证的可行性。

利用"反事实"分析方法尝试估计政策变化对实验组和控制组之间关系的影响,从而推断出政策的效应。这种方法确实可以克服传统的政策效应评估方法中时间序列数据不足、模型设定困难等问题。同时,通过考虑经济系统中各个个体在截面上的相关性及共同因素的影响,该方法也可以提高模型设定与估计方法对政策效果实证结果的准确性和稳健性。在应用"反事实"分析方法时,可以首先选择合适的实验组和控制组,这可能包括自由贸易试验区内其他地区或与其类似的地区;然后收集相关的时间序列数据,包括自由贸易区政策实施前后的经济指标数据;接着,构建合适的模型来估计政策实施对实验组和控制组之间相关关系的影响,以及有关经济效应的推论。需要注意的是,虽然"反事实"分析方法在其他自由贸易区评估中取得了一定的成果,但每个自由贸易区的实际情况是不同的,因此在应用该方法时需要考虑到黑龙江自由贸易试验区的特定环境和政策背景。

"反事实"分析的主要思想是合理利用实验组和控制组之间的相关性来构建"反事实"值,并通过比较实际效应值与"反事实"绩效值来评估政策的经济效果。在评估黑龙江自由贸易试验区经济效应时,可以利用黑龙江省经济与其他省市经济发展之间的相关性来构建在没有设立自由贸易试验区情况下的"反事实"经济绩效。比如选择其他与黑龙江省具有类似经济发展特征的地区作为控制组,比较自由贸易试验区设立前后的经济变量的实际绩效值和构建的"反事实"绩效值。在比较实际绩效值和"反事实"绩效值时,可以以多种方式进行分析。例如,可以计算差异差分,即比较自由贸易试验区与控制组之间在政策实施后的绩效差异。另外还可以考虑使用合成控制法等方法来估计自由贸易试验区的经济效应,进一步分析黑龙江自由贸易试验区建设对该省经济发展的影响。通过构建"反事实"对照,可以更好地理解自由贸易试验区对黑龙江省经济发展的影响。通过比较实际绩效值和"反事实"绩效值之间的差距，可以定量评估自由贸易试验区建设对黑龙江省经济的正面影响，更准确地了解自由贸易试验区政策对地区经济的贡献，并为政策制定者提供科学依据。

下面简单介绍一下"反事实"分析方法。

假定用 $y_{1t}(t=1,2,\cdots,T)$ 表示黑龙江省的地区生产总值增长率（其他变量等同），用 $y_{it}(i=2,3,\cdots,N,t=1,2,\cdots,T)$ 表示其他省市的地区生产总值增长率。若黑龙江自由贸易试验区在 T_1 时刻成立，则定义 y_{1t}^0 和 y_{1t}^1 分别为自由贸易试验区成立前后的黑龙江地区生产总值增长率。则

$$y_{1t} = y_{1t}^0, \quad t=1,2,\cdots,T \tag{6-1}$$

$$y_{1t} = y_{1t}^1, \quad t=T_1+1, T_1+2, \cdots, T \tag{6-2}$$

而其他省市整个时期都是

$$y_{it} = y_{it}^0, \quad i=2,3,\cdots,N, \quad t=1,2,\cdots,T$$

则黑龙江自由贸易试验区成立的经济效应可由实际 GDP 增长率的差值来进行衡量，即

$$\Delta_{1t} = y_{1t}^1 - y_{1t}^0, \quad t=T_1+1, T_1+2, \cdots, T \tag{6-3}$$

但是 T_1+1 之后的 y_{1t}^0 观测不到，Δ_{1t} 不能直接计算。

为解决此问题，Hsiao 等人认为，地市之间经济运行规律应是受到某些共同因子的驱动，如果能通过设立与其有关联的区域的相关变量，则可以通过其他相关区域组成的最优控制组来对 y_{1t}^0 进行预测。

现假设 y_{it} 可由如下模型生成：

$$y_{it} = B_i f_t + \alpha_i + \varepsilon_{it}, \quad i=1,2,3,\cdots,N, \quad t=1,2,\cdots,T \tag{6-4}$$

式中，B_i 是 K 维随地区 i 变化的系数向量；f_t 是 K 维随时间变化的共同因子向量；α_i 是地区的固定效应；ε_{it} 是随机误差项，是随时间的变化而变化的向量，而且满足 $E(\varepsilon_{it})=0$。

同时选取其他地区作为控制组，用 $y_t^{-0} = (y_{2t}^0, y_{3t}^0, \cdots, y_{Nt}^0)$ 代替 f_t 来拟合 $t=T_1+1, T_1+2, \cdots, T$ 时 y_{1t}^0 的"反事实"值。先用 $t=1,2,\cdots,T_1$ 时的时间序列数据得到 y_{1t}^0 的拟合值 $\hat{y}_{1t}^0 = \hat{\alpha}_1 + \hat{\alpha}_2 y_{2t}^0 + \cdots + \hat{\alpha}_n y_{Nt}^0$，预测样本外 y_{1t}^0 的"反事实"值，即

$$\hat{y}_{1t}^0 = \hat{\alpha}_1 + \hat{\alpha}_2 y_{2t}^0 + \cdots + \hat{\alpha}_n y_{Nt}^0, \quad t=T_1+1, T_1+2, \cdots, T \tag{6-5}$$

由此，Δ_{1t} 的估计式可以表示为

$$\hat{\Delta}_{1t} = y_{1t}^1 - \hat{y}_{1t}^0, \quad t \geqslant T_1+1 \tag{6-6}$$

Hsiao 等人证明，在一般条件下 $\hat{\Delta}_{1t}$ 是 Δ_{1t} 的一致估计。由式(6-6)可以看出，若处置效应 $\hat{\Delta}_{1t} > 0$，则实际的增长率是要高于"反事实"的增长率，说明黑龙

江自由贸易试验区成立后,黑龙江省经济增长率提升;若是处置效应 $\hat{\Delta}_{1t}<0$,则实际增长率要低于"反事实"增长率,说明黑龙江自由贸易试验区成立后,黑龙江的经济增长率并未有显著改善,甚至是由于自由贸易试验区的成立反而降低了整个区域的经济增长率。由于 $\hat{\Delta}_{1t}$ 会随着时间变化,是一个时间序列,可以建立 ARMA 模型 $\alpha(L)\hat{\Delta}_{1t}=\mu+\theta(L)\eta_t$,然后用 $\alpha(L)^{-1}\mu$ 表示设立自由贸易区带来的长期效应。其中选取最优控制组拟合 y_{1t}^0 是关键环节,课题研究小组采用如下最优控制组。

首先,从 $N-1$ 个地区中任意选取 j 个地区,共存在 C_{N-1}^j 个控制组组合,用各控制组中 j 个省市的经济指标变量构建 $(y_{1t}^0,y_{2t}^0,\cdots,y_{jt}^0)$,拟合得到"反事实"值 $\hat{y}_{1t}^0$。根据 AIC 准则,从控制组中挑出拟合最好的控制组标记为 $M\times(j)$,对 $j=1,2,3,\cdots,N-1$ 重复这个过程。

其次,从 $M\times(1),M\times(2),\cdots,M\times(N-1)$ 中选出使 AIC 或 AICC 信息准则最小的组合,标记为 $M\times(m)$。

$$\mathrm{AIC}(p)=T_1\ln(e'e/T_1)+2(p+2)+2(p+2)(p+3)/(T_1-(p+1)-2)$$

式中,p 为控制组中的地区数量;e 为 OLS 回归的残差。

用最优控制组 $M\times(m)$ 相应的模型对时间 $t\geq T_1+1$ 范围内的地区生产总值增长率进行预测,得到"反事实"预测值 $\hat{y}_{1t}^0$,再通过进一步计算得到处理效应 $\hat{\Delta}_{1t}$,即最终获得的值为设立黑龙江自由贸易试验区后所产生的经济效益。

6.1.3 指标选取及数据来源

选取 32 个季度的样本数据,涵盖的时间节点为 2015 年第一季度至 2022 年第四季度,其中 2015 年第一季度至 2019 年第二季度为实施政策前时间段,则 $T_1=18$ 期,2019 年第三季度至 2022 年第四季度为政策实施之后的时间段,则 $T_2=14$ 期,$T_1>T_2$,符合"反事实"方法对样本时间以及跨度的要求。研究中所用到的数据来源于国家统计局网站、中国经济信息网、CEIC 数据库和各省知识产权信息公共服务中心。

本研究选取了地区生产总值增长率、外商投资额、进出口总额和发明专利授权量作为评估黑龙江自由贸易试验区设立的经济效应的指标。这些指标代表了黑龙江自由贸易试验区不同方面的经济变化。利用地区生产总值增长率作为衡量经济增长的代理变量,反映出黑龙江自由贸易试验区设立后经济活动的增加情况,以及区域内产出的提升程度;外商投资额作为衡量吸引投资的代理变量。通过数值变化,可以评估自由贸易试验区的政策是否吸引了更多的外国资本流入,促进了经济的发展;进出口总额作为衡量货物进出口贸易的代理变量。自由贸易试验区设立后，该指标的变化可以显示出区域内外贸活动的增加情况，以及贸易自由化政策带来的影响，发明专利授权量被用作衡量地区创新能力的代理变量。自由贸易试验区的设立可能为创新和技术进步提供了更好的平台，从而促进了发明专利的授权数量的增加。这些指标的选取反映了对黑龙江自由贸易试验区政策影响的全面性考量，涵盖了经济增长、外商投资、进出口贸易和创新能力等不同方面。

为真实反映数据的基本发展趋势，并且保证数据的平稳性，季度同比增长率被广泛应用于各种指标的衡量。该方法的具体实现方法为，将季度增长率用现值除以 2015 年为 100 的定基比 CPI 得出，定基比 CPI 是从月度同比换算成月度环比，再换算成季度环比得到。评估黑龙江自由贸易试验区的经济效应时，发明专利授权量的季度同比增长率直接被用来衡量。同时，为了准确衡量自由贸易试验区对经济的影响，20 个已设立自由贸易试验区的省份和直辖市被剔除，吉林、内蒙古、山西、甘肃、江西、贵州、新疆、宁夏和青海这 9 个地区被作为控制组。在创新能力考察中，青海省和西藏自治区的数据不足，因此这两个地区被剔除出控制组。这样的控制组设计可以减少其他因素对黑龙江自由贸易试验区建设和经济效益的影响，从而更准确地估计自由贸易试验区对黑龙江省经济的影响。

6.2 "反事实"实证结果及分析

结合"反事实"的方法和检验步骤，以黑龙江自由贸易试验区政策执行前的数据（2015 年第一季度至 2019 年第二季度）拟合模型（6-5），使用 AIC 准则来选取最优控制组，实际 GDP 的增长率对应的最优控制组为 $M\times(9)$，是由吉林、山西、江西、贵州、内蒙古、西藏、新疆、宁夏和青海这 9 个当时非自由贸易试验区所在地区组成；外商投资额增长率对应的最优控制组为 $M\times(6)$，由吉林、甘肃、江西、内蒙古、山西、贵州这 6 个非自由贸易试验区所在地区组成；进出口贸易额增长率对应的最优控制组为 $M\times(6)$，由吉林、内蒙古、山西、甘肃、江西、贵州、青海这 6 个非自由贸易试验区所在地区组成；发明专利授权量增长率对应的最优控制组为 $M\times(4)$，由山西、甘肃、贵州、江西这 4 个非自由贸易试验区所在地区组成。总体来看，四组模型的拟合优度都较高，R^2 的值分别为 0.9041、0.8975、0.9328、0.9121。具体如图 6-1~图 6-4 所示。

图 6-1、图 6-2、图 6-3、图 6-4 分别描绘了政策实施前（2015 年第一季度至 2019 年第二季度）黑龙江省地区生产总值的真实增长率、外商投资额增长率、进

第6章 黑龙江自由贸易试验区建设与区域经济联动发展的实证分析 | 81

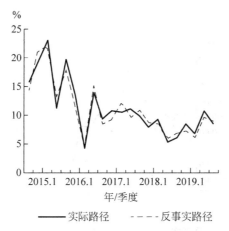

图 6-1 政策实施前黑龙江省地区生产总值的真实增长率

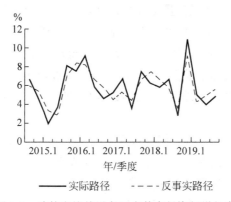

图 6-2 政策实施前黑龙江省外商投资额增长率

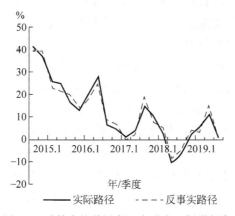

图 6-3 政策实施前黑龙江省进出口额增长率

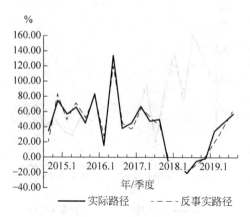

图 6-4 政策实施前黑龙江省发明专利授权量增长率

出口额增长率、发明专利授权量增长率的实际值(实线)和拟合值(虚线)。从四个图中分别可以看出,实际值和拟合值基本重合。通过对黑龙江自由贸易试验区设立前后的实际值和拟合值进行比较,可以得出以下结论。

实际值和拟合值基本重合:这意味着控制组能够准确地拟合黑龙江的实际经济指标增长率。也就是说,自由贸易试验区的设立与控制组地区之间的相关性较高。

外商投资额增长率:通过使用包含 6 个非自由贸易试验区的控制组,可以准确地拟合黑龙江自由贸易试验区的外商投资额增长率。这表明自由贸易试验区政策对吸引外商投资产生了显著的影响。

进出口额增长率:同样地,通过使用包含 6 个非自由贸易试验区的控制组,能够准确地拟合黑龙江自由贸易试验区的进出口额增长率。这说明自由贸易试验区政策对促进货物进出口贸易产生了积极的效果。

发明专利授权量增长率:通过使用包含 4 个非自由贸易试验区的控制组,能够准确地拟合黑龙江自由贸易试验区的发明专利授权量增长率。这表示自由贸易试验区政策对地区创新能力的提升产生了显著的影响。通过与控制组的比较,可以得出自由贸易试验区政策对地区生产总值增长率、外商投资额增长率、进出口额增长率和发明专利授权量增长率产生了积极影响的结论。

再利用最优控制组回归方程得出的参数估计值,开展样本外(2019 年第三季度至 2022 年第四季度)预测,得到黑龙江省在没成立自由贸易试验区成立影响下的"反事实"情况下的四个指标增长率,并和设立后真实的增长率进行了比较,处理效应结果见表 6-1 所示。

第6章 黑龙江自由贸易试验区建设与区域经济联动发展的实证分析

表 6-1 黑龙江自由贸易试验区设立前"反事实"分析与设立后对比表

时间	地区生产总值增长率处理效应	外商投资额增长率处理效应	进出口额增长率处理效应	发明专利授权量增长率处理效应
2019 年 3 月	2.14	1.87	1.28	6.12
2019 年 4 月	3.06	5.23	1.80	7.03
2020 年 1 月	2.78	6.96	1.04	11.16
2020 年 2 月	1.75	3.84	3.39	13.48
2020 年 3 月	4.03	3.73	4.58	7.88
2020 年 4 月	1.87	2.42	2.37	18.97
2021 年 1 月	0.57	4.67	4.97	−5.61
2021 年 2 月	1.34	1.34	4.74	6.31
2021 年 3 月	−0.11	3.35	3.96	4.91
2021 年 4 月	0.81	2.57	−1.41	14.79
2022 年 1 月	2.04	1.41	3.03	15.64
2022 年 2 月	1.03	2.45	2.04	9.32
2022 年 3 月	2.24	3.21	3.32	8.35
2022 年 4 月	1.98	1.09	3.09	11.02
均值	1.94***	3.42**	2.73**	9.24***

注：处理效应为真实值与反事实值的差值；***、**、* 分别表示 1%、5%、10% 的显著性水平。

由表 6-1 可以看出，黑龙江自由贸易试验区成立以来黑龙江实际地区生产总值增长率平均值为 7.97%，高于未受影响的"反事实"增长率的 6.12%，表 6-1 中第二列的地区生产总值增长率处理效应显示最终均值为 1.94%，在 1% 的水平上处理效应大于 0，建立黑龙江自由贸易试验区显著拉动了实际地区生产总值增长。

通过图 6-5 可以观察到黑龙江自由贸易试验区的设立对实际地区生产总值增长率产生了正面影响。实线表示设立自由贸易区后黑龙江省的真实地区生

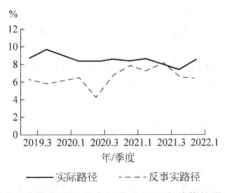

图 6-5 政策实施后黑龙江省地区生产总值的增长率

产总值增长率走势,而虚线表示在没有设立自由贸易区的情况下,"反事实"下的地区生产总值增长率走势。通过比较实线和虚线的走势,我们可以看出真实增长率一般都位于"反事实"增长率上方,这表明自由贸易试验区的设立对黑龙江省的经济增长产生了积极的处理效应,黑龙江自由贸易试验区的成立对黑龙江省经济的增长产生了正向的影响。这意味着自由贸易区的政策措施有助于促进黑龙江的经济发展和增长。

从表6-1中第三列的外商投资处理效应显示最终均值为9.93%,高于"反事实"6.33%的增长率,平均处理效应为3.42%,其处理效应在5%的水平上显著大于0。

通过图6-6可以观察到黑龙江自由贸易试验区的设立对实际外商投资额增长率产生了正面影响。实线表示设立自由贸易区后黑龙江的真实外商投资额增长率走势,虚线表示在没有设立自由贸易区的情况下,"反事实"下的外商投资额增长率走势。通过比较实线和虚线的走势,我们可以看出实际外商投资额增长率基本上位于"反事实"增长率上方,这表明自由贸易试验区的设立对黑龙江的经济发展和吸引外商投资产生了积极的处理效应。黑龙江自由贸易试验区的成立对黑龙江经济总体上存在着正向的外商投资额增长率处理效应。这说明自由贸易区政策的实施对吸引外商投资起到了积极的促进作用。

图6-6 政策实施后黑龙江省外商投资额增长率

从表6-1中第四列的进出口额增长率处理效应显示最终均值为2.42%,高于"反事实"-1.02%的增长率,平均处理效应为2.73%,其处理效应在5%的水平上显著大于0。

图6-7反映了设立黑龙江自由贸易试验区后对黑龙江实际进出口额增长率的处理效应,实线表示设立自由贸易区后黑龙江的真实进出口额增长率处理效应走势,虚线表示"反事实"进出口额增长率处理效应走势。从图6-7可以看出,实际进出口额增长率处理效应基本位于"反事实"增长率上方,可见黑龙江自由贸易试验区成立对经济增长总体上存在正的进出口额增长率处理效应。

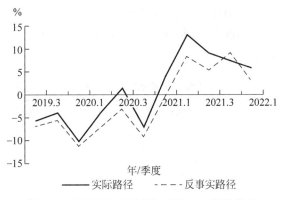

图 6-7　政策实施后黑龙江省进出口额增长率

从表 6-1 中第五列的发明专利授权量增长率处理效应最终均值为 29.78%，高于"反事实"28.83% 的增长率，平均处理效应为 9.24%，其处理效应在 1% 的水平上显著大于 0。

图 6-8 反映了黑龙江自由贸易试验区设立后对黑龙江实际发明专利授权量增长率的处理效应，实线表示设立黑龙江自由贸易试验区后黑龙江的真实发明专利授权量增长率处理效应走势，虚线表示"反事实"发明专利授权量增长率处理效应走势。可以看出，实际发明专利授权量增长率处理效应基本位于"反事实"增长率上方，可见成立自由贸易区对黑龙江经济增长总体上存在正的发明专利授权量增长率处理效应，也就是说总体上存在正的创新能力处理效应。

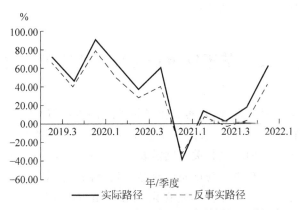

图 6-8　政策实施后黑龙江省发明专利授权量增长率

从长期效应来看，为了检验建设自由贸易试验区对黑龙江经济、外资、贸易及创新的长期效应，本研究采用 ARMA 模型对黑龙江自由贸易试验区的短期效应 $\hat{\Delta}_{1t}$ 建模。选取 AIC 值最小的模型进行拟合，结果见表 6-2 所示。实际地区生产总值增长率服从 AR(5-1)模型,其余三个变量服从 AR(5-2)模型。其中括号内数值为估计量标准差,经检验三个 AR 模型的残差 ε_t 是白噪声,说明建立的模型均为合理的。

表 6-2 黑龙江自由贸易试验区的短期效应 $\hat{\Delta}_{1t}$ 建模

变量	时间序列模型	显著性	长期政策效应
RGDP 增长率	$\hat{\Delta}_{1t}=0.024+0.013\hat{\Delta}_{1t-1}+\varepsilon_t$	0.024** (0.0037)	2.68%
外商投资额增长率	$\hat{\Delta}_{1t}=0.029+0.683\hat{\Delta}_{1t-1}-0.798\hat{\Delta}_{1t-2}+\varepsilon_t$	0.029*** (0.0005)	2.45%
进出口额增长率	$\hat{\Delta}_{1t}=0.021-0.712\hat{\Delta}_{1t-1}+0.652\hat{\Delta}_{1t-2}+\varepsilon_t$	0.022** (0.0044)	1.87%
发明专利授权量增长率	$\hat{\Delta}_{1t}=0.221-0.836\hat{\Delta}_{1t-1}+0.817\hat{\Delta}_{1t-2}+\varepsilon_t$	0.109*** (0.0002)	12.76%

注:***、**、*分别表示1%、5%、10%的显著性水平。

表 6-2 的计算结果表明,地区生产总值增长率、外商投资额增长率、进出口额增长率和发明专利授权量增长率的长期政策效应分别为2.68%、2.45%、1.87%、12.76%,且均显著,这个结果表明建设自由贸易试验区产生的溢出效应对黑龙江经济具有显著的长期效应。

6.3 基于反事实思维下的实证检验

通过上述检验对比发现,真实黑龙江相关经济指标值与"反事实"黑龙江的经济指标值存在显著差异,这种差异是基于什么原因产生的?是否真的是与黑龙江自由贸易试验区的政策相关?则需要进行下一步的实证检验。

为了验证黑龙江自由贸易试验区对经济发展的正向效应不是偶然现象,采用稳健性检验的方法。具体操作是在黑龙江自由贸易试验区成立前选择一个随机的时间节点进行分析,并使用该时间节点作为"反事实"背景,重新评估政策实施后的经济指标。例如,选择了黑龙江自由贸易试验区成立前的 2019 年第二季度作为"反事实"时间节点,然后对 2019 年第三季度至 2022 年第四季度这段实施政策后的时间段进行分析。结果显示,即使将政策实施的时间节点改变,使用 AIC 准则选择出的最优控制组仍然能够准确预测黑龙江的真实地区生产总值增长率、外商投资额增长率、进出口增长率和发明专利授权量增长率。通过这种稳健性检验的方法,可以得出结论,即使调整政策实施的时间点,仍然能够观察到与前面分析相似的结果。这进一步支持了黑龙江自由贸易试验区对经济增长的正向效应。拟合度分别为：$R^2=0.90$、0.87、0.86、0.92。

图 6-9 展示的是黑龙江自由贸易试验区成立时间点随机提前一年的黑龙江真实地区生产总值增长率与"反事实"增长率的发展路径。

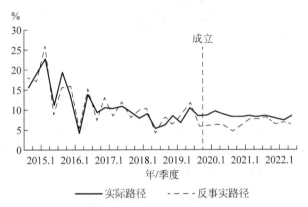

图 6-9　时间点提前一年的黑龙江省地区生产总值的增长率

图 6-10 展示的是黑龙江自由贸易试验区成立时间点随机提前一年的黑龙江真实地区生产总额增长率与"反事实"增长率的发展路径。

图 6-10　时间点提前一年的黑龙江省外商投资额增长率

图 6-11 展示的是黑龙江自由贸易试验区成立时间点前随机一年的黑龙江真实进出口额增长率与"反事实"增长率的发展路径。

图 6-12 展示的是黑龙江自由贸易试验区成立时间点随机提前一年的黑龙江真实发明专利授权量增长率与"反事实"增长率的发展路径。从图 6-12 中可以看出,2019 年第二季度以前,虚线和实线是呈现交替出现的状态,从 2019 年

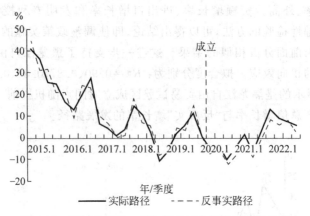

图 6-11　时间点提前一年的黑龙江省进出口额增长率

第三季度开始,虚线大多处于实线下方,这说明黑龙江是在自由贸易试验区成立后,才出现了显著的正处理效应,可以验证,黑龙江自由贸易试验区产生的经济效应不是偶然事件或者是人为操作事件。

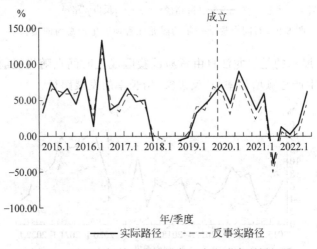

图 6-12　时间点提前一年的黑龙江省发明专利授权量

6.4　黑龙江自由贸易试验区建设与区域经济联动发展核心驱动因素检验

自由贸易试验区是随着功能特区的不断演进和时代发展而形成的我国对外开放水平最高的经济功能区。研究发现,国家级新区对区域经济增长的带动效应呈现波浪趋势,先变小、再变大、再变小。同样地,功能特区的影响也存在空间集聚的正向外部性,即距离功能特区中心城市较近的地区受到的影响更为显著,而距离较远的地区受到的影响较小。因此,在分析自由贸易试验区的经济效应时,需要考虑到空间分布的异质性因素。另外,自由贸易试验区的建设也具有动态效应。随着时间的推移,自由贸易试验区的建设可能产生不同的经济效应,因此需要考虑应用动态模型在经济效应分析中的作用。此外,自由贸易试验区的规模效应也非常重要。目前,自由贸易试验区正在进行扩区,各省份纷纷参与扩区竞争。因此,研究自由贸易试验区园区面积对其经济效应的影响具有现实意义。对于自由贸易试验区的经济效应分析,需要考虑空间分布的异质性因素,应用动态模型进行分析,并关注自由贸易试验区的规模效应。对这些因素的综合考虑可以更好地理解和评估自由贸易试验区的经济效应。上面提到的经济指标主要用于探讨黑龙江自由贸易试验区对该地区经济产生的影响。然而,我们还需要了解在各种影响因素中,对黑龙江经济产生重要影响的核心因素,并对其进行检验。这将有助于更全面地了解自由贸易试验区对黑龙江经济的影响机制和效应。

6.4.1 基本模型设定

自由贸易试验区对属地经济增长有促进作用,考虑数据的可得性,加之若只研究发达地区的自由贸易试验区的研究,可能会有结果的误差。考虑到后来设立的自由贸易试验区,短期是否依然存在显著的正向经济溢出效应值得探究。因此,构建基本计量模型如下:

$$\text{GDPR}_{it} = \beta_0 + \beta_1 did_{it} + \lambda Z_{it} + v_i + \mu_t + \varepsilon_{it} \tag{6-6}$$

式中,GDPR_{it} 表示黑龙江省实际地区生产总值增长率;did_{it} 表示自由贸易试验区成立后为黑龙江省的地级城市是否为属地虚拟变量,是为1,否则为0;Z_{it} 表示控制变量;v_i、μ_t 分别表示时间和属地两类固定效应;ε_{it} 为随机干扰项。

选取2015—2019年黑龙江13个地级市面板数据作为研究样本,数据来源于2003—2019年《黑龙江统计年鉴》,根据自由贸易试验区和区域经济的相关研究,对选取的研究变量进行说明如下:

1. Worker——城镇单位从业人员期末人数

城镇单位从业人员期末人数是衡量某地区就业水平的重要指标,对于该城市的经济发展起到了重要的推动作用。不论是属于第一、第二还是第三产业的任何工种,就业人数对经济增长都具有显著的影响。它不仅是保障居民基本生活需求的重要来源,还对财政收入等方面起到重要的作用。城镇单位从业人员期末人数的增加意味着就业机会的增加,这有助于提高居民的收入水平和生活质量。同时，增加的就业人数也为地方提供了更多的税收收入，推动了地方经济的发展。

2. IE——规模以上工业企业数

规模以上工业企业数是一个重要指标，它能够一定程度地反映出地区的工业实力。特别是针对中大型工业企业，其更能够直接推动地区的财政收入、就业水平和经济发展水平。规模以上工业企业是指工业企业的经济规模达到国家规定的标准。由于规模以上工业企业的生产规模较大，具有较高的技术含量和生产效率，因此能够带动更多的相关企业和产业，从而对地区的经济发展起到重要的促进作用。此外，规模以上工业企业数量增加还能够为地区吸引更多的外商投资和相应的基础配套设施建设的投资，从而更有利于地区的经济发展。

3. IO——规模以上工业总产值

规模以上工业总产值是一个能够直接反映某地区的工业水平的重要指标。尤其在当前，制造业仍然是保障国民经济稳定发展的重要力量。因此，将规模以上工业总产值纳入地区经济发展水平的分析中，可以有效控制其他外部冲击因素的影响。规模以上工业总产值是指规模以上工业企业在一定时期内产出的总货值。通过对规模以上工业总产值的分析，可以了解到地区工业生产的整体规模和水平，同时也能够反映出制造业在地区经济中的重要地位。此外，将规模以上工业总产值纳入地区经济发展的分析还可以更好地评估地区经济的稳定性和可持续性。制造业作为国民经济的基础支柱，其稳定发展对于促进就业、提高生产效率以及推动创新和技术升级具有重要意义。

4. IFS——固定资产投资总额

固定资产投资额是一个能够反映某地区投资水平的重要指标。投资作为拉动经济增长的三大驱动力之一，扮演着推动地区经济增长的重要角色。它不仅对经济发展起到直接的推动作用，还是吸引内外资金投资的重要指标之一。因此，将固定资产投资额纳入地区经济增长的分析是合理的。固定资产投资额是指在一定时期内用于购置和增加固定资产的投资金额。这些投资主要涉及基础设施建设、设备更新和扩大生产能力等方面。通过分析固定资产投资额的变化和趋势，可以了解到地区投资的规模和方向，进而衡量地区经济增长的活力和潜力。此外，固定资产投资额的增加也可以吸引更多的内外资金流入，促进地区经济的发展。相应地，投资水平的增加也会带动相关产业的发展，刺激就业机会的增加，改善居民生活水平。

5. FI——外商实际投资额

外商直接投资是反映某地区对外资吸引能力的重要指标，它能够表明该地区国际化和开放型经济的发展水平。同时，外商直接投资也是某地区学习国外先进技术的主要方式,对推动该地区的技术水平和全要素生产率起到重要促进作用。因此,将外商直接投资纳入地区经济发展水平的分析是合理的。外商直接投资指的是外国投资者通过在某一地区设立企业、购买股权或扩大现有企业,并参与管理或控制企业的投资行为。通过吸引外商直接投资,地区可以获得外资的投入,同时也能够借助外国优质技术、管理经验和市场渠道,促进本地区的技术创新和产业升级。

6. Consume——消费水平

消费水平用城市商品销售零售额与地区生产总值的比值表示,根据库兹列茨曲线,消费水平越高的地区其经济发展水平也越高,所以相应的其经济增速发展会相应更慢,所以将其经济增长水平的控制分析。

7. Wage——在岗职工工资总额

职工工资作为衡量某地区收入水平的重要指标,与经济发展水平息息相关,一般而言,职工收入水平越高的地区其经济发展水平往往越高。

选用以上指标作为研究的控制变量,以保证估计结果不会受到城市特征因素的干扰,具体如表6-3所示。

表6-3　2015—2019年黑龙江13个地级市面板数据

变量	均值	标准差	最小值	最大值	观测值
GDPR	0.112	0.044	−0.192	0.375	3684
did	0.013	0.107	0	1	3865
Worker	12.57	0.821	11.01	15.98	3711
IE	6.5121	1.1321	2.8323	9.88	2977
IO	16.11	1.542	−0.64	19.56	2945
FS	14.98	1.309	10.79	19.18	3341
IFS	15.18	1.299	11.46	19.77	3189
FI	9.452	1.899	0.765	13.99	3341
Consume	0.603	0.254	0.0301	2.676	1453
Wage	0.399	0.295	0	5.665	3767

6.4.2　初始结果检验

根据基准回归结果(见表6-4),采用OLS模型,自由贸易试验区建设对属地城市的经济增长有一定的正向拉动作用。同时,考虑了城市特征因素的影响,自由贸易试验区建设对属地城市产生了显著的经济增长效应。这表明地级市层面的自由贸易试验区政策存在一定的经济溢出效应,具有一定的激励作用。其他解释变量的回归结果也基本符合预期。城镇单位从业人员期末人数(Worker)与经济增速显著正相关,说明就业率高的城市往往其地区生产总值增速也较高。规模以上工业企业数(IE)与经济增速显著正相关,说明工业企业集聚规模较大的城市往往经济增速也较强。固定资产投资总额(IFS)与经济增速显著正相关,说明固定资产投资额较高的城市往往其地区生产总值增速也较高。外商实际投资额(FI)与经济增速显著正相关,说明对外开放水平和吸引外商投资较高的城市往往经济增速也较高。在岗职工工资总额(Wage)与经济增速显著正相关,说明职工工资水平较高的地区往往其经济发展水平也较高。然而,规模以上工业总产值(IO)、固定资产净值年平均余额(FS)和消费水平(Consume)与经济增速没有显著正相关关系。这说明虽然这些变量是影响城市特征因素的重要指标,但对城市的经济增长没有显著的正向影响。

表 6-4 基准回归结果

变量	OLS (1)	OLS (2)	OLS (3)	OLS (4)	RE (5)	FE (6)	FE (7)
did	−0.0028*** (−17)	0.0042 (1.54)	0.0007 (0.15)	0.0268*** (3.31)	0.0268*** (3.31)	0.0089 (1.04)	0.0268*** (3.41)
Worker				0.0132*** (2.96)	0.0132*** (2.96)	0.0242*** (3.41)	0.0132*** (3.12)
IE				0.0086** (2.01)	0.0086** (2.01)	0.0215*** (4.41)	0.0086** (2.21)
IO				0.0023 (1.44)	0.0023 (1.44)	0.0012 (0.89)	0.0023 (1.49)
FS				−0.0049 (−1.59)	−0.0049 (−1.59)	−0.0121*** (−3.41)	−0.0049* (−1.63)
IFS				0.0412*** (10.96)	0.0412*** (10.96)	0.0142*** (3.71)	0.0412*** (11.23)
FI				0.0016** (2.01)	0.0016** (2.01)	0.0015** (4.41)	0.0016** (2.18)
Consume				−0.0223 (−1.24)	−0.0223 (−1.24)	−0.2092*** (−7.89)	−0.0223 (−1.24)
Wage				0.0137*** (2.98)	0.0137*** (2.98)	−0.0492*** (−7.41)	0.0137*** (3.12)
豪斯曼检验				47.98***			
个体效应	否	否	是	是	是	是	是
时间效应	否	是	是	是	是	否	是
R^2	0.010	0.475	0.574	0.679	0.679	0.306	0.105
观测值	3689	3689	3689	2275	2275	2275	2275

注:*、**、***分别代表在10%、5%、1%的水平上显著,括号内为 t 统计值。

综上所述，基于基准回归结果，自由贸易试验区建设对属地城市经济增长有正向作用，同时城市特征因素也对城市经济增长产生重要影响。

6.4.3 平行趋势检验

为了评估自由贸易试验区建设对属地城市地区生产总值增长的影响，需要满足平行趋势的前提假设。采用反事实检验的方法，观察数据表 6-5 可得出以下结论。

表 6-5　平行趋势检验

变　　量	固定效应	固定效应
提前 5 期以上	$2.42\times10^{-6}(0.00)$	$-0.0091(-1.15)$
提前 4 期	$-0.0019(-0.31)$	$-0.0086(-1.14)$
提前 3 期	$-0.0033(-0.59)$	$-0.0087(-1.25)$
提前 2 期	$0.0004(0.12)$	$-0.0025(-0.37)$
Worker		$0.0126^{***}(3.37)$
IE		$0.0089^{**}(2.37)$
IO		$0.0023(1.51)$
FS		$-0.0051(-1.55)$
IFS		$0.0426^{***}(11.77)$
FI		$0.0009^{**}(2.07)$
Consume		$-0.0225(-1.37)$
Wage		$0.0136^{***}(3.05)$
个体效应	是	是
时间效应	是	是
R^2	0.458	0.105
观测值	3689	2275

发现提前实施自由贸易试验区政策并没有对属地城市的地区生产总值增长产生显著影响，这表明自由贸易试验区的建设对于经济发展确实带来了可观的效果，并且满足了前提条件，即平行趋势。在进一步研究影响自由贸易试验区建设对属地城市产生经济效应的特征因素时，我们发现自由贸易试验区建设在某些特定因素下对属地城市的经济增长产生了一定的积极激励作用。然而，自由贸易试验区建设通常涉及多个方面的政策和因素，自由贸易试验区隶属的城市一般具有比其他城市更好的区位优势和人力资本等要素，这也是为什么进一步研究自由贸易试验区产生的经济效应是否受到高新区、直辖市、区域经济带等因素的影响具有现实意义的原因。此外，由于自由贸易试验区要承担区域经济发展的重要战略任务，直接考虑自由贸易试验区建设对周边区域城市的空间溢出效应的影响范围也是至关重要的，这将有助于更全面地评估自由贸易试

验区的实施效果和对整个区域经济的推动作用。此外，自由贸易试验区的经济效应可能存在滞后效应，即自由贸易试验区建设除了受到其他因素的交织影响，也很难在当期产生显著的经济溢出效应。最后，各省份紧随其后加入自由贸易试验区的扩区序列中，观察自由贸易试验区设立面积的异质性同样具有现实意义。

6.4.4 经济效应空间溢出范围的检验

参照 2019 年王雄元和卜落凡设定的模型来考察设立自由贸易试验区产生的空间布局异质性，构建如下模型：

$$\text{GDPR}_{it} = \beta_0 + \sum_{s=100}^{700} \delta_s N_{it}^s + \lambda Z_{it} + v_i + \mu_t + \varepsilon_{it} \tag{6-7}$$

式中，GDPR_{it} 表示黑龙江省实际 GDP 增长率，这里引入距离虚拟变量 N_{it}^s，其中 s 表示城市间的地理距离（单位为 km），本研究以 100km 为基准刻度，如城市 A 在其距离 100km 的范围内存在自由贸易试验区属地城市，那么 $N_{it}^s=1$，否则为 0。s 可以取值为 100,200,300,…,700。这样城市间的距离虚拟变量前的系数 δ_s 衡量了自由贸易试验区属地城市对其他城市的经济辐射带动作用。Z_{it} 表示控制变量，v_i、μ_t 分别表示时间和城市两类固定效应，ε_{it} 为随机干扰项。

也许某个城市可能存在受多个自由贸易试验区的经济外溢效应影响的情况，本研究依托就近影响原则，构建指标 N_{it}^s。例如，某个城市在 0～100km 和 100～200km 的空间范围内都存在自由贸易试验区城市，那么只对 0～100km 的自由贸易试验区城市的影响 N_{it}^s 取值为 1。自由贸易试验区空间溢出范围检验如表 6-6 所示。

表 6-6 自由贸易试验区空间溢出范围检验

变量	100km	200km	300km	400km	500km	600km	700km
N_{it}^s	0.0068***	−0.0055**	−0.0008	−0.0112*	−0.0023	0.0079***	0.0013
	(2.64)	(−2.44)	(−0.33)	(−1.84)	(−0.28)	(3.22)	(0.88)
Worker	0.0126***	0.0126***	0.0135***	0.0132***	0.0133***	0.0133***	0.0133***
	(2.89)	(2.88)	(2.93)	(2.87)	(3.00)	(3.00)	(3.00)
IE	0.0083*	0.0086*	0.0081*	0.0080*	0.0082*	0.0082*	0.0081*
	(1.89)	(1.92)	(1.88)	(1.87)	(1.89)	(1.89)	(1.88)
IO	0.0022	0.0022	0.0021	0.0023	0.0023	0.0023	0.0023
	(1.41)	(1.42)	(1.44)	(1.46)	(1.46)	(1.46)	(1.46)
FS	−0.0049	−0.0052*	−0.0052*	−0.0052*	−0.0052*	−0.0052*	−0.0052
	(−1.58)	(−1.66)	(−1.69)	(−1.67)	(−1.70)	(−1.71)	(−1.71)
IFS	0.0431***	0.0432***	0.0430***	0.0431***	0.0430***	0.0430***	0.0430***
	(10.69)	(10.72)	(10.69)	(10.71)	(10.78)	(10.78)	(10.78)

续表

变量	100km	200km	300km	400km	500km	600km	700km
FI	0.0014**	0.0012**	0.0012**	0.0014**	0.0015**	0.0015**	0.0014**
	(2.21)	(2.17)	(2.17)	(2.19)	(2.16)	(2.16)	(2.16)
Consume	−0.0329	−0.0292*	−0.0312*	−0.0317*	−0.0312*	−0.0312*	−0.0322
	(−1.58)	(−1.46)	(−1.44)	(−1.47)	(−1.50)	(−1.61)	(−1.51)
Wage	0.0131***	0.0132***	0.0130***	0.0131***	0.0130***	0.0130***	0.0137***
	(2.69)	(2.72)	(2.69)	(2.79)	(2.74)	(2.59)	(2.88)
个体效应	是	是	是	是	是	是	是
时间效应	是	是	是	是	是	是	是
R^2	0.679	0.679	0.678	0.679	0.678	0.678	0.678
观测值	2275	2275	2275	2275	2275	2275	2275

由于自由贸易试验区建设会使属地城市获得集聚正外部性,从而获得更强的经济增长效应,但是对于周边地区城市其产生的经济溢出效应会显得更为复杂。

研究结果表明,自由贸易试验区建设对属地城市的经济增长产生了显著的正向影响。在 0~100km 的空间范围内,自由贸易试验区建设具有显著的区域经济溢出效应。但是,随着距离的增加,自由贸易试验区产生的经济溢出效应出现了波浪状的变化。在 101~200km 范围内,自由贸易试验区对周边地区的经济增长产生了明显的负面影响,而在 201~300km 范围内,自由贸易试验区对周边城市的经济影响并不显著。在 301~400km 范围内,自由贸易试验区继续产生负面影响,但在 601~700km 的距离范围内,它又产生了微弱的正向作用。当距离超过 600km 时,自由贸易试验区不再产生明显的经济溢出效应。除此之外,社会发展因素也对城市的经济增长产生了积极影响。城市的就业率、工业企业的集聚规模、固定资产投资额、外商投资和职工工资水平都与城市的经济增长呈正相关。然而,固定资产净值年平均余额和消费水平与经济增速之间并没有显著正相关关系。因此,需要更加注重城市的基础设施建设,保障人民的基本物质需求,这是更好发挥自由贸易试验区经济效应空间溢出作用的重要途径。最后,这些结果表明自由贸易试验区的经济效应具有空间异质性。为了更好地发挥自由贸易试验区的经济效应,需要制定符合不同地区实际情况的区域发展政策,发挥自由贸易试验区建设的正向激励机制。同时,可以通过分散自由贸易试验区的布局来减轻负向挤出效应,并根据自由贸易试验区的网状布局特征,发挥自由贸易试验区在区域协同发展中的作用。

6.4.5 其他区位导向性政策的检验

黑龙江三个自由贸易试验区的试点城市均具有明显的政策优势,往往受到多重政策的影响。自由贸易试验区发挥经济效应可能受到国家高新区设立比较明显的影响，自由贸易试验区试点城市的设立多在国家级高新区设立之后成立，因此自由贸易试验区对属地城市的经济增长效应可能受到国家高新区设立的影响。黑龙江省有三个国家级高新区，那么高新区设立产生的影响一并纳入自由贸易试验区政策影响的分析，设立模型如下：

$$GDPR_{it} = \beta_0 + \beta_1 ddd_{it} + \beta_2 did_{it} + \lambda Z_{it} + v_i + \mu_t + \varepsilon_{it} \quad (6-8)$$

式中，$GDPR_{it}$ 表示实际 GDP 增长率。这里，引入变量 ddd_{it} 表示年份 t 城市 i 是否同为自由贸易试验区和国家级高新区属地城市，如果是，则 ddd_{it} 取值为 1，如果不是，则 ddd_{it} 取值为 0。Z_{it} 表示控制变量，v_i、μ_t 分别表示时间和城市两类固定效应，ε_{it} 为随机干扰项。

通过观察表 6-7 可以看出，当引入变量 ddd（高新区）后，变量 did 不再显著，说明自由贸易试验区建设对属地城市地区生产总值的正向拉动作用还要受到国家高新区政策的影响，表明自由贸易试验区政策对属地城市地区生产总值的拉动作用还要受到其他区位导向性政策的影响。

表 6-7 其他区位导向性政策的检验

变量	OLS (1)	OLS (2)	RE (3)	RE (4)	FE (5)	FE (6)
did	−0.0089 (−1.45)	0.0088 (1.14)	−0.0089 (−0.95)	0.0088 (1.14)	−0.0089 (−0.97)	0.0088 (1.24)
ddd	0.0016** (2.01)	0.0216** (2.11)	0.0116 (1.41)	0.0216** (2.11)	0.0116 (1.43)	0.0216** (2.21)
Worker		0.0132*** (2.96)		0.0132*** (2.96)		0.0132*** (2.99)
IE		0.0083** (2.01)		0.0083** (2.01)		0.0083** (2.10)
IO		0.0023 (1.44)		0.0023 (1.44)		0.0023 (1.52)
FS		−0.0049 (−1.59)		−0.0049 (−1.59)		−0.0049* (−1.69)
IFS		0.0432*** (11.16)		0.0432*** (11.16)		0.0432*** (11.86)
FI		0.0016** (2.01)		0.0016** (2.01)		0.0016** (2.21)
Consume		−0.0263 (−1.28)		−0.0263 (−1.28)		−0.0263 (−1.38)
Wage		0.0137*** (2.98)		0.0137*** (2.98)		0.0137*** (3.41)
豪斯曼检验		45.48***				

续表

变量	OLS (1)	OLS (2)	RE (3)	RE (4)	FE (5)	FE (6)
个体效应	是	是	是	是	是	是
时间效应	是	是	是	是	是	是
R^2	0.498	0.675	0.583	0.675	0.479	0.106
观测值	3689	2275	3689	2275	3689	2275

研究结果体现以下内容。

（1）自由贸易试验区建设对属地城市的地区生产总值增长有一定的正向影响，尽管这种影响不显著。当考虑了城市特征因素后，自由贸易试验区建设能够对属地城市的地区生产总值增长产生一定正向拉动作用。

（2）空间布局的研究发现，自由贸易试验区建设产生的经济溢出效应呈波浪状发展趋势。在0~100km的范围内，自由贸易试验区建设对属地城市的经济增长有正向拉动作用。而在101~200km范围内，自由贸易试验区建设表现出负向挤出作用。在201~300km范围内，这种影响不再显著。接着，在301~400km范围内，自由贸易试验区建设又开始产生负向挤出作用。在501~600km的距离范围内，产生了微弱的正向促进作用。这表明自由贸易试验区建设产生的经济溢出效应具有双面性，需要通过改善自由贸易试验区的空间布局来减轻负向挤出作用。

（3）研究还发现，虽然国内学者在省级层面的数据上证实了自由贸易试验区建设对属地城市的经济增长有正向影响，但地级市层面的研究可能存在差异。此外，实际中普遍存在双城（区）、多城（区）的布局结构。因此，研究还考察了区位导向性因素对自由贸易试验区经济效应的影响。具体来说，研究考察了国家级高新区对自由贸易试验区建设的影响。结果显示，自由贸易试验区对属地城市经济增长的影响变得更加复杂，属地城市的经济增长还会受到国家级高新区布局的影响。这说明自由贸易试验区的经济效应可能还会受到其他区位导向性政策的影响。

6.5 本章小结

自由贸易试验区的建设旨在通过优先发展属地城市，带动周边地区实现共同发展。根据不平衡增长理论、经济增长极理论和点轴开发理论，自由贸易试验区将集中优势资源在区域范围内，并促进属地城市的资本、人力等要素积累，从而发挥特殊政策和地理优势。随着自由贸易试验区建设规模的扩大，也将推动交通物流网络的建设,实现属地城市与周边城市间的产业转移和资源流动。同时,建立完善的保障体系对其他地区城市的经济发展将起到积极的激励作用。本章利用黑龙江自由贸易试验区经济与其他地市经济发展之间的相关性来构建在没有设立自由贸易试验区的情况下的"反事实"经济绩效,通过比较"反事实"经济绩效值分析黑龙江自由贸易试验区建设对该省经济发展的影响。设立 ARMA 模型 $\alpha(L)\hat{\Delta}_{1t} = \mu + \theta(L)\eta_t$,通过分析发现,地区生产总值增长率、外商投资额增长率、进出口额增长率和发明专利授权量增长率的长期政策效应分别为 2.68%、2.45%、1.87%、12.76%,且均显著,这个结果表明建设自由贸易试验区产生的溢出效应对黑龙江经济具有显著的长期效应。继续通过"反事实"分析,利用 AIC 准则选择最优控制组准确预测出黑龙江真实的地区生产总值增长率、外商投资额增长率、进出口增长和发明专利授权量增长率,拟合度分别为:$R^2 = 0.90$、0.87、0.86、0.92,证实了黑龙江自由贸易试验区产生的经济效应不是偶然事件或者是人为操作事件。最后设定 $GDPR_{it} = \beta_0 + \beta_1 did_{it} + \lambda Z_{it} + v_i + \mu_t + \varepsilon_{it}$ 模型,选取 2015—2019 年黑龙江省十三个地市的面板数据作为研究样本,通过分析八项指标,分别是城镇单位从业人员期末人数、规模以上工业企业数、规模以上工业总产值、固定资产净值年平均余额、固定资产投资总额、外商实际投资额、消费水平、在岗职工工资总额,实证检验了自由贸易试验区建设对属地城市地区生产总值增长率的拉动水平,并着重分析了自由贸易试验区的区域经济效应的影响因素。得到的结论是各项指标均与经济发展呈现正相关关系。总之,通过自由贸易试验区建设,可以实现属地城市与周边地区的协同发展,促进区域内资源的合理配置和经济活力的提升。同时,也将推进交通物流网络的发展,促使经济要素在区域内的流动,带动整个区域的经济增长。

第7章

黑龙江自由贸易试验区联动区域经济发展的政策支持机制分析

黑龙江自由贸易试验区联动区域经济发展的政策支持机制与运行模式,不是一个理论问题,而是与实际密切相关的战略选择与政策定位问题,需要分析构建政策支持的机制的背景,考虑现实可行性因素,探讨黑龙江自由贸易试验区联动区域经济发展的政策支持的动力机制及协调机制。

7.1 政策支持机制设计因素分析

7.1.1 政策支持机制设计的可行性因素

1. 共建新时代全面战略协作伙伴关系

近年来中俄贸易发展迅猛,双方贸易额都迅速增长。加之中俄领导人频繁互访,政治互信度的提升推动了中俄经贸关系纵深发展。2024年5月,俄罗斯总统普京在对中国进行国事访问前夕接受新华社记者书面专访时说,通过扩大经济和人文领域的平等互利合作,促进两国的繁荣发展;通过加强外交政策协调,推动构建公平的多极世界秩序,这些决定了中俄新时代全面战略协作伙伴关系的美好未来。

2. 良好的地缘优势与区域经济合作深入发展

4000多公里的共同边界为中俄双方发展边境贸易合作提供了独特的地缘优势,再加上俄罗斯远东丰富的石油、天然气、矿物、森林和土地资源,许多入境口岸加快了中俄经济交流的步伐。中俄边境贸易发展不仅是东北地区的机遇,也是对俄远东的发展非常有利的机遇,这将带来互利双赢的双边贸易。中国的东北地区与俄罗斯的远东地区紧密相连。俄罗斯远东地区经济落后,这也导致了俄罗斯经济发展不平衡,"东部大开发"是俄罗斯实现全面均衡发展的重要举措。同时,中国东北地区是中国粮食和设备生产的重要基地,与俄罗斯有着很强的合作基础与资源互补性。

各国在充分考虑自身长经济利益后多数选择合作联盟,对于区域经济一体化发展起到了积极作用。中俄两国在国际上都有重要影响力,但是两国共同参与的经济合作组织却较少,不可避免地影响了两国贸易发展进程。随着俄罗斯加入世贸组织,中俄贸易合作获得了新的契机。中俄两国应签订自由贸易协定以推动中俄贸易发展,这既能为两国企业合作发展拓展空间,更是区域经济发展一体化的需要。

3. 沿边开发开放战略的实施

为了落实国家沿边开放战略以及振兴东北老工业基地战略,加快建成面向俄罗斯及东北亚开放重要枢纽,国务院于2013年正式批复了《黑龙江和内蒙古东北部地区沿边开发开放规划》。该规划要求向符合条件的边境地区提供金融政策支助,扩大卢布试点的区域,并鼓励商业银行增加对对外贸易合作企业的信贷支持,鼓励成立人民币的跨境结算与俄罗斯建立贸易结算中心。有关重大实施战略层面,该规划提出积极支持边境经济合作自由贸易区和境外贸易、工业、农业、木材、科技、物流等方面合作。有关财政投资支持,该规划提出选择有条件地区实施生态补偿机制,中央专项转移支付政策偏向边境地区和特困地区,对工业园区、跨境贸易区和资源合作项目提供补贴。该规划为中俄边境贸易发展的财税金融政策支持提供了方向。

4. "一带一路"战略的联动作用

早在2013年9月,习近平总书记在访问哈萨克斯坦期间提出了"丝绸之路经济带"重大倡议,同年10月,习近平总书记在印度尼西亚国会的演讲中阐述了"21世纪海上丝绸之路"构想。"一带一路"建设是新一轮改革开放的横向铺开,自由贸易区建设是新一轮改革开发的纵向深入。构建中俄边境自由贸易区是中蒙俄经济走廊的延伸,推动中国"一带一路"建设与俄罗斯的"欧亚联盟"战略能够有机结合起来。

2015年12月,国务院出台了《关于加快实施自由贸易区战略的若干意见》,这是对我国自由贸易区建设的"顶层设计",意见明确指出,我国结合周边自由贸易区建设和推进国际产能合作,积极同"一带一路"沿线国家商建自由贸易区,形成"一带一路"大市场,将"一带一路"打造成畅通之路、商贸之路、开放之路。

5. 构建了中俄边境贸易发展的良好平台

20世纪90年代初期,中俄双方签署协议,在中俄边境口岸地区绥芬河、东宁、黑河、满洲里建立了互市贸易区。中俄两国的互市交易为自由贸易区的建立做了前期铺垫。自2006年起,中国的绥芬河市和俄罗斯的波格拉尼奇内市在中俄边境地区成立了绥-波自由贸易综合体,为境内关外的封闭式自由贸易综合体。2009年4月,经国务院批准正式成立绥芬河综合保税区,该区定位为推进和扩展中俄产品贸易、服务贸易、投资领域合作等。中俄边境地区综合保税区的成立,为中俄边境自由贸易区的建立创造了切实可行的条件。同时,中方企业在政府的大力支持下,在俄方边境口岸成立了经贸合作区与工业园区,在乌苏里斯克市成立了康吉经贸合作区;在波克罗夫卡成立了华宇工业园区,为中俄双边贸易自由化奠定了前提基础。

6. 俄罗斯远东开发战略的积极影响

自2010年以来,俄罗斯政府增加了在东西伯利亚的投资和在远东地区的开发。2010年7月20日,俄罗斯政府正式启动《俄罗斯联邦远东及贝加尔地区2025年前发展战略》。2012年2月,普京在《俄罗斯与变化中的世界》一文中,以俄罗斯与亚太地区关系的发展为重点,强调俄罗斯与欧盟的关系高于俄罗斯与美国的关系,俄罗斯的外交发展优先考虑与包括中国在内的亚太地区国家的关系。2013年,俄罗斯政府总统普京第一次提出了在远东和西伯利亚建立先进的社会经济发展区的计划,并提出对区内新兴企业给予特殊优惠政策。先进经济开发区新建企业免征五年利得税、矿业税(除石油和天然气外属于营利性行业)、财产税和保险费优惠税率。中国东北地区及内蒙古东部与俄罗斯远东地区紧密相连,俄罗斯远东开发战略对于中俄边境贸易发展起到了积极推动作用。

7.1.2 政策支持机制设计的障碍性因素

1. 关税政策的障碍

除了独联体,俄罗斯很少与其他国家签署自由贸易协定。俄罗斯是贸易壁垒最严重的国家之一,关税税率和波动情况不断变化。虽然俄罗斯已经加入世界贸易组织,但关税壁垒问题仍然是阻碍中俄边境贸易深入发展的重要因素。

2. 贸易秩序和投资环境有待改善

中俄边境贸易面临现有秩序不够正常、投资环境不够友好的现状。例如,一些俄罗斯海关人员不严格执法,导致长期存在的灰色通关问题。一些中小企业通过地下钱庄等非法渠道进行贸易往来,也不利于中俄边境贸易的健康发展。一些企业还利用欺诈手段通过海关清关,这不仅损害了俄罗斯政府的税收利益,而且助长了地方政府和海关官员的腐败气氛,对俄罗斯中小企业的发展产生了不利影响。从中国的角度来看,一些企业为了降低通关成本和俄罗斯烦琐的通关壁垒,不得不接受这种灰色通关进入俄罗斯市场。灰色通关问题是阻碍中俄边境贸易发展的严重障碍。俄罗斯有关部门应积极引导正式通关，简化复杂的通关手续，打击地方政府和海关人员的腐败行为，促进中俄经贸合作正常化发展。

3. 无形障碍

前两项分析来自俄罗斯存在的明显障碍，除此之外还有一些无形障碍的影响。例如，盛传的"中国威胁论"和"移民渗透论"对中俄经贸合作造成了一些不利影响。虽然它不是俄罗斯舆论的主流，远不是民意的主流意见，更不用说俄罗斯政府制定中国的政策和战略基础；但俄罗斯政府官僚机构和既得利益集团总是以此为借口反对中国企业以及其他国家和地区企业进驻俄罗斯，进行地方保护。

另外，俄罗斯、白俄罗斯和哈萨克斯坦于2010年1月1日建立了关税同盟，并成立了关税同盟委员会，三方统一了进口关税政策和制度。这意味着，中国和俄罗斯正在就建立自由贸易区进行的谈判，不仅是与俄罗斯，还包括白俄罗斯和哈萨克斯坦。然而，我们也应该看到，在关税同盟的主导地位是俄罗斯。如果能够和俄罗斯成功达成自由贸易协定，那么也可以和白俄罗斯、哈萨克斯坦达成自由贸易协定。中国拥有如此庞大的市场容量、市场价值，与俄罗斯和独立国家联合体都不相上下，市场规模及发展潜力更是巨大。

7.2 黑龙江自由贸易试验区联动区域经济发展的政策支持动力机制

寻找推动区域经济发展路径，积极探索政策支撑动力来源，对于促进黑龙江自由贸易试验区的发展具有重要意义。动力是推动黑龙江自由贸易试验区建设的关键要素。动力机制是构建黑龙江自由贸易试验区政策支持决定机制，好的政策激励能够促进黑龙江自由贸易试验区中市场主体的发展动力，实现合作共赢。内在动力是中俄双方自发的推动中俄边境贸易发展的动力源泉，包括企业因素、经济利益因素；外在动力来自外部因素，包括政策支持力度、双边贸易需求、资源禀赋要素等。

7.2.1 外在动力机制

黑龙江自由贸易试验区联动区域经济发展的外在动力是指来自外界的力量，其发展的外在动力主要由政策支持力度、中俄双边贸易需求、资源禀赋要素等构成。

1. 政策支持力度

黑龙江自由贸易试验区发展的政策支持不能脱离政府的指导。

政府是黑龙江自由贸易试验区联动经济发展的引导者和调控者,政府制定相应的产业发展规划,出台一系列的指导及保障措施。政府通过制定相应的产业发展规划、为自由贸易试验区发展提供相应的财税政策、金融政策及产业政策等,促进中俄边境贸易合理发展。政策支持需要有明确发展规划,确定政策支持的近期、远期目标,为中俄边境贸易发展的政策支持提供基础保证。其中,政府愿意发展中俄边境贸易,对企业的政策支持、政府对企业的激励将不同程度地影响中俄边境贸易的政策支持。

(1) 政府愿意发展中俄边境贸易。政府对中俄边境贸易发展的目标影响着边境贸易企业未来的发展方向。如果政府有强烈的意愿支持中俄边境贸易的发展,就必然会出台相关的激励政策来吸引企业参与。因此,政府愿意发展中俄边境贸易是决定黑龙江自由贸易试验区发展的重要动力因素。

(2) 政府对企业的政策支持力度。对黑龙江自由贸易试验区的政策支持离不开国家的政策规定,政府适当运用政策法规,规范支持行为十分必要。

(3) 政府对企业的激励措施。自由贸易试验区发展联动经济的政策支持离不开企业的积极参与。企业作为一个以盈利为目的的组织,其参与经济活动的动机是多方面的,政府鼓励是其中的一个重要方面。政府可以利用市场手段,加快对企业和其他企业实施经济激励措施,例如税收、补贴、价格和财政政策等。

2. 双边贸易需求

市场需求是推动双边产业和企业发展的关键外部因素。如果没有需求,黑龙江自由贸易试验区的发展将会放缓甚至停滞。中俄居民及企业对产品或服务的需求是刺激中俄边境贸易发展的关键推动力。市场需求越大越容易促进企业的发展。俄罗斯主要向我方出口初级资源性产品,中国主要向俄方出口低档的轻工产品及农畜产品,虽然能够满足双方互有需求,但有待挖掘深层次的双边贸易需求。俄罗斯在机械制造、航天航空等领域具有比较优势,我方也有一定实力的装备制造业,双方可以进一步扩展经贸合作范围。

有关金融服务需求领域有待扩展,目前的中俄国际结算工具较为单一,本币结算问题等增加了企业的成本与汇率风险,对金融服务水平和质量提出了要求,要进一步改善。

3. 资源禀赋要素

资源禀赋又称要素禀赋,是指一个国家具有多种生产要素,包括资本、劳动力、土地等要素,其中劳动力和土地资源最为关键。俄方拥有广阔的土地资源、中方拥有丰富的劳动力资源，双方互补，资源禀赋条件是中俄边境贸易发展的基础动力。

7.2.2 内在动力机制

黑龙江自由贸易试验区联动经济发展的内在动力主要来自产业的内在发展，而产业内在发展又是由政策支持下的内在自发动力所推动的。内部动力主要包括企业因素和经济利益因素。

1. 企业因素

在黑龙江自由贸易试验区内，企业都是微观主体，企业是黑龙江自由贸易试验区发展中的具体活动单位，企业参与的意愿与能力具有重要的地位和举足轻重的作用。其中企业的参与意愿、龙头企业的带头作用以及企业的自身实力都可能影响黑龙江自由贸易试验区的政策支持。

(1) 企业参与中俄边境贸易发展的意愿

企业参与中俄边境贸易的经济活动中，他们的参与意愿取决于对风险、成本和预期利益的主观感受。如果公司本身不愿意参与，则意味着政府和企业没有共同的愿景，不可能以积极的态度参与到黑龙江自由贸易试验区发展中来。企业的参与度低，会影响黑龙江自由贸易试验区政策支持的实施。

(2) 龙头企业的带头作用

龙头企业是行业中的领先者，在经济发展中占据主导地位。总体而言，市场份额高、附加值高、科技含量高的龙头企业往往担负着技术创新、开拓市场、引导和组织新能源开发应用的责任，同时也为业内其他公司起到了表率作用。

(3) 企业的自身实力

除政府投入和支持外，黑龙江自由贸易试验区的发展还要求企业在资本、人员和技术方面进行投资，特别是在黑龙江省，与发达地区相比，大企业数量相对较少。这对于黑龙江自由贸易试验区的发展是一个负面因素。

(4) 技术创新能力

创新是推动经济发展的灵魂。创新内容包括技术创新、制度创新、管理创新及组织创新。其中技术创新是指工业生产方法的改进和产品工艺的改进等，是中俄双方企业技术创新与合作能力的体现。因此，生产技术的提高与创新是推动黑龙江自由贸易试验区发展的关键动力。

黑龙江自由贸易试验区的政策支持与技术创新动力的驱动密不可分，技术创新动力源泉来自两个方面：一是技术研发能力。企业从事技术研发需要投入大量资金，需要相应的资金支持及税收优惠政策；二是技术应用能力。只有实现技术成果的商业化和产业化，才能充分发挥技术研究与开发在经济发展中的作用。因而,有必要采取各种方式鼓励技术成果的转化,形成规模经济,最大限度地发挥其应用价值。

2. 经济利益因素

黑龙江自由贸易试验区发展涉及不同的经济主体,体现为政府、企业、市场等之间的关系。不同的经济主体追求利益最大化有利于经济活动的发展,进而促进市场关系的形成和发展。政府、企业及其他经济主体对自身利益的追求是推动黑龙江自由贸易试验区发展的核心动力。

7.2.3 内外互动影响机制

黑龙江自由贸易试验区的发展是内在动力与外在动力相互影响的结果。内在动力与外在动力之间相互影响进而促进黑龙江自由贸易试验区发展。政策支持力度的提升,会刺激扩大双边贸易需求。改善贸易投资环境。通过政策支持力度推动资源禀赋要素中劳动力转移,提供黑龙江自由贸易试验区发展的基础劳动力资源。通过政策支持如税收政策推动企业技术创新,给予税收优惠以及产业政策行业布局的引导,引导企业流向支持的行业类型。

经济利益因素,是黑龙江自由贸易试验区发展的内在动力,利益主体对于各自利益的追求是推动黑龙江自由贸易试验区发展的核心动力。政策支持会引导企业投资的方向和技术创新,财政补贴可为企业技术创新提供资金,从而降低企业创新成本。税收优惠和减税也可以降低开发新产品的成本。因而,财政和税收政策可以降低企业研究和开发的成本,并相应增加技术创新项目的收入,这有利于鼓励企业进行技术创新。内外互动影响机制具体如图 7-1 所示。

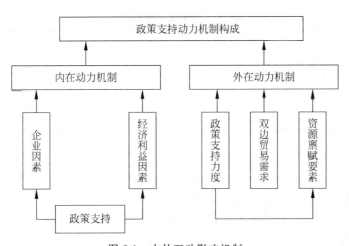

图 7-1　内外互动影响机制

7.3 基于政策支持的动力机制影响分析

通过分析政策支持的动力机制，应用层次分析法确定影响因素的权重，对影响黑龙江自由贸易试验区政策支持动力机制的指标因素进行实证分析。

7.3.1 研究方法

层次分析（analytic hierarchy process，AHP）法是由美国运筹学家 Thomas L. Saaty 提出的一种分层次的权重决策分析方法。这是一种针对没有结构特征，对决策目标有更多限制的，可以将复杂决策问题简化的决策方法。基于对复杂决策问题的内部联系和影响因素的深入分析，决策过程应用一定的量化分析。具体而言，决策者可以将影响复杂决策问题的因素分解，根据隶属关系逐层分解，形成多层次的层次结构，并选取相关学者和专家，在统一层次上比较各因素，构造出判断矩阵。通过数学方法得到各因素的相对权重，并根据最终顺序采取相应的措施。AHP 法多用于解决结构复杂、决策准则多样、难以量化的问题。使用 AHP 法确定指标权重的步骤主要如下。

1. 构造递推层次结构模型

影响最终评价问题的因素分为不同的层次。同一层次的指标相互独立，同时指标以较高层次的指标主导下一层次，形成递归的层次结构模型，具体如表 7-1 所示。

表 7-1 递归层次结构模型

x_1	x_2	x_3	…	x_m
x_{11}	x_{12}	x_{13}	…	x_{1m}
x_{21}	x_{22}	x_{23}	…	x_{2m}
⋮	⋮	⋮	⋮	⋮
x_{n1}	x_{n2}	x_{n3}	…	x_{nm}

2. 建立判断矩阵

判断矩阵是以两种方式比较指标的重要性，使用"1-9"标度表。确定了递归层次结构模型，并确定了指标间的隶属关系。对于同级的 n 个指标，通过对两者重要性的分析，得到了满足以下条件的比较判断矩阵，即 $\boldsymbol{A} = \{a_{ij}\}$。具体如表 7-2 所示。

表 7-2 比较判断矩阵标度

标 度	含 义
1	代表两个因素具有相同重要性
3	代表一个因素略重要于另一个因素
5	代表一个因素较重要于另一个因素
7	代表一个因素相对重要于另一个因素
9	代表一个因素绝对重要于另一个因素
2、4、6、8	代表为以上相邻标度中值
倒数	代表相应两因素交换顺序的重要性比较

3. 各级指标权重计算

依据判断矩阵,计算各级指标权重。

计算判断矩阵每一行因素乘积 M_i:

$$M_i = \prod_{j=1}^{n} b_{ij}, \quad i=1,2,3,\cdots,n \tag{7-1}$$

计算

$$\overline{\overline{W}}_i = \sqrt[n]{M_i}, \quad i=1,2,3,\cdots,n$$

式中,n 为矩阵的阶数。

$$\overline{\overline{W}} = (\overline{\overline{W}}_1, \overline{\overline{W}}_2, \cdots, \overline{\overline{W}}_n)^{\mathrm{T}} \tag{7-2}$$

进行归一化后,W_i 为各项指标的权重系数。

4. 判断矩阵最大特征值

$$\lambda_{\max} = \sum_{i=1}^{n} \frac{(\boldsymbol{A} \cdot \boldsymbol{W})_i}{n \cdot W_i} \tag{7-3}$$

$$\boldsymbol{A} \cdot \boldsymbol{W} = \begin{bmatrix} a_{11} & a_{12} & \cdots & a_{1n} \\ a_{21} & a_{22} & \cdots & a_{2n} \\ \vdots & \vdots & \ddots & \vdots \\ a_{n1} & a_{n2} & \cdots & a_{nn} \end{bmatrix} \cdot \begin{bmatrix} W_1 \\ W_2 \\ \vdots \\ W_3 \end{bmatrix}$$

$$(\boldsymbol{A} \cdot \boldsymbol{W})_i = a_{i1} \cdot W_1 + a_{i2} \cdot W_2 + \cdots + a_{in} \cdot W_n \tag{7-4}$$

5. 一致性检验

一致性指标是评价打分是否合理的重要指标。判断矩阵的评价结果一致性检验的目的是衡量层次的有效性,因为判断矩阵是由相关学者和专家主观经验判断的,不可能实现其完全一致性。通过确定 $C \cdot R$ 来确定随机一致性比值进行判断,$C \cdot R = C \cdot I / R \cdot I$。当 $C \cdot R < 0.1$ 时,表示比较矩阵的判断结果可以被接受,一致性得到满足。在公式中 $R \cdot I$ 表示平均随机一致性指标,与判断矩阵的阶数 n 有关。

(1) 计算一致性指标 $C \cdot I$：

$$C \cdot I = \frac{\lambda_{\max} - n}{n - 1}$$

(2) 又有：

$$\lambda = \frac{1}{n} \sum_{i=1}^{n} \frac{(A \cdot W)_i}{W_i}$$

式中，A 表示判断矩阵；n 代表判断矩阵阶数；W_i 代表相对权重的列向量。

(3) $R \cdot I$ 表示同阶矩阵平均随机一致性指标。

(4) 一致性比率指标 $C \cdot R$：

$$C \cdot R = \frac{C \cdot I}{R \cdot I}$$

式中，$C \cdot R \geqslant 0.1$，表示 A 具有非满意一致性，应予以调整或舍弃；$C \cdot R = 0$，表示 A 具有完全一致性；$C \cdot R < 0.1$，表示 A 具有满意一致性，表示可以接受比较矩阵的判断结果。

具体如表 7-3 所示。

表 7-3 平均随机一致性指标

阶数 n	1	2	3	4	5	6	7	8	9
R_1	0	0	0.58	0.90	1.12	1.24	1.32	1.41	1.45

7.3.2 影响因素指标体系的建立

根据以上分析，建立黑龙江自由贸易试验区政策支持动力机制的影响因素指标体系，具体如表 7-4 所示。

表 7-4 黑龙江自由贸易试验区政策支持动力机制的影响因素指标体系

指标分类		具体指标	指标含义
外在动力机制因素	政策支持力度因素	1. 政策导向	
		2. 财税政策	包含财政资金支持、公共物品供给、关税政策、增值税、所得税政策、税收优惠政策等
		3. 金融政策	包含离岸金融发展、政策性金融服务、人民币国际化等
		4. 产业政策	包含产业扶植行业、产业发展规划等
		5. 法规政策	包含政策环境、政策体系等
	市场需求因素	6. 产品需求	反映对俄产品的需求
		7. 服务需求	反映有关部门对俄贸易企业的服务
	资源禀赋因素	8. 劳动力	
		9. 资本	
		10. 土地	

续表

指标分类		具体指标	指标含义
内在动力机制因素	企业因素	11. 企业的参与意愿	
		12. 龙头企业的带头作用	主要为具有行业领导力的区域知名企业
		13. 企业自身实力	反映企业资产实力、品牌价值等
		14. 技术创新	反映中俄双方企业技术创新与合作能力
	经济利益因素	15. 政府利益	
		16. 企业利益	
		17. 其他利益主体	中介组织机构

7.3.3 对影响因素的实证分析

为了对表7-4中建立起来的影响黑龙江自由贸易试验区政策支持动力机制的因素进行分析，综合考虑各种评价方法利弊，采用层次分析法进行实证研究，对影响因素重要程度排序，选取影响较大的因素，以期对后面章节的中俄边境贸易政策支持的实证分析打下坚实的基础。

利用上述方法，由专家对指标体系进行打分评价，然后运用MATLAB 7.0软件进行计算，得到各子系统内各项指标权重，具体如表7-5所示。

表7-5 黑龙江自由贸易试验区政策支持动力机制的影响因素指标体系权重

指标分类		具体指标	指标权重		
			组内权重	总体权重	排序
外在动力机制	政策支持力度因素 0.3518	1. 政策导向	0.2771	0.0975	2
		2. 财税政策	0.2619	0.0921	4
		3. 金融政策	0.1153	0.0406	1
		4. 产业政策	0.1343	0.0473	10
		5. 法规政策	0.2114	0.0744	5
	市场需求因素 0.1647	6. 产品需求	0.4194	0.0691	6
		7. 服务需求	0.5806	0.0956	3
	资源禀赋因素 0.1997	8. 劳动力	0.1549	0.0309	15
		9. 资本	0.2915	0.0582	8
		10. 土地	0.5536	0.1106	12

续表

指标分类		具体指标	指标权重		
			组内权重	总体权重	排序
内在动力机制	企业因素 0.1772	11. 企业的参与意愿	0.3535	0.0627	7
		12. 龙头企业的带头作用	0.3095	0.0549	9
		13. 企业自身实力	0.203	0.036	13
		14. 技术创新	0.134	0.0238	17
	经济利益因素 0.1065	15. 政府利益	0.409	0.0436	11
		16. 企业利益	0.2678	0.0285	16
		17. 其他利益主体	0.3232	0.0344	14

通过 AHP 方法确立了影响指标权重系数，按照影响的重要程度排名在前5名的指标是政策支持力度因素 0.3518、资源禀赋因素 0.1997、企业因素 0.1772、市场需求因素 0.1647、经济利益因素 0.1065。可见，政策支持力度因素是影响黑龙江自由贸易试验区政策支持动力机制的最主要因素。对具体指标的权重计算中，要求专家分别按照上面五大类因素进行组内指标重要性打分，然后运用层次分析法计算出组内权重；组内权重与上述五大类因素权重进行相乘，计算出总体权重，也就是每一个指标在整个影响因素指标体系中的权重。

依据总体权重可以对所有指标的影响因素进行排序，可以得出，打分在前10名的影响因素中政策支持因素所占比例较高，这些因素和黑龙江自由贸易试验区政策支持的关系密切。

7.4 黑龙江自由贸易试验区联动区域经济发展政策支持的协调机制

积极构建多元化、多层次的政策协调机制，为黑龙江自由贸易试验区发展提供政策和法律支持。政策支持的协调机制的建设不是一蹴而就的，法律法规的完善需要一个长期的过程。中俄边境贸易政策支持的协调机制既可以促进两国的经贸合作，也为黑龙江自由贸易试验区提供了一个良好运行环境。

7.4.1 政策支持协调机制目标

政策支持的协调机制以"服务中俄边境贸易投资合作，有效减少或解决区域内投资争端"为宗旨，通过各种渠道与多样化方式，以减少或解决黑龙江自由贸易试验区的投资摩擦和争端。政策支持协调机制的构建目标包含短期目标和长远目标两个部分：短期目标是在黑龙江自由贸易试验区发展中有效减少贸易摩擦，降低协调成本及双方的经济损失；长期目标是为黑龙江自由贸易试验区的投资领域发展创造良好的营商环境。

7.4.2 政策支持运行模式的原则

自由贸易试验区政策支持运行模式的原则，就是中俄边境贸易发展政策支持的指导思想与准则，是推动中俄边境贸易政策支持的有效保证。政策支持运行模式的原则主要包括注重效率与公平、协商一致与灵活务实、全面协调与渐进发展三个方面，三者之间的关系如图 7-2 所示。

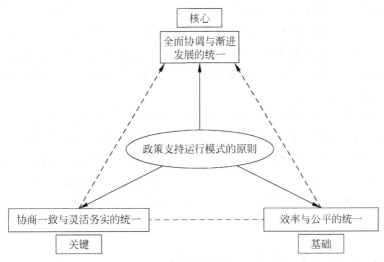

图 7-2 政策支持运行模式的原则

1. 效率与公平的统一是基础

自由贸易试验区建设的政策支持，不仅要体现为促进中俄边境贸易发展的资源优化配置、推动收入分配的公平，同时还要考虑推动双边贸易发展，并实现经济效率的提升。因此，经济效率没有得到提升，即便实现公平，政策支持也失去了原有的意义，但同时也要考虑到不能失去公平，否则影响中俄边境贸易的资源配置及经济发展。总之，自由贸易试验区的政策支持，既要实现经济效率的提高，又要考虑边境贸易政策支持的公平，努力实现效率与公平的统一。

2. 协商一致与灵活务实的统一是关键

政策的支持是自由贸易试验区建设长远发展的重要保障，协商一致意味着中俄双方就中俄边境自由贸易政策支持形式与内容，通过对话、磋商、交换意见来达成双方共识。同时，也要看到中俄双方在政治、经济、文化、社会等方面存在的较大差异,除了协商一致,还要考虑灵活务实的方式,比如投资、服务等领域问题,必须考虑实际情况。

3. 全面协调与渐进发展的统一是核心

自由贸易试验区建设的政策支持必须坚持全面协调、渐进发展的原则,既循序渐进,立足现实,采取切实可行的方式,又要考虑前瞻性和发展性。

7.4.3 政策支持运行模式的政策确定

1. 政策咨询阶段

政策咨询是为了客观地反映中俄边境贸易的发展,为自由贸易试验区的建设提供参考。为政策制定者提供及时、客观、可靠的信息,为自由贸易试验区发展和相关政策的制定提供科学的参考,可以直接参与政策进程的前端,作为政府政策活动的信息系统和咨询系统。为政策制定提供全方位的信息和智力支持。为政府决策提供更高层次、更系统、更有价值的策略性政策建议及意见。

2. 政策制定阶段

由于中俄边境贸易的政策属于双边政府行动的决策过程,因此存在政策咨询机构适当参与的政策制定过程。政策出台前,政策制定双方都需要相关部门和社会的建议。咨询机构可以对政策制定的合理性、可行性等进行科学评价。包括政策目标是否具有明确性,政策是否具有稳定性,政策监管是否适当,根据客观经济形势选择和确定政策,对经济形势的政策制定做出判断,时间是否准确等。

7.4.4 政策支持运行模式的选择

自从俄罗斯加入WTO,中俄经贸合作取得了长足发展。进一步消除了中俄之间的关税和非关税壁垒,有利推动了双边政策协调,为两国贸易的发展提供更广阔的空间。同时,通过双方的定期磋商和谈判,由单一的经济合作区转变为区域经济一体化的高级贸易形式。

政策制定的主体是政府,因而中俄边境贸易发展中政府的作用模式需要界定。政府的作用主要体现在两国贸易政策的协商,中国政府要与俄罗斯政府充分协商与合作,以WTO成员方的身份要求俄罗斯改变以往的海关贸易壁垒。与此同时,中国政府应该在中俄边境贸易方面应给予最大限度的海关优惠政策,缩短通关时间、减少通关手续流程,按照WTO的准则进行相应的检验检疫,使俄方向WTO的要求逐步靠近。中俄边境自由贸易区内的海关政策要做到公开透明,程序公平,进出口企业都能充分享受自由贸易区的低税收政策,降低"灰色清关"发生的可能性。

1. 市场模式

随着中俄边境贸易发展及贸易全球化的逐渐深入,运用财税政策、金融政策、产业政策等积极引导中俄贸易企业发展。目前,财政政策在支持中俄边境贸易发展的过程中大多数是采用无偿财政补贴的形式,企业受益面小。可以考虑建议财政专项扶植基金,改变无偿使用财政资金模式,建立融资担保、融资风险的财政资金有偿使用方式。但是此种有偿模式以保本、微利、激励为原则,目的是调动中俄边境贸易企业的积极性,充分发挥财税、金融、产业政策的政策导向作用。

2. 新型模式

要将传统贸易政策中政府作为主导、市场作为辅助的支持模式转化为新型贸易发展进程中政府引导型的多样化的政策支持模式,必须转变政府角色,借助于市场机制,逐渐发挥市场作为主体在政策支持方面的作用。在加大财政投入的同时,要充分激发中俄边境地区内的各类投资者和经营者共同投入建设的积极性,提高支持的力度,促进中俄边境贸易的协调发展。

7.4.5 财税政策支持运行模式

1. 财税政策支持运行模式的理论依据

财政是国家行为的重要体现,是政府通过征税的形式集中一部分国民收入来满足全社会公共需要的收支活动的体现,以实现其资源优化配置、公平分配,经济稳定发展目标的职能。财政政策主要通过政府投资、税收政策、财政补贴等形式,为政府向社会供给公共物品提供经费与资金支持,引导资源的合理分流,矫正市场失灵的缺陷,最终在全社会实现资源配置的优化。财税政策支持中俄边境贸易发展的理论依据是市场机制存在缺陷,通过财税政策宏观调控弥补不足,主要从财政支出、政府间转移支付以及税收正常的替代效应与税收优惠政策角度进行分析。

政府间转移支付的理论依据主要体现为财政补贴力度与层次,提升国家对中俄边境贸易发展的财政补贴和预算拨款项目的投入力度。为形成对外贸易的良好产业链,打造对外贸易的优势产业,国家各级财政部门都可以对中俄边境地区内的阳光优势产业进行财政补贴。财政补贴的形式可以多样,但主要用于新技术、新产业、创新性较强,未来有着较好的发展前景的企业进行补贴。对于中俄边境地区内大型工业园或者对外贸易建设的项目可以纳入国家战略规划体系,设立专项基金,明确资金的用途与额度,恰当运用BOT模式推动建成固定财政收入投入与稳定的收入增长机制。

在自由贸易试验区建设中,财政支持的作用是不可替代的,不仅在一定程度上可以弥补市场机制的缺陷,而且有助于推动中俄边境贸易顺利发展。公共物品供给不足,不利于中俄边境贸易的发展,需要财政发挥作用。公共物品的投入不足,会成为中俄边境贸易区内优势产业的发展瓶颈,不利于中俄边境贸易发展。因此,必须充分发挥财政的调节作用,为中俄边境贸易发展提供充足的公共物品。财政的资源配置职能,影响着社会资源在不同地区与不同产业部门之间的配置,对于弥补市场机制在资源配置方面的缺陷,有着一定的积极作用。

2. 财税政策支持运行模式的博弈分析

利用博弈论来分析中俄边境贸易的财税支持的原理。从边境贸易财税制度支持的意义和作用角度出发,可以把边境贸易的财税政策支持看成是一种区域性的公共物品的提供。参与边境贸易的财税政策支持的主体国家为2个,即X和Y,原有收益为x_1和y_1,若财税政策支持获得收益为x_2和y_2,假设单独一方决策时的支持成本为c,如果双方共同支持,则平均分担支持成本为$c/2$。只要$x_1-c \geq 0$、$y_1-c \geq 0$、$x_2-c \geq 0$、$y_2-c \geq 0$,则博弈双方面临的支持矩阵如图7-3所示。

X \ Y	财税政策不支持	财税政策支持
财税政策不支持	y_1 x_1	$y_1+(y_2-c)$ x_1+x_2
财税政策支持	y_1+y_2 $x_1+(x_2-c)$	$y_1+(y_2-c/2)$ $x_1+(x_2-c/2)$

图 7-3 中俄边境贸易财税政策支持博弈分析

3. 囚徒困境出现的概率

考虑到X和Y各自独立决策,彼此之间没有相互交流的机会。在图7-3中,如果X和Y都同时采取财税政策不支持的策略,那么两国的收益明显要小于一方协调而另一方不协调的情况,这个收益对每一方都是次优的。因而,当每个博弈者采取不支持策略时,即X和Y均采取财税政策不支持,囚徒困境就出现了(x_1,y_1),但这种出现的概率极低,囚徒困境并不是总能出现。

4. 单个主体的行为研究

考虑非零和博弈情形及信息的相互交换和重复博弈,是一种更符合边境贸易现实的情形。非零和博弈同时包含参与合作的因素,达到一个效用总和相对更高的结果是符合参与者的共同利益的,这是区域经济合作一体化不断发展过程中国际经济合作关系存在并不断深化的基础。对于X或者Y单个主体而言,各自的最优选择是在考虑对方决策之后做出与对方相反的决策,避免陷入囚徒困境的可能。只要其中一方选定策略,另一方的最优选择都是既定的。博弈会产生对各博弈方不同的两种博弈均衡结果,对于 X,结果是 (x_1+x_2) 或者是 $x_1+(x_2-c)$,同理 Y 的结果对于图 7-3 分析,可以看到如果 X 选择支持,Y 的最优选择是不支持,因为 $y_1+y_2 \geqslant y_1+(y_2-c/2)$,同理如果 Y 选择支持,X 的最优选择是不支持,因为 $x_1+x_2 \geqslant x_1+(x_2-c/2)$,如果一方采取政策支持另一方采取搭便车是最优选择。这点充分说明了积极发展边境贸易的一方可能要为边境贸易的发展做出贡献,不选择免费搭乘,甚至可能愿意让另一方免费搭乘,体现了一定程度上率先让步和合作。

5. 财税政策协调博弈

现实中双方经济具有极大互补性、依赖性,参与博弈主体的一方不会选择做一个免费搭乘者,因此,考虑博弈双方都采取财税政策支持,单方收益会有所不同,但是对于边境贸易整体来说,两种情形下的总收益一致,即

$$
\begin{aligned}
& [x_1+(x_2-c/2)]+[y_1+(y_2-c/2)] \\
&= [x_1+(x_2-c)]+(y_1+y_2) \\
&= (x_1+x_2)+[(y_1+y_2)-c] \\
&= [(x_1+x_2)+(y_1+y_2)-c]
\end{aligned} \tag{7-5}
$$

总之,中俄边境贸易发展的财税政策支持是一种支持博弈。虽然有可能陷入囚徒困境,也可能存在免费搭乘现象,但是博弈双方要是能从整体利益考虑,以及考虑发展边境贸易给彼此带来的长期利益,会采取共同行动应用财税政策支持中俄边境贸易的发展。

7.4.6 金融政策支持运行模式

金融政策对于边境贸易发展的影响机理。贸易融资是基于进出口贸易背景条件下,银行对进出口企业的一种短期资金融通行为。贸易融资体现了金融机构的资金融通能力,能为边境贸易企业提供信贷支持;强化了金融服务能力,支持对俄贸易企业"走出去"战略,提供与"走出去"企业相适应的专业化、全方位的国际化服务水平,不断提升金融机构为企业的服务能力与水平。对于境内机构境外投资的融资提供政策支持,有助于增强与国外企业竞争的实力。

1. 金融政策支持运行模式的理论依据

自由贸易区的标志特征是贸易自由化、投资服务便利化、外资准入门槛低。中俄边境贸易的发展,迫切需要相关的金融政策予以支持,保证中俄边境贸易健康、持续发展,最终建立中俄边境自由贸易区。

2. 金融政策支持运行模式的博弈分析

根据完全信息条件下的静态模型,参与中俄边境自由贸易化的国家为中国

与俄罗斯两个国家,即参与国 $n=2$。

若两国之间不合作,不采取金融政策支持,各方均按利润最大化决定其贸易量。假设资源充足,则决策问题为

$$\begin{cases} \max \pi_y, \quad y=1,2,\cdots,n \\ \sum_{x=1}^{n} S_{xy}\mu S_x \end{cases} \tag{7-6}$$

若两国之间合作,采取金融政策支持,各方的贸易量按照在同一市场上共同利益最大化的原则确定。假设合作协商制定商品的最低价格为 P_1,最高价格为 P_2,则决策问题为

$$\begin{cases} \max\left(\sum_{x=1}^{n}\pi_x\right), \quad x=1,2,\cdots,n \\ \sum_{x=1}^{n} S_{xy}\mu S_x \\ P_1\mu P_{xy}\mu P_2 \end{cases} \tag{7-7}$$

假定开设贸易自由化的金融服务部门为一个,即 $w=1$,S_x,S_y 为双方金融服务部门提供金融支持产生的服务贸易流量;P 表示部门均衡价格,C 表示生产成本,π 为金融部门提供服务产生的贸易利润额。则一方生产成本为 $C_x=\dfrac{bS_x^2}{2}$,另一方生产成本为 $C_y=\dfrac{bS_y^2}{2}$,$b>0$,则逆需求曲线函数为 $P=a-(S_1+S_2)$,$a>0$。根据供需理论 $\pi_{xy}=P_xS_{xy}-C_{xy}$,中俄双方利润函数为 π_x,π_y。

$$\pi_x=f_x(S_x)=S_xP-C_x=S_x[a-(S_x+S_y)]-\frac{bS_x^2}{2} \tag{7-8}$$

$$\pi_y=f_y(S_y)=S_yP-C_y=S_y[a-(S_x+S_y)]-\frac{bS_y^2}{2} \tag{7-9}$$

中俄双方的选择策略为合作与不合作,即金融政策支持与不支持。由博弈论基本原理,可以得出不合作时的求解为纳什均衡,即 $(\overset{*}{S}_x,\overset{*}{S}_y)$,在纳什均衡前提下产量需要满足如下条件:

$$\begin{cases} f_x(\overset{*}{S}_x) \geqslant f_x(S_x) \\ f_y(\overset{*}{S}_y) \geqslant f_y(S_y) \end{cases} \tag{7-10}$$

求出最优解如下:

$$\begin{cases} \dfrac{\partial \pi_x}{\partial S_x}=a-(S_x+S_y)-S_x-bS_x=0 \\ \dfrac{\partial \pi_y}{\partial S_y}=a-(S_x+S_y)-S_y-bS_y=0 \end{cases} \tag{7-11}$$

求解纳什均衡为

$$S_x^* = S_y^* = \frac{a}{3+b} \tag{7-12}$$

解纳什均衡利润额为

$$\pi_x = \pi_y = \frac{a^2(2+b)}{2(3+b)^2} \tag{7-13}$$

如果中俄双方采取金融支持模式并且积极合作协调,则博弈目标为

$$\max_{S_x,S_y} \pi = \max_{S_x,S_y}(\pi_x + \pi_y) = f_x(S_x,S_y) + f_y(S_y,S_x)$$

$$= (S_x + S_y)[a - (S_x + S_y)] - b\frac{(S_x + S_y)^2}{2} \tag{7-14}$$

利润额如下:

$$\begin{cases} \dfrac{\partial \pi_x}{\partial S_{xy}} = 0 \\ \dfrac{\partial \pi_y}{\partial S_{yx}} = 0 \end{cases} \tag{7-15}$$

$$\pi = \pi_x + \pi_y = \frac{a^2}{4+b} > \frac{a^2(2+b)}{2(3+b)^2} \tag{7-16}$$

通过以上分析,可以看出,非合作博弈解不是帕累托最优状态解。中俄双方在这些解决方案的基础上,双方仍有改进的可能,而基于金融支持的合作博弈则是帕累托的最佳状态解决方案。在非合作博弈和合作博弈的条件下,分别通过矩阵解得到 S_x 和 S_y 值,中俄双方贸易量均有增加。此模型为金融政策支持中俄边境贸易发展提供了理论依据。

7.4.7 产业政策支持的运行模式

1. 产业政策支持运行模式的路径

政府的政策对于产业政策支持的运行模式路径如图 7-4 所示,政府的作用优势就在于可以进行宏观调控,区域产业的重新布局将在短时间内实现,这一政策可能产生一些不利因素,从而导致资源利用率低。另一项政策措施就是通过影响企业的外部竞争环境间接影响产业再分配。虽然这一政策在短期内效果不明显,但有利于区域产业的长远发展,属于宏观层面的中长期政策措施。

2. 产业政策支持运行模式的作用机制

产业政策支持运行模式的作用机制通过宏观调控和优化产业结构,提高产业核心竞争力,增强国家整体经济实力。选择适合中俄边境贸易发展的主导产业是优化产业结构的重要手段。选择好主导产业是区域经济发展的关键。其

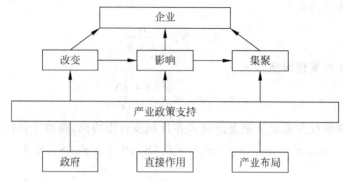

图 7-4　产业政策支持运行模式路径

他产业政策应与产业结构政策相协调,优化资源配置。

产业政策主要是由政府制定的直接相关政策影响产业供需,推动产业结构合理化及升级改造。同时政府制定的间接政策,如优惠贷款、税收减免等,将通过不同渠道影响相关产业的供求。主导产业是产业政策支持的重点,是推动地方经济发展的重要支点。传统产业是经济发展的基础,其中大部分是高耗能产业,要注重资源的充分合理利用和环境的可持续发展。

在自由贸易试验区建设中,主导产业、传统产业和弱势产业具有不同的地位和功能,又互相具有不可替代性。产业政策支持的产业发展方向,如图 7-5 所示。产业发展的主导力量是主导产业,它可以推动传统产业的升级和弱势产业的转型。传统产业和弱势产业在某些程度上为主导产业发展提供了生产基础资料和发展保障,是主导产业发展的重要节点。合理调整三大产业的结构比例和资源配置关系,协调主导产业、传统产业和弱势产业之间的互动关系,是产业结构政策的核心要点。

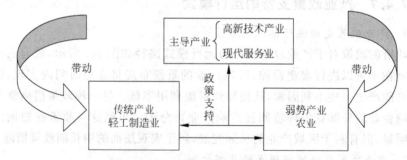

图 7-5　产业政策支持的产业发展方向

产业政策对自由贸易试验区的支持作用主要体现在三个方面:一是有利于中俄边境地区要素禀赋的优势互补,如发挥俄罗斯远东地区油气资源充裕的优势,与中国东北地区的基础设施和人力资源优势,在边境贸易、产能合作、交通基础设施建设等方面实现优势互补,促进两国边境地区的经济发展。二是有利于国际贸易规模的扩大,产业政策推动产业结构调整,进而实现产业国际竞争力的提升,这种提升主要是两国依托各自的资源禀赋,发挥比较优势的结果,随着产业国际竞争力的提升,两国相互之间的自由贸易需求增加。三是有利于科学技术创新,尤其是电子信息产业的科技创新,将减少交易的中间环节,增加交易的效率,节省交易费用。以上三个方面既是产业政策的作用结果,同时也是产业政策支持推动边境贸易发展的重要手段,具体作用如图 7-6 所示。

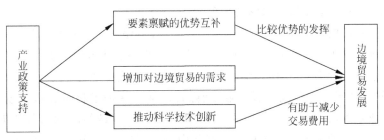

图 7-6 产业政策对边境贸易的支持作用

(1) 要素禀赋的优势互补

合理的产业政策支持有利于在中俄边境地区形成协调互补的产业结构,以及产业价值链的合理分布,有利于两国边境地区要素禀赋的充分利用和取得更高的附加值。俄罗斯远东地区的禀赋优势主要体现在石油、天然气和有色金属三个方面:其中石油、天然气剩余储量为 64 亿 t,油气基础设施较好。俄罗斯远东地区的金、银、钨、铜、锡矿储量和预测资源量均居俄罗斯第一位,从整体上看,远东地区的矿产储量及潜力巨大,开发利用程度较低,虽然存在基础设施差、人才匮乏等不利因素,但仍然极具开发利用价值。而我国东北地区在基础设施和人力资源方面与俄罗斯远东地区相比具有明显优势。产业政策的重要作用就是发挥要素禀赋的比较优势,形成特色产业或者在国际产业价值链中占据合理位置。比较优势的发挥和动态演变离不开对外经济交往,产业政策正是通过要素禀赋优势的充分利用,依托对外经济交往,来获取产品和服务附加值的。所以毋庸置疑的是,产业政策的实施是以对外贸易为导向的,随着贸易需求的扩大,提出减少贸易壁垒是建设自由贸易区的必然要求。

(2) 产业政策与对外贸易

产业政策是国家制定的,以引导产业发展方向、调整产业结构和推动国民经济健康发展为目标的一系列政策。它的主要手段有国民经济计划、产业结构调整计划、产业扶持计划、项目审批等。从产业政策的定义来看,它是用一种市场机制之外的具有国家意志属性的政策机制来推动产业结构优化的,其最终目的在于通过调整产业结构,增强国内产业的竞争力,提高在世界市场上的占有率,获得更多的超额利润,为国内企业带来更多利润,为消费者带来福利的增长。产业竞争力的提升是产业政策的核心追求,而竞争力的大小主要体现在对外贸易中的盈利能力。在提升我国东北地区和俄罗斯远东地区的产业结构,促进两国边境地区居民和企业对外经济交往能动性方面,只有实施切实有效的产业政策,形成中俄在边境地区各具特色、各有优势的产业集群,才能让两国边境贸易主体提升交易的自主性,减少贸易壁垒,最终构建起边境自由贸易区。

(3) 产业政策支持与科学技术的发展

目前我国的产业政策内含于创新驱动发展战略之中,强调改变原有依靠投资和廉价劳动力拉动的经济发展模式,让更多的科学技术创新要素和高端人力资本要素投入社会生产实践当中,实现产业的高端化。产业政策通过去除落后产能,扶持新兴产业和现代服务业,增强各产业掌握前沿科技和自主创新的能力。产业政策对中俄边境贸易的支持,体现在由产业政策驱动的科技创新,尤其是交易技术的创新,将减少国际贸易中询盘、还盘、议价、签订合同、货物装运、保险、清关等一系列流程中的交易成本,促进交易效率的提高。产业政策正是通过这种方式为自由贸易区建设提供了软件支持,并由此增加了国际贸易的规模,吸引越来越多的企业借助自由贸易区平台进行对外经济交往。

(4) 对中俄边境地区企业的激励作用

我们知道,中俄边境贸易发展的主体是在该区域内进行对外经济交往的企业和个人,驱动对外贸易的主要因素是对外贸易和国内贸易利润之间的差值,差值越大,国内企业进行进出口贸易的激励就越大,另外一个需要考量的重要因素是对外贸易与内贸之间便利程度的区别。首先,对外贸易与国内贸易之间潜在赢利水平的差距,在很大程度上源于各国产业扶持政策,需要在促进优势产业或潜在优势产业发展方面,有的放矢地进行产业结构调整;其次,各个经济单位的心理预期受到产业政策导向的影响,正如企业会在产品研发、设计阶段开始着手销售渠道的建设,产业政策导向激励着潜在贸易需求的产生,尤其是差别化产品在流通领域的获利水平,因其技术含量和差异度的提高而提高。综上所述,产业政策通过预期的贸易需求,为贸易主体参与中俄边境贸易带来了激励效应。

(5) 地方政府绩效的提升。

对于边境地区的地方政府而言,顺应国家制定的产业政策,结合当地的要素禀赋和原有产业结构特征,因地制宜地进行产业结构优化升级,促进当地主导产业或者特色产业的快速发展。事实上,这种区域产业政策,其最终目的在于让当地企业在国内贸易和国际贸易中获取更多利润和市场份额,带来当地税收和社会福利或者统称为政府绩效的提升。产业政策是供给政策,而搭建对外贸易和国内贸易渠道是需求政策,地方政府有激励在供给侧实施改革,也有激励为企业搭建自由贸易区平台,在供求两个方面为企业服务,这与政府自身的目标是一致的。

7.4.8 法规政策支持的运行模式

1. 法规政策支持运行模式的路径

与中俄边境贸易相关的法规政策包括:中俄两国缔结的国际条约和元首会晤机制,中俄两国国内的相关立法和行政条例。中俄边境自由贸易区建设倡议一般由两国国家元首共同提出,通过会议文件或国际条约的形式为自由贸易区建设背书。另一个支持因素是两国针对自由贸易区的企业注册机制、产品准入机制、贸易条例等的单独立法或提出的规章制度。除了国际法和国内法的支持因素外,两国相关的贸易条例之间的匹配程度,也是重要因素。首先就是各国要以国际条约或经济协作伙伴关系为其合法性背书。两国共同建设的自由贸易区对于区内贸易企业来说,提供了基本的保障,区内企业由此可以在合法的框架下进行经济交往。1996年,中俄两国初步形成了战略协作伙伴关系,2001年签订《中俄睦邻友好合作条约》,两国战略协作伙伴关系得到了进一步巩固和提高,并且两国建立了总理定期会晤机制,为彼此间交流和合作发展起到了积极的推动作用。2019年,中国国家主席习近平同俄罗斯联邦总统普京签署《中华人民共和国和俄罗斯联邦关于发展新时代全面战略协作伙伴关系的联合声明》和《中华人民共和国和俄罗斯联邦关于加强当代全球战略稳定的联合声明》,将两国关系提升为"新时代中俄全面战略协作伙伴关系"。这是中国对外双边关系中首次出现"新时代全面战略协作伙伴关系"的新表述、新定位,意义重大,含义深远。

2. 法规政策支持运行模式的作用机制

(1) 中俄两国国内法规政策的协调

中俄两国国内法规政策的协调对自由贸易区建设起到积极推动作用。相关的法规政策如自由贸易区的企业准入政策、贸易纠纷的处置政策、对自由贸易商品种类的限制政策等,对中俄边境自由贸易区的建设起到非常重要的作用。两国相关法规政策的协调与否,直接影响自由贸易区的贸易结构、发展规模和方向,中俄两国相关贸易法规政策协调度越高,则支持中俄边境自由贸易区建设的作用越强。第一,企业准入政策的协调,有利于多元化企业进入自由贸易区,在互相竞争与合作中进行商品、人员和技术的多方位互动,从而实现规模效应和技术的溢出效应。第二,贸易纠纷的处置政策,涉及贸易纠纷时,难免各国对本国贸易商有偏袒的倾向,但这往往造成旷日持久的调解、仲裁乃至诉讼的博弈过程及高昂的代价,所以两国处理贸易纠纷的法规政策是否协调和公平、公正,就成为影响自由贸易区建设、发展的重要因素之一。第三,对自由贸易商品种类的限制政策等,由于自由贸易区内实行零关税,一些国家或地区会事先将其他国家的强势产业或本国的弱势产业排除在自由贸易区之外,如欧盟对粮食贸易中的安排。但这种保护弱势产业的安排不能过多,否则会导致只有极少数商品进入自由贸易区,只有少数商品和少量交易的自由贸易区的存在意义势必受到削弱。

(2) 法规政策与自由贸易实践的匹配程度

法规政策与自由贸易实践的匹配程度深刻地影响着自由贸易区的建设和发展。首先,滞后的法规政策会严重制约自由贸易区的构建,如果企业或个人在自由贸易实践中由于法规的不完善,面临财务损失或技术外泄的风险而得不到相应的保障,由于保障的缺失,很多企业最初就不会进入自由贸易区进行对外贸易,反倒是一些不良企业会主动进入,造成自由贸易区经济交往环境的恶化。这一点可以用序贯博弈来说明,博弈过程如图 7-7 所示。

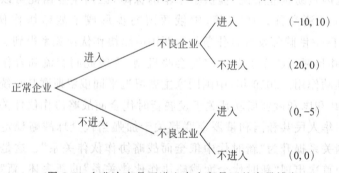

图 7-7　企业决定是否进入自由贸易区的序贯博弈

如图 7-7 所示,若自由贸易区相关的法规政策存在滞后性,或者说存在漏洞,那么企业决定是否入驻自由贸易区时就面临一个序贯博弈。假设有两家企业,一家正常企业和一家不良企业。正常企业决定进不进入,需要考察不良企业的反应和由此带来的收益。正常企业选择进入时,不良企业的最优决策也是进入,两家企业的收益分别为(−10、10),考虑到这一点正常企业应在法规政策严重滞后时,选择不进入自由贸易区,从而不良企业也选择不进入,最终的结果是自由贸易区建设的失败。所以根据以上论述,我们知道只有法规政策与当前自由贸易区实践相匹配,才会推动自由贸易区的建设和长远发展。

7.4.9 财税金融政策协调支持的运行模式

1. 财税金融政策协调支持运行模式的理论依据

基于财税金融政策在中俄边境贸易发展中的支撑和推动地位，分析财税金融政策在中俄边境贸易发展中产生的效应问题。通过不同视角进行分析财税金融政策的相互渗透和协调对中俄边境贸易发展能起到正的效应。

在中俄边境贸易发展中，市场要素在市场机制中自由组合与配置，容易导致市场失灵与负外部效应，即单纯的金融政策调节容易偏失。公共物品的供给方式主要有政府供给、市场供给、资源供给等。在社会资源配置中，政府供给公共物品属于第一层次的供给机制，通过政府公共财政支出安排；市场供给机制属于第二层次的供给机制，体现为以盈利为目的，以收费方式补偿支出；自愿供给机制属于第三层次的供给机制，强调自愿为基础，以公益形式的供给。

由于公共物品本身具有非排他性与非竞争性的特性。中俄边境贸易的公共物品供给具有特定区域性，以及显著的外部效应溢出性，同时供给与需求主体复杂，需要合理设计。例如，在边境自由贸易区建立中，环保、卫生等纯公共物品的供给及准公共物品供给如机场、公路、铁路等基础设施的建设，都存在着"免费搭车者"现象。既要看到市场竞争的优越性，也要充分考虑到市场机制的缺陷，合理界定政府的助推作用。市场失灵的另一表现为存在外部效应。如某个人或企业产生了负面影响，却没有承担相应的责任，即负外部效应，或某个体或企业的一些经营行为或活动对其他人或其他企业带来了利益却没有取得相应的报酬，即正外部效应。中俄边境贸易发展中的外部效应问题表现为有些企业的生产行为产生的环境污染问题，以及有些企业的进入给其他企业或社会带来相应的经济利益问题，需要有关部门合理界定需要承担的责任或应获得的利益。

通过以上分析可以看出，公共物品的供给不足，不利于中俄边境贸易发展，需要财政的作用发挥。公共物品的投入不足，会成为边境贸易区内优势产业的瓶颈，同样不利于中俄边境贸易发展。因此，必须充分发挥财政的调节作用，提供充足的公共物品，为边境自由贸易区的建设提供基础保障。运用财税政策有效治理市场失灵，有利于推动边境贸易发展，建立财税政策支持体系。

2. 交易成本角度的运行模式

在中俄边境贸易发展中寻求财税金融政策"互嵌互融"状态，与合作效应互补可能性的存在，以及对中俄边境自由贸易区建立的推动作用。

（1）外生交易成本

分析财税政策主导型和金融政策主导型的功能差异，以及两者之间合作实现"互嵌互融"的可能。在中俄边境自由贸易区建设的初期，企业外源融资渠道主要依靠金融机构的信贷融资，对财税政策的关注点低，同时金融机构对于调剂短期融资作用功效十分明显，解决企业的流动资金问题，降低交易成本。仅仅依靠金融机构信贷融资的问题也将逐渐显现出来，金融机构主要支持企业低风险、低收益的项目，企业利息较高，导致企业利润下降；对于高风险、高收益的项目支持力度低，不利于企业创新。而财税政策的支持更多与企业长期发展相联系。对于企业长远发展给予政策支持，同时鼓励企业创新。通过金融政策与财税政策的各自比较优势及二者"互嵌互融"，可以为企业提供更多政策导向，降低企业财务困境危机。

(2) 不对称信息环境

在中俄边境贸易发展中，由于法律环境、产业政策、企业信息披露机制的缺失，财税政策在解决信息不对称问题上相对于金融政策具有比较优势。目前已实施"五证合一"制度，使得财税部门对于企业信息掌握比较完备，具有信息收集与处理优势，尤其是对于行业类型企业的政策支持有较明确的目标方向。也使得一些大企业开始转向寻求财税政策支持，二者出现了替代性。金融政策在处理信息问题上主要是依靠信贷关系，在一定程度上弥补了财税政策信息传递不足，可见财税政策与金融政策互补性的存在。

3. 技术进步角度的运行模式

通过不同视角下对于财税政策主导型及金融政策主导型两种结构功能的比较分析，证实两种结构模式的相互渗透、合作和协调能对中俄边境贸易发展起到正的效应。

如果模型假设一个不确定的环境，它假设经济中的各方都是[0,1]。每个人的劳动禀赋 $L_i=1$，并且平均分享经济中现有的资本存量 K。假设寿命无限的一方具有寿命效用函数 $\int_0^\infty e^{-\rho t} \ln C dt$，即瞬时效用函数、时间偏好率为 ρ 和 k 为股本。假定经济主体作为生产者、消费者和储蓄者不能为自己融资。所有各方的劳动禀赋都与其他各方的资本挂钩，直接参与生产的当事人以下标 i 表示，当事人总和为 $\int_0^r d_i = r$，简单生产函数为 $y_i = k_i^a$。

间接参与生产的当事人以下标 j 表示，假设不考虑资本折旧，每单位劳动与资本结合产生 β_j 当事人总和为 $1-r$。

假设不确定性仅来自中间产品的生产技术，即

$$\tilde{\beta}_j = \begin{cases} h, \text{依概率}, \pi \\ 1, \text{依概率}, 1-\pi \end{cases} \tag{7-17}$$

若考虑劳动工资，即

$$\widetilde{W}_j = \begin{cases} (1-f)_{w_i}h, 依概率, \pi \\ W_i, 依概率, 1-\pi \end{cases} \quad (7-18)$$

再考虑资本报酬,即

$$\widetilde{R}_1 = \begin{cases} f_{w_i}h, 依概率, \pi \\ 0, 依概率, 1-\pi \end{cases} \quad (7-19)$$

4. 互嵌互融效应

在自由贸易试验区建设中,财税金融政策的支持作用不断加深,新技术推广变得更加容易,技术传播阶段对财税金融支持的要求及支撑作用有明显变化。

在中间产品的生产过程中,当事人可能进入两个状态:低易变状态,概率为θ_i,高易变状态,概率为$1-\theta_i$。

(1) 政府导向财政资金结构

假设两家财政部门 X、Y 分别负责对最终产品及中间产品发放财政贷款,由于在财政部门的监督下,借款人不能懈怠,均为同质当事人。在竞争关系下借款人预期利润为 0,得到中间贷款利率,则

$$i = w_i(h-1) \quad (7-20)$$

假设 Y 部门的监督成本为

$$c = \beta[1-(1-r)]w_i(\widetilde{EL}-1) \quad (7-21)$$

财政部门的监督成本随着贷款人数 $1-r$ 增加而下降,当 $1-r=0$,监督成本最大,$1-r=1$ 监督成本降为 0,预期利润为

$$R^Y = \pi r - c = \pi w_i(h-1) - c = (1-\beta r)w_i(\widetilde{EL}-1) \quad (7-22)$$

$$\frac{R}{w_i} = (1-\beta r)(\widetilde{EL}-1) \quad (7-23)$$

$$k_i = \frac{\alpha}{1-\alpha} \times \frac{1}{\widetilde{EL}-1} \times \frac{1}{1-\beta r} \quad (7\text{-}24)$$

资本存量公式为

$$K = 1-r + \frac{K^*}{1-\beta r} + \frac{\alpha}{1-\alpha} \times \frac{1-r}{1-\beta r} \quad (7-25)$$

经济增长率为

$$Gc = R - \rho = \alpha^\alpha(1-\alpha)^{1-\alpha}(\widetilde{EL}-1)^{1-\alpha}(1-\beta r)^{1-\alpha} - \rho \quad (7-26)$$

政府导向的财政资金结构在技术应用的初始阶段,信息对称更加紧密。

(2) 面向市场的金融结构

在市场导向下,假设只有一家银行机构为中间产品提供贷款,其他由金融市场解决。在金融市场中,投资者了解企业家的类型,$\theta_i=1$ 企业融资。投资者的竞争使得融资利率由 θ_i 最低的企业决定。当投资人市场投资收益大于银行发放第一笔贷款收益时,投资人才会选择通过金融市场直接提供融资。

$$[(1-z)\theta_i]+z]w_i(E\widetilde{L}-1) > (1-\beta)w_i(E\widetilde{L}-1) \qquad (7-27)$$

即

$$[(1-z)\theta_i]+z > (1-\beta) \qquad (7-28)$$

$$k_i = \frac{\alpha}{1-\alpha} \times \frac{1}{E\widetilde{L}-1} \times \frac{1}{2\theta_i-\theta_i^2} \qquad (7-29)$$

相对于政府导向下的资本存量,银行导向结构更容易采纳新技术。经济增长率为

$$Gc = R - \rho = \alpha^\alpha(1-\alpha)^{1-\alpha}(E\widetilde{L}-1)^{1-\alpha}(2\theta_i-\theta_i^2)^{1-\alpha} \qquad (7-26)$$

总之,通过技术进步视角下财税金融政策"互嵌互融"模型的推导,政府导向的财税政策与银行导向的金融政策在技术进步的推广不同阶段与不同发展时期所起到的作用不同,二者各有优势,也都各有劣势。基于此,加强财税金融政策"互嵌互融"能有效推动技术进步。中俄边境贸易发展中,企业间的技术进步与创新是推动自由贸易试验区提升的重要标志。

7.4.10 政策支持协调机制作用功能

构建政策支持协调机制的首要功能是提高处理和应对边境贸易摩擦的效率。主体功能定位清晰、运行高效的政策支持协调机制,能够避免应对中俄边境贸易摩擦过程中的信息传递不畅通、协调主体职责模糊以及"搭便车"等现象的出现,提高处理和应对贸易摩擦的效率,减少贸易摩擦造成的损失。总体来看,效率的提高体现为两个方面,一是降低中俄边境贸易摩擦的协调成本;二是把中俄边境贸易摩擦对企业的经济损失降到最低点。

构建政策支持协调机制为黑龙江自由贸易试验区发展创造良好的营商环境。推动黑龙江自由贸易试验区长远发展是构建政策支持协调机制的长期目标。黑龙江自由贸易试验区的运行与监管机制通过双方协商确定要提高政策支持实现机制的效率,提高经济治理水平。

7.4.11 政策支持协调机制的实现效应

创造良好的营商环境。进一步加快黑龙江自由贸易试验区的发展,创设良

好的投资环境,促进经济的互利合作,是推动黑龙江自由贸易试验区建设的重要目标之一。因此,建立一个高效、公平、公正的政策支持协调机制是实现这一目标的重要因素,政策支持协调机制根据中俄边境贸易发展的需求,对各项政策及细则作出诠释,为政府制定相关的政策体系提供一定的参考,该协调机制不仅能有效地对不合法的措施予以纠正,对投资风险提供预警,且其根据黑龙江自由贸易试验区发展状况设计符合其解决纠纷的争端解决方式,以达到真正使中俄双方发生的摩擦和纠纷得以公平公正解决,从而确保黑龙江自由贸易试验区长足稳健发展。

1. 成立专门的规划和政策制定机构

机构的成员可由资深的专家、学者,以及相关部门的政府官员组成,对当今世界经济一体化的变化趋势密切跟踪并加以分析。中国应立足于全球经济的客观现状,紧密联系中国经济的实际发展状况,根据中国在区域经济一体化进程中所处的发展阶段,制定系统科学的黑龙江自由贸易试验区发展战略规划,并配套相关政策与法规体系。推行自由贸易区"多元化战略",在建立双边、多边贸易关系进程中起到积极推动作用。

2. 建立经济合作协商机制

良好的经济合作协商机制是促进各国经济发展的重要手段。中俄应坚持政府间的合作与协商机制,深化两国产业间的沟通与协调机制,使两国企业能够在透明、便于沟通的条件下进行合作,避免不对称合作的风险。推动两国行业合作与发展。

3. 建立贸易争端解决机制

中俄边境贸易发展应首先安排大宗商品进出口的集散地。北美自由贸易区与中国—东盟自由贸易区给我们一些有益的借鉴:要通过集散地来发挥区域辐射功能,因此,这一环节最重要的工作就是培养核心的集散功能,并带动集散区域周边相关的各行业和领域,同时形成大通道、大流通、大市场、大仓储的格局。在建设相关的基础配套设施时,要积极通过谈判来解决通关中遇到的问题,形成解决问题的机制,确保通关的顺畅性。中俄双方应积极协商边境贸易深度发展制度体系的规划化及机制化。

贸易保护政策是一把双刃剑,在一定程度上既能保护本国产业的发展,但同时也增加了与他国同类行业的贸易摩擦。从北美自由贸易区和中国—东盟自由贸易区的发展情况可知,大多数的自由贸易区都建立了贸易争端解决机制。因此,推动黑龙江自由贸易试验区发展,也应建立相应的贸易纠纷解决和风险预防机制,从而降低企业因贸易纠纷而带来的风险成本,消除贸易争端为贸易双方带来的消极影响。加强经贸交流,发展互利合作,不断寻找、建立新的合作平台,发展两国战略协作伙伴关系。建议双方共同成立中俄自由贸易协调委员会,即是中俄边境贸易的管理与监督机构,同时也是解决争端的协调机构。发生争端首先由中俄双方协调委员会进行协调,不能达成共识需要由仲裁法庭解决。仲裁采取多数票决方式进行。

7.5 本章小结

本章分析了黑龙江自由贸易试验区联动区域经济发展的政策支持机制。分析构建的政策支持机制的背景,考虑现实可行性因素,黑龙江自由贸易试验区联动经济发展政策支持构建可行性与障碍均存在,但可行性大于存在的障碍,正是基于此深入研究黑龙江自由贸易试验区联动区域经济发展的构建机制与政策支持,探讨构建黑龙江自由贸易试验区联动区域经济发展的政策支持动力机制。提出内在动力包括企业因素、经济利益;外在动力来自外部因素,包括政策支持的力度、双边贸易需求、资源禀赋要素等,内在动力和外在动力彼此之间相互促进、相互影响进而促进中俄边境贸易发展,并采用层次分析法检验影响黑龙江自由贸易试验区联动经济发展政策支持动力机制因素,对影响因素的重要程度进行排序,为实证分析提供依据。构建黑龙江自由贸易试验区联动经济发展政策支持的协调机制推动区域经济发展,也为自由贸易试验区提供良好的运行环境。

第8章

国内外自由贸易区建设对黑龙江的启示及借鉴

从国内外一些自由贸易区的建设经验来看,成功并非一蹴而就,而是需要经历几十年的发展、改革和转型才能取得。这表明,成功的自由贸易区建设需要长期坚持和不断创新。我们应当借鉴成功自由贸易区的管理体制与机制,包括扁平化管理结构、有效的决策机制和灵活的运行模式等,这些因素可以帮助自由贸易区更好地协调各方利益、提高效率和应对市场变化。成功的自由贸易区通常注重引进外资、吸引优质企业和促进创新。通过引入国际先进技术、人才和资本,自由贸易区可以培育新的经济增长点和产业升级,提升区域竞争力。注重贸易便利化和市场开放也是成功自由贸易区的关键。积极推进贸易便利化措施、降低贸易壁垒以及在自由贸易区内建立开放市场体系,能够吸引更多的企业和投资,促进贸易发展和经济合作。还要重视自由贸易区与周边地区的合作和互联互通。通过与周边地区的政策对接、基础设施建设和合作项目开展,可以形成区域一体化的经济发展格局,实现互利共赢。因此,通过广泛研究和深入分析国内外成功自由贸易区案例,我们可以从管理体制、引进外资、贸易便利化以及区域合作等方面获得更多的启示和借鉴,为黑龙江自由贸易试验区提供更多有价值的启示和经验借鉴。

8.1 发展中国家典型自由贸易区建设

在中国设立自由贸易试验区之前,许多发展中国家已经建立了自己的内陆自由贸易区或类似的经济区,但这些区域设立的目的各不相同。例如,波兰罗兹自由贸易区(Lodz Special Economic Zone)的设立旨在促进经济发展、吸引外资和技术、推动产业升级和转型,并促进区域经济的平衡发展,这些措施有助于提升当地的竞争力和吸引力,推动经济的可持续发展;巴西玛瑙斯自由贸易区(Manaus Free Economic Zone)设立的主要目的是促进地方经济发展、吸引外资投资、推动科技与产业升级、保护环境和生态系统,平衡巴西南北部经济的不平衡发展,促进区域间的均衡发展,这些目标有助于提升亚马孙州的经济竞争力,改善当地居民的生活水平,并实现可持续发展的目标。而作为印度北方邦(Uttar Pradesh)的一个城市,诺伊达位于印度首都新德里的邻近地区,是德里国家首都区域计划(National Capital Region, NCR)的一部分,它以发展迅速的商业和工业区而闻名。诺伊达发展了许多商业和工业园区,吸引了国内外企业和投资。它在信息技术、软件开发、工程和制造等领域有着显著的发展。此外,诺伊达还拥有高品质的住宅区域,吸引了大量的居民,该自由贸易区的设立是为了疏散和缓解首都新德里的过剩劳动力和资本等要素。下面对三个发展中国家的典型自由贸易区建设情况及其功能展开分析。

8.1.1 波兰罗兹自由贸易区

1. 波兰经济特区总体概况

波兰经济特区(Polish Economic Zones)分布在波兰各地,包括托伦、沃姆扎、科纳、斯凯武夫、卡托维兹和欧斯特罗文卡等城市,是波兰政府为促进投资和经济发展而设立的特殊经济区域。波兰经济特区提供一系列的税收和其他优惠措施,以及专门的基础设施和服务,吸引国内外企业在特定地区进行投资和运营。该经济特区享有免征或减免企业所得税(CIT)和地方税等税收优惠。税收减免期限通常是5年,但在某些情况下可以延长至10年。经济特区提供完善的基础设施和专业服务,包括现代化的工业园区、物流和交通网络、劳动力培训、法律支持、投资咨询等,为企业提供良好的投资环境和便利条件。经济特区覆盖多个产业领域,涵盖制造业、物流、信息技术研发创新和生物医药等。特别是在汽车制造、电子设备、机械制造和航空航天等领域,波兰经济特区有着显著的发展和投资机会。

波兰是一个位于东欧的发展中国家,由于其海洋运输条件不理想,自20世纪90年代开始发展市场经济以来,一直在寻找除海洋路径之外的打造开放型经济的出路。为了准备加入世界贸易组织(WTO)和欧盟的关税统一区,波兰于1994年10月20日通过了经济特区法案,开始设立经济特区。这些特区具有自由贸易和自由投资的特点,旨在吸引国内外投资,并促进经济的发展。特区的管理和支持由政府通过成立特区合资公司的形式进行。这些特区合资公司并不直接从事生产性任务,而是主要提供咨询服务和支持,帮助企业顺利落地并扩大其业务规模。通过设立经济特区,波兰为国内外投资者提供了更有吸引力的投资环境,并为当地经济发展注入了活力。这些特区的成立为波兰经济的开放和多元化做出了重要贡献,并成为波兰融入国际经济体系进程中的一项重要战略举措。

目前,波兰共设有 14 个经济特区,分布在其国内的 10 个省份。这些特区内实施了税收减免、产业落地限制少和地租优惠等政策。一些特区甚至可以免费提供土地用于绿地投资。通常,在企业落地 3 年到 5 年后才开始实行投资产业的税收减免,这样可以避免园区内企业短期追求利润的情况。这些举措大大增加了波兰对外资的吸引力。截至 2022 年年底,波兰的所有经济特区(包括扩容部分)吸引了波兰外资总量的 16.8%,同时也带动了大量的就业机会和出口贸易。

波兰的经济特区仅有一少部分是位于沿海地区。严格来说,波兰只有一个沿海经济特区,即波美拉尼亚经济特区(Pomeranian SEZ),而离海岸线最近的斯鲁普斯克经济特区(Slupsk SEZ)距离海岸线约 20 公里。其余 12 个经济特区都位于内陆地区,其中包括 5 个边境型经济特区,这些特区距离其他国家较近,另外 7 个则完全位于波兰的内陆地区。

波兰不同经济特区的区位分布不同,这也决定了它们的功能和定位的差异,并在后续的发展中显现出明显的差异。例如,考斯申-斯乌比采经济特区(Kostrzyn-Slubice SEZ)靠近德国东部边界,主要吸引德国投资,主要产业是汽车及其零部件制造,其产业具有明显的出口导向性。而瓦乌布日赫经济特区-投资园(Walbrzych SEZ-Invest Park)位于波兰西南边境,同样吸引了来自德国、捷克和其他欧洲国家,包括中国在内的产业投资。它是波兰面积最大(3550.5 公顷)、发展最成熟的经济特区,并在整个欧洲和世界范围内处于领先位置。该特区的发展方向主要是面向欧盟市场之外的地区。卡米纳古拉经济特区(Kamienogorska Specjalna Strefa Ekonomiczna)是波兰西北部的一个经济特区,位于波兰西北部首都华沙以西约 300 公里处,靠近德国边境,横跨下西里西亚省和卢布斯卡省。它靠近重要的传输线路和大型城市,可以便利地连接欧洲其他地区。卡米纳古拉经济特区是波兰各类特殊经济区中的一部分,旨在吸引投资和促进经济增长。

波兰经济特区的政策优惠并不能长期持续,而是在 2026 年全部到期。这迫使经济特区必须寻找可持续性发展模式,政策优惠只能用于基础建设和前期发展,最终要形成可持续的内生增长模式。这要求特区采取一系列措施来吸引更多的投资、扩大产业规模,并提高创新能力和竞争力。特区需要加大对企业的支持,鼓励技术创新、研发投资和人才培养。同时,特区还需优化营商环境,简化行政程序,降低运营成本,以增强吸引力。通过这些举措,特区有望实现从政策依赖型到内生增长型的转变,持续推动本地区的经济发展,并为波兰的整体经济增长做出贡献。

这种限期优惠的措施有以下好处:首先,它减少了补贴和优惠政策所带来的扭曲效应。通过限制特区优惠政策的时间,经济要素能够自由流动,统一税收和产业政策在全国范围内得到制定,避免了特区优惠对整个国家经济的过度干预;其次,这一措施给予园区管理方合理的紧迫感,使他们不能无限期地依赖政策优惠,以此来推动那些自转性低、内建性低的经济增长模式。相反,他们必须在限定的时间内充分利用政策优惠,构建起可持续性的内生增长发展模式。这种限期优惠促使管理方更加积极主动,加快推动经济特区的发展,避免了过度依赖政府支持的风险;最后,这种限期优惠有利于在经济特区之外的其他地区推广经济特区的成果和经验。成功发展的经济特区可以成为其他地区发展的典范和借鉴。通过限期优惠,经济特区可以树立起可持续发展的榜样,为其他地区提供经验和效益。这种扩散效应有助于全国范围内的经济增长和发展。此外,发展势头良好的经济特区还将被允许进行扩容,以进一步激活更多的经济潜力。特区的扩容将吸引更多投资和企业,创造更多就业机会,并扩大特区的经济影响力。这种发展将进一步拉动全国经济的增长,促进更广泛的地区发展和繁荣。

2. 罗兹经济特区发展特征

罗兹经济特区(Lodz SEZ)成立于1997年,位于波兰的中心位置,如图7-1所示。该经济特区面积为13.39平方公里,拥有44个从属辅区(Sub-zone)。它被英国金融时报集团的FDI杂志评为世界一流的经济园区,并在全球自由贸易区排名前十。罗兹经济特区可以说是波兰内陆经济特区中最具代表性的一个。特区所在的罗兹市是中部罗兹省的省会,也是波兰第二大城市,仅次于华沙。罗兹市是一个重要的内陆交通枢纽城市,特区内设有两个国际机场和铁路货运枢纽中心。而中欧班列中的蓉欧班列(成都—哈萨克斯坦—俄罗斯—白俄罗斯—波兰罗兹)的欧洲段的终点就在该特区内。

与沿海特区和边境特区有着显著的区别,罗兹经济特区的主要产业主要面向波兰国内市场,这是内陆经济特区在促进本国经济发展方面从生产和消费上做出的核心贡献。与其他波兰经济特区一样,罗兹经济特区除了主区外,还设有44个子区(也称为"辅区")。这些子区作为特区的延伸,共创造了4.6万个就业岗位,并吸引了210亿波兰兹罗提(PLN)的投资(截至2022年年底)。特区内主要吸引电子电器、医药、化妆品和服务业等领域的投资。特区还大力支持中小企业(SMEs),无论是国内投资还是外商投资,经营到一定年限后都可以享受退税政策。在特区内投资的个人企业家最高可以享受55%的个人所得税减免。此外，特区还提供投资咨询、职业培训以及新技术试验场所等服务。

一个值得借鉴的方面是，在没有海运条件的情况下，罗兹经济特区利用罗兹市在波兰地理中心的航空、公路和铁路枢纽地位，将其作为特区建设的基础，为特区的长期规划和招商提供了便利。同时，特区不断扩充辅区以适应产业和投资增长的需求，以及不断优化营商环境。正是通过这些努力，罗兹经济特区得到了全球范围的认可，成为全球最受欢迎的自由贸易区之一，吸引了美国、欧洲发达国家以及亚洲国家（包括中国）的投资。

中国拥有广袤的国土面积，其中有许多内陆交通枢纽城市，如武汉、西安、成都、郑州等。这些城市在其各自所在的省份乃至更大区域都具有重要的交通枢纽地位，可以利用公路、铁路、航空、沿江和人流的枢纽地位构建内陆自由贸易区发展模式。这样的模式可以在吸引国内外投资的同时保留一定的储备用地，等待合适的时机参照波兰罗兹经济特区的做法，进行辅区的扩容。通过借鉴罗兹经济特区的经验，中国的内陆自由贸易区可以在发展中充分发挥交通枢纽地位的优势，吸引更多投资，促进经济发展。同时，建立空铁路江一体的发展模式，也有助于提升内陆地区的地理位置优势。

8.1.2 巴西玛瑙斯自由贸易区

1. 巴西玛瑙斯自由贸易区基本概况

巴西玛瑙斯自由贸易区位于巴西亚马孙热带雨林中亚马孙州的首府马瑙斯市，毗邻亚马孙河，位于巴西亚马孙河流域平原的中部地区，距离亚马孙河东部出海口约 1700 公里，该地理位置使得该自由贸易区具备独特的战略优势。玛瑙斯市是一个具有工业化历史背景的大型城市，人口超过 2000 万。在当时区域发展严重不平衡的时代背景下，巴西政府于 1957 年提出在玛瑙斯设立自由贸易区的想法，通过给予关税特权和降低外商投资管制的优惠，在该地区进行产业升级、发展对外贸易，希望推动北部地区的发展。巴西玛瑙斯自由经济区正式成立于 1967 年，覆盖面积超过 1 万平方公里，旨在促进亚马孙地区的经济发展，并吸引投资和刺激就业，已经成为巴西最重要和最成功的特殊经济区之一。巴西玛瑙斯自由贸易区在过去几十年里取得了显著的成就，为巴西亚马孙地区的经济发展发挥了积极的推动作用。该自由经济区设有直属于巴西发展、工业和对外贸易部的自由贸易区监督局，具有特别的法律地位和财政以及人员管理的自治权。玛瑙斯自由贸易区的设立是为了促进该地区的经济发展，解决区域发展的不平衡问题。通过给予特殊政策和优惠，吸引外商投资并发展对外贸易，推动地区的产业升级和经济增长。

2. 巴西玛瑙斯自由贸易区发展特征

玛瑙斯自由贸易区位于内格罗河和亚马孙河交汇处，类似于我国的武汉市位于长江和汉江交汇处、重庆市位于嘉陵江和长江交汇处,这一地理特性使玛瑙斯自由贸易区周边具有丰富的自然资源,并且拥有充足的人力资源,与中国的内陆中心城市有相似之处。巴西政府为玛瑙斯自由贸易区设立了专门的自由贸易区监督局(Superintendência da Zona Franca de Manaus,SUFRAMA),旨在为该区域制定适合的政策,并提供各种政策和法律支持。SUFRAMA 的职责包括监督自由贸易区的运作,管理税收优惠措施的执行,以及促进投资和贸易等方面的工作。玛瑙斯自由贸易区的发展经历了多个阶段,包括生态旅游业、工业服务业、农牧业和综合产业四个主导阶段。每个阶段的发展都基于当地的需求和资源,呈现出相互促进、共同发展的特点。

生态旅游业主导阶段:该阶段注重发展玛瑙斯自由贸易区丰富的自然资源和独特的生态环境。自由贸易区积极推出旅游业发展计划,吸引游客来到这片美丽的热带雨林地区,体验独特的自然风光和文化。此举为当地经济注入了旅游业的活力,并带动了相关产业的发展。

工业服务业主导阶段:随着科技和产业的不断进步,玛瑙斯自由贸易区逐渐引入了一系列高科技和先进制造技术,发展制造业和相关的工业服务业。在这个阶段自由贸易区着重发展高科技电子、家电制造等行业,吸引了更多的投资和创新。

农牧业主导阶段:作为亚马孙热带雨林地区的重要农牧业基地,玛瑙斯自由贸易区充分利用当地丰富的土壤和气候资源发展农业和畜牧业。自由贸易区在该阶段加大了对农业和畜牧业的支持力度,鼓励农民和养殖业者进行创新和现代化的农牧业生产,提高产品质量和竞争力。

综合产业主导阶段:随着时间的推移,玛瑙斯自由贸易区逐渐形成了多元化的产业结构。综合产业阶段注重发展多个领域,包括电子、家电、化妆品、汽车、摩托车、药品等。

自由贸易区通过吸引跨国公司和国内企业的投资,推动了经济的多元化发展,并为当地创造了更多的就业机会。这些不同阶段的发展使得玛瑙斯自由贸易区整体呈现出多产业协同发展的态势。巴西政府将继续支持自由贸易区的发展,并致力于构建一个更加可持续和繁荣的经济环境,以实现该地区的长期可持续发展。玛瑙斯自由贸易区的园区用地规划符合该地区土地资源充足的情况,适合进行生态农业开发,并为进驻自由贸易区的跨国公司提供充足的发展空间。玛瑙斯自由贸易区通过合理利用周边自然和人力资源,制定适合该地区的政策,发展了多个产业阶段,并拥有丰富的园区用地规划,为经济发展提供了良好条件。这些经验对于中国自由贸易区的发展也具有一定的借鉴意义。巴西玛瑙斯自由贸易区的发展阶段如图 8-1 所示。

图 8-1 巴西玛瑙斯自由贸易区的发展阶段

经过 40 多年的发展,玛瑙斯自由贸易区取得了显著的发展成果。除了促进了玛瑙斯市的发展外,园区的发展还辐射到了西亚马孙地区,实现了巴西北部亚马孙流域的经济发展和对外开放,也在一定程度上减小了巴西南北经济发展差距过大的问题。玛瑙斯自由贸易区在经济上直接反哺了前期的投资,园区中期就已经实现了财政收入的盈余,这些盈余被用于回馈和支持亚马孙省和周边地区的建设,从而在国家层面上发挥了以点带面减小区域经济差距的作用。可以看出,玛瑙斯自由贸易园区的成功经验为其他国家和地区建立自由贸易园区提供了重要的借鉴。通过制定适合当地需求的政策和规划,利用自然和人力资源,引进外资并促进对外贸易,自由贸易园区能够成为促进地区经济发展和对外开放的重要平台。特别是通过将园区产生的财政收入回馈到周边地区,同时加强政策协调,可以发挥自由贸易园区的带动作用,促进区域经济飞速发展。

玛瑙斯自由贸易园区所在的亚马孙热带雨林生态保护区让其在发展绿色可持续经济方面承担了示范作用。研究指出,该保护区可以作为推进玛瑙斯自由贸易区实现生态环境保护和经济增长协调发展的因素,但也需要相应法规来引导。此外,玛瑙斯自由贸易区内跨国企业的生态创新并不在该地完成,而是在母国公司完成,这就需要自由贸易区的引导政策。除此之外,还存在一定影响该自由贸易区生态创新的不利因素,如决策过程长、精细化管理不到位,以及协调科研导向的基础性研究和市场导向的应用型研究的关系协调问题。这说明自由贸易园区的绿色发展需要考虑到当地的自然生态环境,并通过制定适合当地的法规引导企业发展绿色可持续经济。同时应在政策上引导企业在园区内实现生态创新,同时加强精细化管理,协调科研导向的基础性研究和市场导向的应用型研究之间的关系等措施,以促进自由贸易区的生态环保和经济发展的协调发展。这对其他自由贸易园区的绿色发展也提供了重要的借鉴和参考。

8.1.3 印度诺伊达自由贸易区

印度作为发展中大国,其设立经济特区的年份比中国还要早。研究人员总结了印度从 1947 年到 21 世纪 80 年代的自由贸易区发展历程。在经过多年的筹备后,1965年,印度政府在靠近接壤巴基斯坦边界的左吉拉特邦地区建立了坎德拉自由贸易区,后来在加尔各答南侧、靠近孟加拉国西部边界的弗尔达、东南沿海的泰米尔纳都邦的钦奈、西南沿海的喀拉拉邦的柯钦以及东部沿海的安得拉邦的维沙卡帕特南等地区建立了出口加工区或自由贸易区,这些经济特区均为靠海的开发区。而印度诺伊达开发区,也称新奥克拉工业发展区,是唯一没有出海口的经济特区,设立于1976年。上述自由贸易区的建立,为印度的出口和企业发展提供了重要的机遇,直接促进了当地经济的增长。值得注意的是,这些自由贸易区的建设也遇到了一些挑战和问题,如土地收回、环境污染和劳动力问题等。然而,印度政府通过改革和政策调整,尤其是在1991年实施新经济政策之后,持续推动自由贸易区的发展和壮大。总的来说,印度早期自由贸易区的建立是国家经济政策的重要组成部分,为印度经济的快速增长和转变奠定了基础,对于其他发展中国家的自由贸易区发展也有一定的启示。

1. 印度诺伊达自由贸易区基本概况

诺伊达市是北方邦的一个城市,是印度首都新德里四个卫星城之一,被认为是印度的科技和产业中心之一。印度诺伊达自由贸易区位于德里以东约20公里的诺伊达市,是德里-诺伊达-格拉诺伊达地区的重要商业和工业中心。成立之初旨在吸引国内外投资,促进经济增长和出口贸易,并为当地创造就业机会。该经济开发区被认为是印度最早的经济特区之一。在此区域享受特殊的法律和政策优惠,包括对企业税收、关税、出口和进口等方面的减免或优惠措施。该地区主要吸引的产业领域包括信息技术(IT)、电子、汽车、制药、纺织、电气设备、工程和咨询服务等。这些领域都在该经济开发区得到积极的发展,并为当地经济和就业创造了重要的贡献。印度设立自由贸易区的原因与巴西的玛瑙斯自由贸易区有很大的不同,诺伊达自由贸易区(Noida Special Economic Zone)的设立是出于在国家层面上对区域发展平衡的考虑,同时也是为了承接首都新德里的产业转移、疏散首都的非必要产业和要素,使生产资源和劳动人口的分配更加合理。因此,该自由贸易区的设置位置紧邻首都新德里,利用其所在的交通枢纽区位,发展大型贸易中转站和交易平台等功能,以实现其成为具有出口加工、低税或免税、优势产业聚集的内陆自由贸易区的目标。印度诺伊达自由贸易区在过去几十年中取得了显著的发展成就,持续吸引国内外投资,带动当地经济的繁荣和创新,为该地区的经济增长和产业多元化发挥了重要作用。

相比于巴西玛瑙斯自由贸易区,印度诺伊达自由贸易区的定位更加注重地区发展平衡和城市产业转移,同时也更加注重交通枢纽地位,以实现中转贸易和产业聚集的目标。这也为其他国家和地区在制定自由贸易区规划时提供了重要的参考和借鉴。通过考虑当地经济和地缘优势,选定自由贸易区的设立地点,并制定切实可行的政策和措施,可以更加有效地发挥自由贸易区的作用,促进区域经济发展。

2. 印度诺伊达自由贸易区发展特征

诺伊达自由贸易区采取低门槛的准入条件和优惠的税收政策,吸引了像三星等大型外国投资集团的进驻。

诺伊达自由贸易区以印度特色的电子信息产业、外包软件开发产业和电影制作产业等为主要发展方向,取得了显著的产业集聚效应。诺伊达自由贸易区的成功得益于多个因素:首先,诺伊达自由贸易区采取低门槛的准入条件,为进驻企业提供了便利。开办新企业或扩大现有业务的手续相对简化,为国内外企业提供了更为灵活的运营环境。此项鼓励企业创新的举措,吸引了各类企业进驻。其次,诺伊达自由贸易区实行优惠的税收政策。企业在该自由贸易区享受税收减免和优惠政策,如免征或减免关税、减免企业所得税等。这为企业降低成本、提高竞争力提供了良好的条件,激发了大型外国投资集团如三星等到该地区投资的兴趣。最后,诺伊达自由贸易区的发展也得益于产业链的完善和资源的集聚。该地区在电子信息产业、外包软件开发产业和电影制作产业等领域形成了完整的产业链条,集聚了大量的相关企业和人才。这种产业集聚效应促进了企业之间的合作与协同发展,提高了整体产业的竞争力和创新能力。通过一系列的激励政策和优惠措施,诺伊达自由贸易区成为吸引外国投资和培育印度本土企业成长的热门地点。

该自由贸易区的成功经验为印度及其他地区提供了一个可借鉴的模式,推动了经济发展和产业升级。未来,诺伊达自由贸易区将继续致力于打造更加创新、开放和包容的商务环境,促进各类产业的跨界融合和协同发展,为当地和全球的企业带来更多机遇和福利。

除了在产业发展方面具有显著特点外,诺伊达自由贸易区在管理运作模式、政策法规制定以及当地民生建设方面也有独特之处。首先,在园区的管理上,诺伊达自由贸易区采用了企业化管理的模式。这意味着投资者在获得授权后可以参与园区的管理,享有类似公司股东的地位和权益。这种管理模式使投资者能够更好地参与园区决策和运营,提供了更高的透明度和灵活性。通过企业化管理,诺伊达自由贸易区能够更好地满足企业的需求,建立了长期稳定的合作关系。其次,在政策法规制定上,诺伊达自由贸易区采取了开放和宽松的政策措施。该自由贸易区给予进驻企业极低的准入门槛,没有设立最小规模的限制,鼓励各类企业进入和发展。此外,进驻企业所使用的生产进口设备和原材料也可以享受免税待遇,进一步降低了企业的运营成本。这些政策措施吸引了更多的投资者和企业进入诺伊达自由贸易区,在推动经济增长和创造就业机会方面发挥了积极作用。再次,在当地民生建设上,诺伊达自由贸易区还致力于提升当地居民的生活水平和福利,通过投资社会基础设施建设、教育培训和医疗保健等公共服务方面的举措,为当地创造了更好的服务与保障,增加了就业机会,改善了民众的生活质量。最后,诺伊达自由贸易区注重投资社会基础设施建设。为了提供更好的生活条件和基础设施支持,该自由贸易区积极投入资金和资源,改善当地的交通网络、供水供电系统、通信设施等。这些基础设施的改善不仅为企业的发展创造了良好的环境,也直接惠及当地居民,提升了居民的生活质量。诺伊达自由贸易区重视教育培训的发展。通过投资教育机构和培训项目,该自由贸易区为当地居民提供了更广泛的学习和职业发展机会。这包括提供技能培训、职业指导、职业途径建设等,帮助居民提升自身素质和竞争力,增加就业机会和收入来源,从而提高了生活水平。诺伊达自由贸易区还注重医疗保健的提供。通过投资医疗设施和医疗机构,该自由贸易区提供了更好的医疗服务和保健保障,为当地居民提供便捷的医疗服务和治疗资源。这有助于提高居民的健康水平和生活质量,减轻医疗负担,促进社会福利的增长。通过以上措施,诺伊达自由贸易区在经济发展的同时也关注当地居民的福利和生活质量。投资社会基础设施、教育培训和医疗保健等公共服务领域为当地提供了更好的服务与保障,增加了就业机会,改善了民众的生活质量,进一步促进了当地社会的发展和稳定。这些特点使得诺伊达自由贸易区在吸引外国投资和促进当地经济发展方面取得了显著成果。该自由贸易区的管理模式和政策机制为其他地区与国家在自由贸易区建设方面提供了有益的经验和借鉴。同时,在考虑到当地民生和就业问题方面注重平衡发展,也体现了自由贸易区对社会经济可持续发展的重视。

8.2 发达国家典型自由贸易区建设

发达国家和发展中国家设立自由贸易区是有区别的,虽然二者都是以经济发展为目标,但是二者设立自由贸易区的发展阶段、政策与措施、资源与产业优势以及风险与挑战都是不同的。从二者的目标与发展阶段看,发达国家的自由贸易区通常旨在推动经济的创新、产业升级和高端制造业的发展。这些国家拥有先进的技术和市场优势,自由贸易区的设立更多是为了提高国际竞争力和进一步加强该国在全球价值链中的地位。而发展中国家的自由贸易区目标更多地集中在吸引外国投资、促进出口、提供就业机会和推动经济转型升级。从自由贸易政策与措施看,发达国家的自由贸易区通常具有更加灵活和全面的自由贸易政策。这些国家更倾向于降低关税和非关税壁垒、简化行政程序、加强知识产权保护以及提供贸易便利化服务等。发展中国家在自由贸易政策方面往往更加注重吸引外国直接投资和出口导向,更多地提供税收优惠、减少行政审批、提供基础设施和劳动力成本优势等。从资源与产业优势看,发达国家的自由贸易区往往侧重于发展高科技、创新、金融服务和知识产权密集型产业等高附加值领域。这些国家在技术、资金和人才方面有较强的优势,自由贸易区能够吸引和培育创新型企业。发展中国家的自由贸易区则更多地依赖于自然资源、低成本劳动力和初级产业等领域的优势,以吸引制造业和劳动密集型产业的投资和发展。从风险和挑战来分析,发达国家的自由贸易区面临的风险和挑战往往更具复杂性。这些国家在开放经济的同时也面临市场饱和、技术迭代和资源限制等问题。发展中国家的自由贸易区面临的挑战可能包括薄弱的基础设施、不完善的法律规范、技术落后以及人力资源短缺等。当然,发达国家和发展中国家之间的差异并不是绝对的,也有一些发展中国家建设了具有先进特色的自由贸易区,而有些发达国家的自由贸易区也注重传统产业和经济多样化的发展。此外,自由贸易区的设立和发展需要综合考虑国家的实际情况与发展需求。

典型的发达国家自由贸易区普遍具备以下特点:首先是以创新和科技导向。发达国家的自由贸易区注重创新和科技的发展,通过引进高科技产业、推动技术创新和研发,使自由贸易区成为创新驱动型经济的核心区域。建设研发中心、高等教育机构和科研院所等,吸引高科技企业和人才入驻,推动科技进步和产业升级。发达国家还会根据国家优势和特点,以发达国家自身的特殊产业为重点发展方向。例如,金融、高端制造业、生物科技、文化创意等领域,发达国家会在自由贸易区内设立专门的基金、创投机构等,注入资金和资源,打造特色产业集群,提高全球竞争力。其次是积极融入全球价值链,发挥自身的区位优势和产业特点,吸引国际大公司和跨国企业在自由贸易区内建立生产、研发和物流基地。通过与全球供应商、合作伙伴以及上下游企业的紧密合作,实现产业链条的高效衔接和协同发展,提高全球市场份额和附加值。实现打造具有竞争力的经济特区,带动区域经济增长和社会发展的目的。同时,也促进不同国家间的经济合作与交流,推动了全球经济的繁荣与可持续发展。

发达国家中的典型自由贸易区有:美国的圣克莱尔县自由贸易区(Sanctuary County Free Trade Zone),位于美国加利福尼亚州,是一个以创新、科技和高端制造业为核心的自由贸易区。该自由贸易区吸引了众多高科技企业和研发机构入驻,致力于推动科技创新和产业升级;德国的法兰克福自由贸易区(Frankfurt Free Trade Zone)作为德国金融中心的法兰克福设有自由贸易区,主要关注金融、投资和国际贸易领域的发展。该自由贸易区以金融服务、保险、资本市场为重点,吸引了众多国际金融机构和跨国公司;日本的东京湾自由贸易区(Tokyo Bay Free Trade Zone)位于东京湾的自由贸易区是日本的经济和金融中心,以高科技、汽车、制造等行业为主打。该自由贸易区积极吸引国内外企业进驻,促进产业升级和国际竞争力的提升;新加坡的丰树国际商务园区(Jurong International Business Park)作为新加坡的全球商务和科技中心,是一个集中发展信息技术、生物医药、工程和金融等领域的自由贸易区。该自由贸易区以优越的基础设施和便利的商业环境吸引着众多跨国公司和创新型企业;韩国的仁川自由经济区(Incheon Free Economic Zone)是韩国的首个自由经济区,涵盖了仁川港、仁川国际机场等战略性区域。该自由贸易区以物流、海运、航空、金融等领域为主要特色,为进口和出口贸易提供了便利和优惠政策;英国的伦敦金融城(London Financial District)作为全球金融业的中心之一,是一个重要的自由贸易区。该自由贸易区以金融服务、银行业、保险业、资本市场等金融领域为核心,吸引了大量的国际金融机构和金融专业人才;瑞士的苏黎世自由贸易区(Zurich Free Trade Zone)作为瑞士的金融中心和创新城市,设有自由贸易区促进经济和科技的发展。该自由贸易区以金融、制药、化工、生物医药等高科技行业闻名,吸引了众多跨国公司和创新型企业;加拿大的多伦多金融区(Toronto Financial District)作为加拿大的经济中心,设有自由贸易区集中发展金融和商务服务。该自由贸易区吸引了多家国际银行、保险公司以及其他金融机构进驻,成为北美金融业的重要组成部分;澳大利亚的悉尼自由贸易区(Sydney Free Trade Zone),悉尼作为澳大利亚的经济和金融中心,设有自由贸易区促进国际贸易和金融服务的发展。该自由贸易区以海运、航空、信息技术、金融服务等为重点领域,吸引了众多国际公司在此设立办事处和分支机构;法国的巴黎金融区(Paris Financial District),巴黎是法国的经济和金融中心,设立了自由贸易区以促进金融服务和国际贸易的发展。该自由贸易区聚集了众多金融机构、证券交易所和法国国家银行等重要金融机构。

以上发达国家的典型自由贸易区通过各自的特色和优势,独特的地理和经济条件,着重发展金融、商务服务、高科技等领域,为国际贸易、投资和创新科技等方面提供了重要的平台和支持,推动了经济发展、技术创新和国际合作,促进了经济增长和国际合作,成为各国经济繁荣和区域发展的引擎。

本研究以爱尔兰的香农自由贸易区、美国孟菲斯自由贸易区两个典型的发达国家自由贸易区作为案例进行分析。

8.2.1 爱尔兰香农自由贸易区

香农自由贸易区(Shannon Free Trade Zone)是爱尔兰西部的一个自由贸易区,位于爱尔兰的香农机场周围。香农自由贸易区的设立旨在吸引外国直接投资,促进出口和经济发展。该自由贸易区提供了许多优惠政策和便利措施,如免税、减免关税、优惠的税收政策、简化的行政程序等，以吸引企业进驻并进行贸易和生产活动。爱尔兰香农自由贸易区位于爱尔兰西南地区，距离首都都柏林200公里，没有海港。该自由贸易区可以被认为是世界上第一个自由贸易区，从一个航空中转地免税购物区发展成为一个多产业聚集区的经济特区。该自由贸易区的起源可以追溯到1942年，当时爱尔兰香农机场被建成，实现了欧洲和美国的航线直接对接。随后的1947年，爱尔兰在该区设立了世界上首家免税商店，对烟酒等商品实行免税销售政策，香农机场的货运贸易也逐渐发展。为了促进该区的发展，爱尔兰政府在1959年正式设立香农自由贸易区，由政府性质的香农发展局负责运营和管理，直至2020年，该园区转由半国有化的香农商业公司担任运营工作，负责引进投资、规划产业和指导就业。香农自由贸易区内的优惠政策和良好的运营管理，吸引了众多企业进驻。

香农自由贸易区的主要特点和优势包括四个方面，分别是税收优惠、出口导向、便利的交通和物流、人才和科技支持。在香农自由贸易区，企业可以享受税收方面的优惠政策，包括免税或减免关税、优惠的企业所得税和个人所得税等。香农自由贸易区的企业主要以出口为导向，享受出口退税等政策支持，有利于提高企业的国际竞争力和市场拓展。香农自由贸易区位于香农机场附近，具有便利的交通和物流优势，有利于企业的进出口活动和货物流通。自由贸易区周边地区拥有多所高校和研究机构，提供了丰富的人才资源和科技支持，有助于企业的创新和技术发展。香农自由贸易区成为爱尔兰吸引外国直接投资和促进经济发展的重要地区之一。许多跨国公司在这里设立办事处、工厂和研发中心，创造了大量的就业机会，推动了该地区的经济增长和发展。

为了适应不同时代的经济产业发展，爱尔兰香农自由贸易区经历了多个阶段的演变。这些阶段包括以下几点。

(1) 航空中转及免税销售服务模式(20世纪40年代)：香农国际机场充分利用其位于欧洲大陆至美国航线上的区位优势，为越洋飞机提供加油和免税品销售服务。

(2) 制造出口加工模式(20世纪50—60年代)：由于飞机航程提升，中途加油需求减少，香农自由贸易区转为设立以吸引外资为主的免税出口加工区。

(3) 科技工业模式(20世纪60—80年代)：利默里克大学和利默里克工学院等高等教育机构在香农自由贸易区设立，为区域提供了足够的人才和知识储备，使其从劳动密集型的出口加工区逐渐升级为技术密集型的科技工业区。

(4) IT技术产业发展阶段(20世纪90年代至21世纪初)：爱尔兰降低了企业所得税率(统一降至12.5%)，吸引更多高新技术企业和国际金融业进驻香农自由贸易区，进一步推动了区域经济发展。

(5) 高新科技产业集群年代：香农自由贸易区的面积已扩展至 1 万多平方公里，涵盖航空航天、医疗、金融、物流和旅游等产业。到 2014 年，该区已有 130 多家企业进驻，为爱尔兰创造了超过 7000 个就业岗位，企业年均销售额超过 35 亿美元，年产值超过 7 亿美元。

不同阶段的发展使得香农自由贸易区不断适应时代变化，从而取得了显著的经济和产业成就。在过去的几十年中，香农自由贸易区经历了多次扩展和转型，从最初的贸易和加工区域发展成为一个多功能、多产业的经济区域。如今，爱尔兰香农自由贸易区已成为飞机维修中心、工业园区、信息技术和物流中心等产业的聚集地。在航空维修领域，有世界知名的航空公司、飞机制造商和维修公司在香农自由贸易区设立维修和保养基地，为全球范围内的航空业提供专业服务和技术支持。工业园区方面，许多跨国公司选择在香农自由贸易区设立生产设施和研发中心，利用其优势的政策环境和先进的基础设施，推动产业升级和创新发展。此外，信息技术和物流中心的发展也使香农自由贸易区成为数字经济的重要枢纽，吸引了众多企业和创新科技公司。香农自由贸易区的成功经验不仅促进了爱尔兰经济的繁荣，也为其他国家和地区在自由贸易区建设方面提供了有益的经验。通过积极探索创新政策、注重知识产权保护、提供优质的基础设施和服务，香农自由贸易区为其他国家和地区的自由贸易区建设提供了可资借鉴的经验，进一步推动了全球自由贸易区的发展和合作。

8.2.2 美国孟菲斯自由贸易区

1. 美国自由贸易区总体概况

美国自由贸易区，即美国的 Foreign Trade Zone(FTZ)，始于 20 世纪 30 年代，1934 年在大萧条背景下开始筹划，美国首个自由贸易区于 1936 年在纽约州的布鲁克林区建立。自 20 世纪 70 年代后，美国的自由贸易区数量和规模得到了大幅发展，目前美国是世界上拥有自由贸易区最多的国家。

截至 2022 年 9 月，美国全境拥有 270 个自由贸易区，其中 195 个被认为是"活跃的自由贸易区"。这些自由贸易区分布于全国各地，东海岸有 37 个，西海岸有 17 个，墨西哥湾有 24 个，五大湖地区有 17 个。特别值得注意的是，这些自由贸易区中有 67.8% 是内陆自由贸易区，即不靠近海岸的地区，几乎每个内陆州都有自由贸易区。此外，靠近州界的自由贸易区占 36.7%，不同于中国的内陆自由贸易区大多集中在省内核心地区，美国的州界自由贸易区通常位于州界线附近，或是靠近大型货运航空枢纽城市（如孟菲斯市），这可能与美国的交通网络和地理条件有关。总的来说，美国的自由贸易区覆盖范围广泛，不仅沿海地区，而且在内陆各州都有存在。这些自由贸易区为企业提供了更灵活的贸易环境和减税政策,吸引了许多企业和投资,为美国的经济发展做出了积极贡献。

美国设立自由贸易区的最初目的是促进园区内的产业发展和就业。通过对进口商品或原材料进行降税免税或降低其他进口壁垒,自由贸易区吸引了许多企业和投资。在自由贸易区内存放的进口商品或原材料,如果再出口则无须缴纳关税;或者在园区内进一步加工后对内对外销售,也可视情况减免其中进口部分的关税。但是,如果货物从自由贸易区进入园区外的美国本土,则被视为海外进口商品(或商品组件的海外进口部分)需要缴纳关税。美国的自由贸易区分布位置主要集中在沿海港口、内陆枢纽和内陆航空枢纽地带,也就是东海岸、西海岸、墨西哥湾和五大湖地区。每个自由贸易区都有自己的规模、数量和优势产业,适应当地的经济特点。在这些自由贸易区内,主导产业涵盖石化、汽车、电子、生物医药、机械、服装和信息产业等。总的来说,美国的自由贸易区通过降低关税和其他进口壁垒,为企业提供了更灵活的贸易环境,吸引了大量的投资和就业机会,并促进了各地的产业发展。

美国自由贸易区的管理机构可以分为两层。第一层是宏观层面上的管理和决策机构,包括美国国家贸易委员会(National Foreign Trade Council,NFTC)、美国海关总署(United States Customs Service,USCS)和美国国家对外贸易区委员会(National Association of Foreign Trade Zones,NAFTZ)。这些机构负责制定政策、管理和监督自由贸易区的运营。第二层是自由贸易区内部的管理经营体系,主要由园区承办者和企业经营者承担。他们负责自由贸易区内具体的日常事务管理和运营。美国自由贸易区采用一种特殊的运营模式,即"主区-分区"模式,来进行管理。主区,也称为通用区(General Purpose Zones),是多功能自由贸易区,容纳多种企业共同经营。而分区也称为辅区,一般划归给某一家企业,以满足其用地需求。一个主区可以有多个分区作为附属。这种"主区-分区"的分工协作运营模式为美国的自由贸易区提供了良好的管理传导机制和资源配置空间。

2. 孟菲斯自由贸易区的总体概况

美国孟菲斯自由贸易区(Memphis Free Trade Zone)是美国田纳西州孟菲斯市内的一个自由贸易区,位于孟菲斯国际机场周围,成立于20世纪80年代初。孟菲斯自由贸易区的设立旨在促进国际贸易、吸引外国投资、增加就业机会,并提升孟菲斯市作为全球物流中心的地位。该自由贸易区享受了许多关税优惠和减免税的政策,吸引了众多跨国公司和国内企业进驻,并通过进口、加工、生产和再出口等活动,推动了经济的持续发展。

孟菲斯市位于美国东南部的典型内陆地区,其城市面积横跨田纳西州西部(东孟菲斯,主城区部分)和阿肯色州的东部(西孟菲斯),紧邻南部的密西西比州。虽然孟菲斯市不是沿海城市,但其独特的区位优势使其成为连接东西方向及南北方向的重要水、陆、空运枢纽地带,密西西比河在该市流过。孟菲斯市拥有著名的联邦快递(FedEx)总部,自1973年来,其总部一直位于此地。此外,该市的孟菲斯国际机场也是全球货运规模最大的机场之一,大量的快递存储、转运、出口业务位于该机场内。这些特殊的优势使孟菲斯成为美国内陆地区最重要的交通和物流中心之一,为全球贸易和物流提供了便利和支持。总之,孟菲斯市虽然不是沿海城市,但借助其独特的区位优势成为全球重要的物流中心之一。其所拥有的发达的水、陆、空运输网络为全球的贸易和物流业务提供了方便和依托。

3. 孟菲斯自由贸易区的发展特征

孟菲斯自由贸易区具有举足轻重的地位,与其最大航空货运枢纽的地位相辅相成。在该自由贸易区内,集聚了大量与航空业相关的上游和下游产业,并且"互联网+物联网"的信息化服务产业也在孟菲斯国际机场周边形成。据统计,在2015年,孟菲斯自由贸易区的出口总额在美国全部270个自由贸易区中排名前20,其区内贸易总额为500亿美元,出口总额为250亿美元。

孟菲斯自由贸易区具有地理位置上的优势,孟菲斯市位于美国东南部,靠近密西西比河,毗邻阿肯色州。孟菲斯国际机场是美国最大的货运机场之一,便利的航空和物流网络使得该自由贸易区成为全球供应链的重要节点,该自由贸易区还享受了关税优惠和减免税的政策,企业可以在进口原材料和零部件时减少成本,提高竞争力。孟菲斯自由贸易区涵盖多个行业领域,包括航空航天、物流和配送、汽车制造、医疗设备等。这为不同类型的企业提供了机会,吸引了大量跨国公司、供应商和合作伙伴。孟菲斯自由贸易区拥有发达的公路、铁路和空运网络,以及现代化的仓储和分配设施。此外,当地还提供了一系列的商务服务和金融支持,帮助企业扩大业务和降低运营成本。孟菲斯自由贸易区的发展为孟菲斯市带来了显著的经济增长和就业机会。众多企业在这里设立仓库、分销中心、生产设施和研发机构,创造了大量的就业机会,并促进了当地经济的多元化发展。总之,孟菲斯自由贸易区的重要性不亚于其航空货运枢纽地位。其与航空产业紧密配合,集聚了一系列上下游产业,成为孟菲斯市以及美国内陆地区的经济发展中的中坚力量。

8.3 中国自由贸易试验区的建设事实特征

我国经济已由高速增长阶段转向高质量发展阶段,需要以更深层次改革和更高水平开放为经济持续健康发展提供强劲动力。党中央将建设自由贸易试验区作为新时代推进高水平对外开放的重大战略举措,作为推进全面深化改革的试验田,这是着眼当前世界经济发展大势和我国经济发展规律,有助于实现经济更高质量、更高效益、更可持续发展的战略部署。特别是在世界经济复杂多变、外部发展环境不确定和不稳定因素增多的情况下,探讨加快自由贸易试验区建设的理论基础,明确自由贸易试验区建设对于我国经济发展产生的现实价值,从而在此基础上把握自由贸易试验区建设的重点方向,对于实现经济高质量发展意义重大。在自由贸易试验区,一系列创新的贸易和投资自由化政策得到了推广,鼓励引进外资、促进贸易自由化、优化投资环境等。这些措施为当地经济的发展注入了新的动力,吸引了更多的投资和资源,推动了区域内外的协同发展。自由贸易试验区的建设为不同地区的经济发展提供了一个试验场,许多有利于经济增长的政策和措施首先在自由贸易试验区进行试验和实施,然后逐步向周边地区推广。这种"点到面"的扩散效应促进了不同地区经济的差异化发展。然而,区域经济分化是由于各地区在自然条件、区位优势、产业结构、资源禀赋、政府政策等方面存在差异所导致的,受到多种复杂因素的综合影响。虽然自由贸易试验区的建设能够产生一定的辐射带动作用,但要实现真正的区域经济协调发展,还需要有针对性地应对和解决各个地区的差异,推动改革创新,提高区域经济发展的整体水平。

8.3.1 中国自由贸易试验区的演进历程

中国经济功能区的设立通常先采用小范围试点的方式,通过在这些试点中获得建设经验,然后逐步在全国范围内推广,这是一种渐进发展的战略,其特点是由点到面,逐渐扩大影响范围。中国自由贸易试验区的发展历程可以追溯到20世纪90年代的保税区,然后逐步发展成为出口加工区、保税物流园区、保税港区和综合保税区。2013年上海自由贸易试验区的建立标志着我国对外开放经济功能区进入了一个新的阶段(舒榕怀,2000;张世坤,2005;刘辉群,2008)。

1. 保税区模式

保税区模式是一种境内关外运作模式,其基本功能包括保税仓储、出口加工和转口贸易,主要用于国际贸易中的商品仓储和展示。保税区具有流通便捷和税收优惠等特点。20世纪90年代保税区的成立标志着我国初步形成了具有中国特色的自由贸易园区模式。我国的保税区主要集中在东部沿海地区,这些地区是我国对外开放的前沿高地。依托沿海港口而建立的保税区成为我国对外开放的重要形式之一。保税区是我国经济功能区建设的初步探索,对推动我国区域经济协同发展起到一定的辐射带动作用。然而,在保税区的探索过程中,仍然存在着政策制度不完善、管理方式不合理以及园区内产业发展不平衡等问题(刘辉群,2005)。

2. 出口加工区模式

随着我国对外开放水平逐步提升,出口加工区采取了更加优惠的政策。除了享受保税加工和暂缓纳税的优惠政策外,出口加工区还能获得出口退税等补贴政策,这为企业提供了更大的经济激励和竞争优势(黄国祥和原舒,2002)。然而,尽管出口加工区享有更多的政策补贴,但由于其运作模式单一,实际经济效益受到限制。因此,为了提升出口加工区的综合竞争力,需要拓展其功能。其中,保税物流功能是我国出口加工区的重要延伸形式。通过改进和完善产业布局、合理规划园区规模以及提高园区土地投入效率等方面的改进措施,可以进一步提升出口加工区的效率和吸引力(孙浩,2014)。这不仅可以促进产业链的优化升级,还能够提升园区的综合服务能力,满足企业多元化的需求,实现更高水平的经济发展。

3. 保税物流园区模式

随着我国贸易规模的不断扩大,东部沿海地区的保税区和出口加工区需要进一步明确区域功能的划分,逐渐发展为保税物流园区。保税物流园区集成了"保税区＋港区"的优势,提高了运行效率。然而,与保税区和出口加工区相比,保税物流园区的联动作用还不够明显,同时也存在行政审批效率低下和制度不健全等问题。为了充分发挥区港联动的优势,需要进一步进行制度创新。通过对园区的合理规划和运行模式的创新,可以降低各项管理成本,提升园区的运作效率,实现港区的有效联动。此外,还需要加强政府与企业之间的合作,建立更加高效的协同机制,加速行政审批流程,为企业提供更便捷的营商环境。通过推进制度创新和运营模式创新,保税物流园区的功能和效益进一步提升,特别是在数字化和智能化的背景下引入先进的物流技术和管理手段,提高了园区的物流效率和服务水平。同时,加强园区之间的合作与协同发展,形成良好的区域经济合力,实现保税物流园区的全面发展和持续壮大。

4. 跨境工业区模式

为了促进广东珠海与澳门的联动发展,我国于2003年成立了珠澳跨境工业区,这是我国首个跨境工业区。珠澳跨境工业区采取了"保税区＋出口加工区出口退税政策＋24小时通关专用口岸"的三重优惠政策,旨在推动"一国两制"下的经济协同发展。这一创新尝试充分发挥了澳门独立关税区的区位优势,实现了珠海和澳门两地的优势资源互补。然而,随着对外开放和全球经济一体化程度的不断加深,跨境工业区所享受的政策红利逐渐减少。因此,为了寻求突破,跨境工业区需要与电子商务、贸易物流等电商服务领域进行融合发展(赖庆晟和郭晓合,2015)。这意味着跨境工业区需要利用电子商务等新型商业模式,加强与电商平台和物流企业的合作,提升区内产业链的发展水平和竞争力。通过与电子商务和贸易物流行业的融合发展,跨境工业区可以进一步扩大业务范围,并提供更多增值服务。例如,借助电商平台和物流网络实现商品的跨境销售和高效物流配送。同时,通过数据共享和整合供应链管理提高生产、销售和物流环节的效率和协同性。通过跨境工业区与电商服务行业的融合发展,可以促进区内产业的创新升级,提升珠海与澳门的整体竞争力。同时,这也能够加强两地在产业链上的互补性,优化资源配置,实现可持续发展。

5. 保税港区模式

保税港区是一种特殊的海关监管区域,拥有口岸、物流、加工等多功能,旨在综合运用保税区、出口加工区和保税物流园区的相关税收和外汇政策,以实现高效运作、更开放和政策优势更加明显的特点。然而,尽管保税港区具备多种优势,仍存在服务体系不够完善、缺乏金融支持政策保障等问题。面对现代全球经济一体化的发展模式,保税港区需要考虑将运行模式、产业布局和现代服务等新兴要素纳入其内部创新升级的考虑。为了提升保税港区的综合竞争力和吸引力,需要不断完善其服务体系,包括加强各方面的协同合作,如海关和物流,并建立高效便捷的物流网络,提供高质量的金融和法律等服务,深化与相关产业和企业的合作,共享资源、信息和技术,提高服务水平,满足市场需求。除了完善服务体系,保税港区还需获得更多的金融支持政策保障。这可包括引入金融机构,为企业提供融资和风险防控等支持。同时,还需建立健全的金融风险管理机制,规范金融市场,提供稳定的金融环境,吸引更多投资和资金流入。在现代全球经济一体化的背景下,保税港区需要将运营模式、产业布局和现代服务等因素纳入考虑。这包括推动数字化、智能化和绿色化等方面的创新,推动港区的转型升级。同时,还需优化产业结构,引入高技术、高附加值产业,提供更多就业机会和创新发展动力。通过这些措施,保税港区将更好地适应和融入现代全球经济一体化的发展趋势,实现更稳定、可持续的发展。

6. 综合保税区模式

综合保税区是一个内陆地区的海关特殊监管区域,集成了保税区、保税物流园区和保税港区的政策红利和功能,是区域发展政策的重要尝试。综合保税区作为一个关键平台,促使内陆地区与国际接轨,吸引外资并推动产业升级,对区域经济带来一定的辐射带动作用。然而,与全球自由贸易园区相比,我国的综合保税区目前仍然采用类似于"境内关内"的运行模式,其开放程度和制度政策存在巨大的差距。为了缩小与全球自由贸易园区之间的差距,综合保税区需要进一步加强开放和改革。首先,可以进一步放宽市场准入,吸引更多外国资本和国际企业进驻综合保税区,以促进经济的国际交流与合作。其次,还需要加强与国际标准接轨,提升产品质量和安全标准,提高在国际市场上的竞争力。此外,综合保税区还可以加强与周边国家和地区的合作,建立跨境合作伙伴关系,实现互利共赢。同时,在运营模式方面,综合保税区可以借鉴全球自由贸易园区的经验和做法,探索更加自由、开放和灵活的管理模式,简化审批程序,提高办事效率,激发企业的创新潜力和竞争力。此外,还可以推动金融支持和服务的提升,吸引更多金融机构入驻综合保税区,为企业提供更灵活的融资和风险管理服务。通过这些措施,综合保税区将能够更好地适应全球化发展趋势,增强在国际经济中的地位和竞争力,实现更加开放、高效和具有吸引力的发展目标。

7. 自由贸易试验区模式

2013年,上海自由贸易试验区成立,该试验区享有比WTO规定更加优惠的税收和投资政策。裴长洪(2013)认为,自由贸易试验区的建设是我国新一轮对外开放的重要平台,其主要目标是推动运行模式的创新、转变政府职能、拓展投资领域、优化产业结构以及推动现代服务业的发展等。依托自由贸易试验区的制度优势,我国能够加快实现与世界经济的一体化发展,为中国经济的稳定增长提供支持。这些自由贸易试验区在中国经济发展中扮演着重要角色。首先,它们为国内外企业提供更加优惠和便利的商业环境,吸引了大量国际投资和创新资源。其次,自由贸易试验区推动着运行模式的创新,并探索更加开放和自由的经济制度,在全国范围提供了可复制和推广的经验。此外,自由贸易试验区的发展还推动了产业结构的优化升级,加速了现代服务业的发展,并为中国经济的转型升级提供了重要支撑。随着自由贸易试验区的不断壮大和完善,我国的对外开放将面临新的发展机遇。未来,自由贸易试验区将继续发挥重要作用,促进全球经济的互利共赢,加强与国际市场的融合,并推动中国经济实现高质量的发展。

8.3.2 中国自由贸易试验区的区位及运营特征

中国自由贸易试验区的建设与国家中心城市的功能存在共性。不论是全球范围的世界中心城市、国家范围的中心城市,还是区域内的中心城市,都是区域经济研究的热点(宋思曼,2013)。区域中心城市与国家中心城市在意义与内涵上有很多相似之处,都体现了对外开放和现代分工的最高水平特征,是推动区域经济增长的前沿地带。建设国家或区域中心城市有助于促进城市的社会经济发展与资源的有效配置,为实现更高水平的对外开放提供保障。区域中心城市是各种经济要素(如经济、交通、人才、资本、产业等)在区域范围内的聚集中心,能推动规模化生产、促进市场活力,提升经济运作效率。自由贸易试验区在不同批次和地点的设立都具备多样的功能定位和作用。本小节将对中国典型的自由贸易试验区的功能定位进行梳理和分析。

1. 东部沿海地区

上海自由贸易试验区作为东部沿海地区的典型代表,提出了大量的金融改革措施。一方面,这些改革措施促使人民币国际化,增强了我国应对宏观金融汇率风险的能力。通过推动人民币在国际市场的使用和交易,上海自由贸易试验区为我国金融系统带来了更多国际化的机遇和优势,进一步巩固了人民币的国际地位。另一方面,上海自由贸易试验区的金融改革加快了金融领域的创新步伐,并完善自由贸易试验区的配套体系。通过引入更多的金融创新政策和机制,上海自由贸易试验区为金融机构提供了更多的自由度和创新空间,推动金融行业的转型升级。同时,上海自由贸易试验区还通过建设完善的金融体系,提供更加便利和高效的金融服务,为企业和个人创造更好的金融环境。这些金融改革措施的目标是推动上海自由贸易试验区在全国范围内的推广,并打造金融创新的新高地。上海自由贸易试验区以其先行先试的优势,通过改革创新和突破,为其他地区提供了可借鉴和推广的经验和模式。将自由贸易试验区的金融创新成果向全国范围推广,可以促进全国金融体系的改革与创新,提升我国金融业的国际竞争力,实现金融创新的新突破。

天津自由贸易试验区在优化京津冀地区的产业结构、降低企业生产成本、降低关税壁垒以及吸引国际优质投资商方面发挥了重要的推动作用。通过推动产业结构的转型升级,天津自由贸易试验区为京津冀地区带来了更加优化的产业布局和发展路径。同样地,通过降低企业生产成本和关税壁垒,天津自由贸易试验区创造了更加有利的经营环境和利润空间,吸引了更多国际优质投资商进驻,进一步推动了当地经济的国际化发展。

福建自由贸易试验区承担着探索两岸协同发展的重要使命,在众多领域中积极探索着闽台合作的互补优势,并通过优化产业布局、建立两岸文化、经济等新型产业园区基地的努力,助推着两岸经济的共同发展。通过深化交流合作和促进互联互通,福建自由贸易试验区为两岸经济合作构建了更加开放和包容的发展新格局,实现两岸文化的包容性发展,有助于增进两岸民众的相互了解和交流,为打造更加和谐稳定的两岸关系奠定了基础,并推动了两岸关系的持续发展。

广东自由贸易试验区具有发挥港澳高端服务业世界领先地位的重要任务。它将广东的制造业和现代服务业紧密结合,致力于完善粤港澳产业链体系。通过加强与港澳的合作,共同构建世界一流的服务贸易中心,广东自由贸易试验区开创了粤港澳协同发展的新局面。广东自由贸易试验区以港澳的高端服务业为先导,进一步提升广东自身的服务水平和竞争力。通过引入先进的管理经验和技术,广东自由贸易试验区推动自身的服务业向世界领先地位迈进。与此同时，广东自由贸易试验区还紧密结合本地制造业，实现制造业与现代服务业的有机融合。通过构建全面的产业链体系，广东自由贸易试验区为企业提供了更加高效便捷的服务链，进一步提升了产业的竞争力和附加值。同时，广东与香港、澳门地区地理邻近，经济互补性强，合作潜力巨大。通过共同开展服务贸易，广东自由贸易试验区与港澳地区形成紧密的合作网络，共同吸引国际资本和优质服务资源，共同打造世界一流的服务贸易中心。这将有助于广东自由贸易试验区成为全球服务贸易的重要枢纽，推动粤港澳三地协同发展进入新的阶段。

浙江自由贸易试验区的主要目标是建立一个先进的跨境电商物流基地。由于其紧邻日韩和中国台湾，这一区域的经济辐射范围相较其他自由贸易试验区显著增加，这不仅为该区域带来更多的商机和合作伙伴，而且进一步降低了运营成本，为跨境电商的聚集和全球化经营模式的发展提供了极大的便利和机遇。在这样的环境下，各个国家和地区的企业可以更加轻松地进行跨境贸易，并且通过集聚优势能够更好地参与全球市场竞争，实现企业的长远发展目标。同时，该区域还积极引入先进的技术和管理模式，提高物流效率和质量，为跨境电商的稳健增长提供坚实的支撑。

2. 中部地区

湖北自由贸易试验区的设立旨在打造长江经济带中的一个重要产业创新基地和内陆开放新高地。借助武汉和宜昌作为港口枢纽的优势，该区将全力发展高端制造业和现代服务业。在高端制造业方面，湖北自由贸易试验区将致力于引入先进的技术和设备，培育和支持本土的创新企业，并提供创新政策和环境，以促进高端制造业的发展。通过提升制造业的科技含量和附加值，努力推动湖北省整体产业结构的升级和转型。在现代服务业方面。湖北自由贸易试验区凭借其良好的地理位置和交通联通优势，鼓励和支持各类服务业的创新发展，包括金融、物流、人力资源等。通过引进国际先进的服务理念和模式，提高服务质量和效率，进一步加快湖北省经济的转型升级，推动长江经济带的可持续发展。湖北自由贸易试验区以打造长江经济带的产业创新基地和内陆开放新高地为目标，以武汉和宜昌的港口优势为支撑，积极发展高端制造业和现代服务业，为湖北省经济的转型升级做出了积极贡献。

河南自由贸易试验区主要依托自身独特的区域特点，努力打造一个以东西贯通南北的现代立体交通体系的中心枢纽，加快与中部地区崛起以及"一带一路"倡议的联动，从而形成内陆地区的开放新高地。首先，河南自由贸易试验区加强了交通基础设施建设，优化了交通路网布局。通过扩建和改造铁路、公路、航空等交通设施，实现东西贯通南北的交通联通，加强与沿海地区和周边省份的联系。河南自由贸易试验区的交通便捷性和物流效率大大提升,促进了经济发展和区域协同。其次,河南自由贸易试验区积极与中部地区的城市群和经济圈进行合作,加快中部地区的崛起。通过加强与周边城市的产业协同、人才交流和资源共享,河南自由贸易试验区将形成一个更大的经济合作区域,共同推动中部地区的发展壮大。同时,河南自由贸易试验区加强与"一带一路"倡议的联动,积极参与国际经济合作。河南自由贸易试验区利用河南省身处内陆地区的地理优势,加强与沿线国家和地区的贸易往来,促进产能合作和投资合作。这将助力河南自由贸易试验区形成内陆地区的开放新高地。河南自由贸易试验区依托自身区域特点,加快形成一个以东西贯通南北的现代立体交通体系的中心枢纽。通过与中部地区的合作和"一带一路"倡议的联动,该区将进一步巩固内陆地区的开放地位,为经济的快速发展和区域的可持续发展做出积极贡献。

湖南自由贸易试验区的目标是着力打造三个重要的产业基地:全球高端装备制造业基地、内陆地区高端现代服务业中心以及长江中游综合性航运物流中心。首先,湖南自由贸易试验区努力成为全球高端装备制造业的重要基地。通过引进国际先进的技术和管理经验,培育本土的高新技术企业,提升装备制造业的创新能力和竞争力。同时,通过建立完善的产业链和供应链,促进产业协同发展,为全球高端装备制造业提供优质的产品和服务。其次,湖南自由贸易试验区致力于成为内陆地区的高端现代服务业中心。通过引进国际先进的服务理念和模式,培养高素质的服务人才,搭建起一个完善的服务业体系,涵盖金融、科技、文化、旅游等领域。湖南自由贸易试验区积极吸引国内外的投资和资源,加速现代服务业的发展,推动了湖南省经济的升级和转型。最后,湖南自由贸易试验区将成为长江中游地区的综合性航运物流中心。借助长江这一重要的水上交通通道,建设先进高效的物流基础设施,提高物流效率和质量。湖南自由贸易试验区将吸引航空、铁路、公路等多种运输方式的协同发展,构建起一个便捷高效的综合性航运物流网络,为区域经济的快速发展提供有力支撑。通过积极引进国内外的投资和资源,湖南自由贸易试验区推动了湖南省经济的升级和转型,为区域和国家的可持续发展做出积极贡献。

安徽自由贸易试验区以大力发展高端制造业和新兴产业为主要目标,致力于打造长江经济带和中部地区协同发展的内陆新高地。首先,安徽自由贸易试验区重点发展高端制造业。通过引进国际先进的技术和设备,培育本土的科技创新企业,提升高端制造业的技术含量和附加值。同时,积极搭建技术创新平台,加强研发和创新能力,推动关键领域的科技创新,促进产业升级和转型。其次,安徽自由贸易试验区加快培育新兴产业,注重发展数字经济、新能源、智能制造、生物医药等领域,该区将鼓励和支持创新型企业的发展,并提供有利于创新创业环境。通过培育新兴产业，安徽自由贸易试验区将为就业增长和经济发展注入新的动力。同时，安徽自由贸易试验区将积极促进长江经济带和中部地区的协同发展。通过加强与周边省市的经济合作，深化产业链和供应链的协同，打破地域壁垒，实现资源共享和互利共赢，安徽自由贸易试验区在长江经济带和中部地区的地位进一步加强，推动了区域经济的协同发展。安徽自由贸易试验区大力发展高端制造业和新兴产业，以打造长江经济带和中部地区协同发展的内陆新高地。通过引进国际先进的技术和设备，培育本土的科技创新企业，以及加强与周边省市的经济合作，安徽自由贸易试验区为安徽省经济的转型升级和区域经济的可持续发展做出积极贡献。

3. 西部地区

实现西部地区经济发展是区域协调发展战略的重中之重。根据新结构经济学的观点，欠发达地区要实现经济追赶，需要充分发挥自身比较优势产业的潜力。要素禀赋在不同地区的经济发展过程中会发生变化，欠发达地区需要准确判断要素禀赋的变动趋势，并深入挖掘区域内部的经济优势，这是实现经济追赶的关键所在。

重庆作为长江上游第一大港口城市和西部地区唯一的直辖市，享有得天独厚的政策环境和地理环境。重庆自由贸易试验区在物流和金融创新、跨境电商支付方式等方面进行了大量创新探索。该试验区注重发展人工智能、航空制造、融资租赁等新兴产业群，强化成渝城市群在各产业链上的协同合作，旨在打造一个内陆贸易自由化、金融国际化、监管现代化的对外开放新高地。同时，四川自由贸易试验区也致力于建设成为国际铁路对外开放的重要通道口岸。该区将推动中欧班列（成都）的铁路运输枢纽地位，提升双流机场的航空运输承载能力，分担铁路运输的压力。此外，加强基础设施配套建设，提高货物运输通行效率，增强多种交通运输方式之间的协同运作能力。对于自由贸易区内的重点现代物流企业，政府还将提供适当的政策补助，以确保四川保持西部地区现代物流交通枢纽的领先地位。重庆自由贸易试验区充分利用自身的优势，尤其是在物流和交通领域，以加强对外开放为核心，实现内陆贸易自由化和金融国际化的目标。此外，四川自由贸易试验区还通过发展铁路运输、航空运输等基础设施，并提供政策支持，进一步提升物流交通枢纽的地位和地区的发展。

陕西自由贸易试验区致力于打造"一带一路"经济合作与跨境电商合作的重要平台，积极推动中欧班列（西安）的辐射能力。作为拥有丰富高校资源的城市，西安面临人才流失的挑战，因此需要提供优质的薪资保障，以促进本地区经济建设。产业转型是西安发展模式变革的重点，重点发展先进制造业、现代服务业和农业。通过现代"丝绸之路"经济合作平台，加强与国际先进企业的对话与合作，不断提升对外开放水平和管理创新模式。西安作为西北地区最大的城市圈，具有推动整个西北地区经济共同发展的重要战略任务。通过充分发挥陕西自由贸易试验区的功能优势，将更多的政策红利辐射至整个西北地区。西安将加强与其他西北地区城市的合作与交流，共同推动经济发展、打造区域一体化发展的良好环境。陕西自由贸易试验区充分发挥西安的地理位置和特殊资源优势，打造"一带一路"重要平台，推动中欧班列（西安）的辐射能力，并加强人才保障、促进产业转型、加强与国际企业对话与合作等方面的努力，以推动西北地区经济共同发展。

4. 海南自由贸易港

海南自由贸易港作为全国最大的经济特区，我国唯一的自由贸易港，是我国对标世界最高水平制度创新的开放新高地，展示了我国坚持对外开放的决心和信心。根据《海南自由贸易港建设总体方案》，海南自由贸易港的发展重点是旅游业、现代服务业和高新技术产业。现代服务业的创新可以增强相关产业的协同发展，实现经济的循环发展。为了增加我国经济多元化发展的潜力，创新服务业的形态是重点。海南自由贸易港通过制度创新与国外市场紧密关联，在推进新型贸易形态创新的过程中，一方面提升自身的服务贸易实力，另一方面健全服务贸易发展的保障体系。依托 5G 和智慧城市等现代创新平台，海南自由贸易港可以通过共享数据、设施、物流等公共资源，促进内部产业的发展，推动产业集群式发展，提高效率。目前，高附加值产品和高精尖环节的竞争已经成为占领科技制高点的关键。海南自由贸易港可以借助服务业高技术含量的外溢效应，自主研发具有高附加值的产品，实现生产链各环节的自给。海南的现代服务业建设为高技术产业提供了优质的运营环境。同时还能吸引国内外先进制造业的集聚，并通过优惠的税收政策和宽松的营商环境推动本土企业的技术创新。因此，海南自由贸易港是一个以旅游业、现代服务业为基础，发展现代新型高科技产业的自由贸易港，将成为我国开放型经济新高地。

5. 北京自由贸易试验区

北京拥有文化、科技等多重优势，北京自由贸易试验区侧重于服务贸易的发展，依托科技创新能力和现代金融开放体系，旨在打造津京冀地区的对外开放合作高地。科技创新片区是北京自由贸易试验区的重要组成部分，其总面积为 31.85 平方公里，重点发展信息技术、生物工程、科技服务等高新产业。它是全球重要的数字技术、科技创新和投资创业的先行示范区。通过发挥总部经济和高技术产业集聚的优势，以及数字金融体系创新，北京自由贸易试验区开展更高质量的数字经济和数字贸易先行尝试，旨在突破国际贸易的单一形式，扩大服务贸易的领域和形式。北京自由贸易试验区还将加大对园区内现代服务企业的扶持力度,鼓励科研机构和企业进行科技创新。此外,实施尖端设备进口免税策略,力求打造一个以现代服务业、科技创新和数字经济为特色的国际一流自由贸易区。北京自由贸易试验区以其科技创新和现代服务业的优势,致力于打造服务贸易的"领头羊",推动京津冀地区的对外开放合作,并在数字经济、科技创新和服务贸易领域做出示范和探索。

本小节对拥有典型区域经济辐射功能的各自由贸易试验区进行了详细分析。研究表明,各自由贸易试验区的功能定位存在差异,这表明差异化试验和特色发展模式是我国自由贸易试验区有序推广的重要前提。通过综合分析各自由贸易试验区的总体方案,可发现我国各自由贸易试验区的功能定位存在明显的异质性,这意味着各自由贸易试验区由于地理位置、经济发展水平、分工环节等方面的差异对区域经济协同发展产生影响的异质性也是存在的。自由贸易试验区的功能定位有着明显的异质性,这反映了各自由贸易试验区在推广经验和发展模式时应充分考虑地理、经济和产业等因素的重要性,以实现区域经济的协同发展。

中国自由贸易试验区的设立目的是推动区域经济发展的平衡。在自由贸易试验区的选址中,中国考虑了中西部经济实力较强的省份,并在这些地区设立了自由贸易试验区,以促进经济转型和升级。这些地区包括了10个省份和2个直辖市。值得注意的是,即使在沿海地区,也有6个沿海省份在位于内陆位置的省会城市设立了自由贸易区。这表明中国不仅在国家级层面上通过中西部自由贸易试验区来平衡区域发展,而且在东部沿海的省级层面上也考虑到平衡省内沿海与内陆开放型经济发展的因素。

各自由贸易试验区所在地区的经济发展阶段、经济开放程度、产业聚集程度都各不相同,尽管各自由贸易试验区在法律意义上和执行权限上平等,但应该根据自身所在地区的经济状况来制定适合自己的发展模式。以第三批内陆自由贸易试验区为例,各个片区在功能定位上有明显的区别,这反映了不同地区经济发展的重点和特色。具体的区别如表8-1所示。差异化的功能定位有助于更好地满足各地区的经济发展需求,促进经济结构优化和协调发展。总之,各自由贸易试验区的发展模式需要根据各自所在地区的经济状况来制定,以实现经济发展的差异化和协调性。第三批中国自由贸易(试验)区战略定位如表8-1所示。

表8-1 第三批中国自由贸易(试验)区战略定位

自由贸易区名称	区位	功能定位	重点产业
辽宁自由贸易试验区	沿海	重振东北经济,改善营商环境。在沿海的营口和大连以贸易带动产业更新;在沈阳利用合资放宽政策实现重工业转型	汽车制造、食品加工、航运物流等,中欧班列(辽宁三市—东中欧)始发及中转点

续表

自由贸易区名称	区位	功能定位	重点产业
浙江自由贸易试验区	沿海	在舟山的三个片区，发展大宗商品自由进出口贸易；在宁波片区，发展为国际示范跨境电商与金融创新基地；在杭州片区发展具有国际影响力的现代科技互联网产业；在金义片区（内陆），建立内陆铁路—航空全球物流枢纽中心	海洋产业、小商品基地、燃料粮食期货、数字经济等，中欧班列（义乌—西班牙马德里）始发点
河南自由贸易试验区	内陆	利用自由贸易区契机，进一步提升郑州、洛阳、开封三地的多层次交通物流体系。郑州片区重点发展和提升现代制造业和服务业；开封片区结合旅游业和农副产品加工业；洛阳片区重点发展装备制造和现代文化产业	智能加工、农产品贸易、跨境电商、现代文创等，中欧班列（郑州—德国汉堡）始发点
湖北自由贸易试验区	内陆	作为中部崛起和长江经济带战略的示范区域，提升湖北经济的国际化要素，建设高新产业园。武汉片区重点发展生物制药、信息技术、现代工业设计，发挥空、路、铁、江联运优势；襄阳片区发展装备制造、新能源等产业；宜昌片区重点发展农贸物流、制造产业园区等	先进材料制造、空铁路江联运示范基地、农产品物流、整车制造、工业设计等，中欧班列（武汉—捷克/波兰）始发点
四川自由贸易试验区	内陆	以西部国家中心城市成都为依托，聚集四川省的新兴科技产业、现代服务产业、国际铁路航空运输产业，建设西部开放新高地，联合重庆打造成渝经济圈和"路上丝绸之路"经济枢纽带，作为中国城市群的第四级；川南片区作为联动云贵开放的门户	现代服务业、新兴制造业、现代医药产业、文娱产业、西部航空铁路枢纽等，中欧班列（成都—波兰罗兹）始发点

续表

自由贸易区名称	区位	功能定位	重点产业
重庆自由贸易试验区	内陆	利用自由贸易区契机，进行制度创新和新产业引进的尝试，将重庆建设为西部大开发战略支点和"一带一路"及长江经济带的西部枢纽中心，与成都一同打西部内陆开放型经济的示范区	新兴加工贸易、高附加值制造、大型设备融资租赁等，中欧班列（重庆—新疆—德国杜伊斯堡）始发点
陕西自由贸易试验区	内陆	作为西北地区的开放示范先行区、中亚"一带一路"复合产业园区及人文交流基地。西安两个片区分别发展高新产业和国际商贸，成为西安国际港；杨凌片区发展重点发展保税仓储与物流	战略新兴制造业、现代物流与金融服务、旅游会展中心、新农业科技、西北铁路枢纽，中欧班列（西安—西班牙巴塞罗那）始发点

从表 8-1 可以看出，第三批的内陆自由贸易试验区在发展战略和定位上有很多相似之处，比如在铁路和航空的枢纽港方面。然而，在核心产业构建方面，它们存在区别。这是因为不同地区在产业结构和特色上有所不同，因此需要根据自身情况来确定合适的发展模式。另外，像舟山这样的东部沿海自由贸易区具有港口的特点，它与内陆自由贸易区在发展模式上更加不同。沿海自由贸易区通常会注重发展与贸易、物流和港口相关的产业，以更好地利用其地理位置和港口资源，促进经济发展。因此，不同地区的自由贸易试验区需要根据其地理位置、产业特点和发展需求来制定适合自身的发展模式。这种差异化的发展模式有助于充分发挥各地经济的优势，推动区域经济的协调发展。

8.3.3 国外内陆自由贸易区建设对黑龙江自由贸易试验区建设的借鉴意义

正是由于地理区位、经济发展阶段和经济开放度的异质性，对于中国不同的内陆自由贸易试验区，在参照他国内陆自由贸易区的建设模式和产业选择上应有区别。不同自由贸易区蜂拥而至地照搬同一个国外自由贸易区的经验，不考虑自身与被学习对象的多方面差异，是极不科学的做法。

自由贸易区进行区位区分是考虑到地理位置的不同，对于发展模式和产业引进有着明显的倾向性。以波兰为例，它具有分布在边境线的内陆自由贸易区和位于国家内部中心位置的自由贸易区。前者沿国境线设立，更加倾向于吸引外资和发展产业。比如，靠近德国边界的考斯申-斯乌比采经济特区吸引了大量来自德国的投资，并带动了波兰本土的汽车零部件配套产业链的发展。而中部的罗兹经济特区则更适合本国与外国中小企业投资，对这个发展中国家内陆地区来说是一种难得的机遇。中国的内陆自由贸易区可以借鉴学习这些经验。同时，中国的沿边自由贸易区，如黑龙江黑河、绥芬河，可以参考波兰的沿边自由贸易区模式，并配套适应所在区域的产业政策。又如，云南自由贸易试验区可以与东盟、湄公河地区进行产业和投资合作，而黑龙江自由贸易试验区则可以加强与俄罗斯、蒙古国的贸易和投资往来。通过借鉴学习其他国家的成功经验，并结合自身地理和经济特点，中国的内陆自由贸易区和沿边自由贸易区可以进一步优化发展模式，促进区域经济的融合与协同发展。

跨国铁路运输确实是内陆自由贸易区发展开放型经济的一个重要突破口。研究表明，中欧班列作为一种重要的运输方式，在内陆自由贸易区始发地的贸易中发挥着显著的作用。具体研究也证明，在中欧班列始发地实施自由贸易区政策后，能进一步促进贸易额的增长。如果能以中欧班列为契机和渠道，引入资本进入中国内陆自由贸易区，将更有利于内陆地区开放型经济的发展。这种引入资本的方式可以促进外国投资的流入，推动内陆地区的产业升级和经济增长。同时，借鉴罗兹经济特区的经验，可以改善当前广大内陆地区中小企业的经营环境，提升其竞争力。通过发展跨国铁路运输和利用中欧班列的潜力，结合自由贸易区政策的实施，中国的内陆自由贸易区可以吸引更多的外国资本和提升内陆地区的经济活力。这将有助于促进内陆地区的开放型经济发展，推动经济的多元化和可持续发展。

航空运输是提升内陆自由贸易区经济外向度的另一种重要途径。美国孟菲斯自由贸易区和爱尔兰香农自由贸易区的成功例子表明，基于航空运输的自由贸易区具有很大的潜力和发展可能性。在中国，郑州和武汉等内陆国家中心城市，正致力于发展打造航空运输港，也有很大的潜力发展成为内陆航空自由贸易区的中心。郑州自由贸易片区与郑州航空港经济综合实验区覆盖范围几乎相同，近年来的发展表明其在进口和出口方面都有显著的贡献。尤其值得注意的是，郑州可以借鉴爱尔兰香农自由贸易区的经验，在其发展的第三阶段设立或引进高等院校，为园区内产业的科技含量提升和自主研发化提供就近知识和人才储备，从而推动内陆地区产业的创新和转型升级。同时，这也有助于弥补河南等地区缺乏足够的人才培养机构的情况，提升内陆地区的人才培养水平。通过发展航空运输和建设内陆航空自由贸易区，中国的内陆地区可以更好地融入全球价值链，促进区域经济的协同和协调发展。同时，进一步加强科技创新和人才引进，也有利于提升内陆地区的经济活力和国际竞争力。

武汉东部的鄂州地区正努力建设以货运为主的花湖机场，并参考孟菲斯的模式，利用武汉和鄂州地处中国京津冀、长三角、珠三角和成渝四个经济圈的几何十字交汇处这一地理优势,发展国内物流快速航空枢纽。类似于孟菲斯靠近美国最大的河流密西西比河,武汉东部的鄂州地区临近中国第一大河流长江,这为该地区的发展提供了水运的另一种途径。这样的水陆交通网络将增强该地区的物流运输能力,提高货物的流通效率。鄂州地区已被湖北省政府纳入申报湖北自由贸易试验区扩容的范围,可见政府对该地区的重视和支持。通过发展花湖机场和进一步推动湖北自由贸易试验区的建设,鄂州地区将更好地利用内陆地区的地理位置优势,加强与其他经济圈的交流与合作,促进经济的内外联通和跨境贸易。这一举措有望提升鄂州地区的经济活力,推动产业升级和吸引外商投资,进一步推动内陆地区的开放型经济发展。通过借鉴孟菲斯的成功模式和经验,鄂州地区有望成为中国内陆地区货运航空枢纽的重要节点。

自由贸易试验区应该为内陆地区提供一系列的配套政策,以吸引外资和外商投资,促进本土产业升级和转型。同时也应提供便利的沟通渠道和优惠的政策措施,降低资金、人才和信息等要素进出的成本,进一步推动内陆地区的内生经济增长和开放型经济的发展。可以采取一些税收优惠措施,如减免企业所得税或增值税等,以吸引更多投资进入内陆地区。另外,还可以出台一些其他政策,例如优惠的融资政策、土地政策等,帮助内陆地区吸引更多的资金和人才。同时,建立起便捷的物流运输网络也很关键。例如,可以鼓励发展快递、物流等行业,促进内陆地区的物流业的快速发展,提高区域的物流效率。

通过自由贸易试验区建设,内陆地区可以更紧密地融入国际贸易体系,吸引更多的外商投资和技术引进,推动本地区产业的升级和创新。自由贸易试验区为企业提供更加便利和规范的经营环境,包括简化行政审批、优化营商环境和法律保护等。这将吸引更多的企业和人才来内陆地区投资和发展,进一步促进内陆地区经济的发展。同时,自由贸易试验区的建设还将提高内陆地区的竞争力,使其能够更好地应对国际市场竞争的挑战,提升地区的可持续发展能力。

8.4 本章小结

纵观国外较为成功的自由贸易区,其成功原因既有选址的合理性,也有配套政策的鼎力支持,同时还良好地顺应了世界经济发展和国内产业转移的大环境。自由贸易区的设立为区域平衡发展做出了巨大的贡献:在供给侧,自由贸易区较低的生产成本良好地承接了本国一些外贸产业的转移,使得区域的资源区位潜力得以发挥;在需求侧,自由贸易区降低了进口的成本,使得人民也能以较实惠的价格享受到进口商品及服务,企业低价采购到生产机器、原材料和中间品；自由贸易区的有效运作还优化了人口和产业的分布，使得沿海地带人口拥挤、土地资源紧张以及自然环境压力的状况得以缓解。从孟菲斯自由贸易区的经验可以看出，建设自由贸易区要进一步完善配套交通基础设施建设；从爱尔兰香农自由贸易区的经验可以看出，自由贸易区要加强人才培养及引进，不断完善配套支持政策，通过高等院校就近输入人才。借鉴美国国家对外贸易区委员会的经验，灵活设立对外贸易区或辅区，对园区内制造业给予极大支持，对于需要进口国外零部件等中间品的制造企业，不再收取进口关税。波兰经济特区同样也有众多辅区，这基本是主区发展到一定阶段后扩容的结果。黑龙江自由贸易试验区建设可参考美国或波兰的扩区或辅区模式，考虑将外围城市直接纳入自由贸易试验区的范围，或与自由贸易试验区成为协同发展区。

第9章

黑龙江自由贸易试验区推进区域经济联动发展的对策

为了推动中俄边境贸易的发展,探讨政策支持中俄边境贸易发展的保障措施,提出黑龙江自由贸易试验区推进区域经济联动发展的政策支持结构框架,揭示政策支持的内在逻辑思路,构建政策支持的保障体系,并提出具体保障措施,为推动中俄边境贸易发展提供政策支持保证。

9.1 黑龙江自由贸易试验区推进区域经济联动发展的思路

在建立黑龙江自由贸易试验区联动机制的基础上,根据联动原则和相关现状,对实现经济区域联动的具体路径进行详细规划。就具体操作层面而言,黑龙江自由贸易试验区推进区域经济发展的有效途径有两条:优化区域产业、调整贸易格局,协调各行业自由贸易试验区的空间布局,"创新"中俄自由贸易试验区的合作模式,为自由贸易试验区和区域经济发展"优化外部环境",充分发挥自由贸易试验区的政策红利。此外,在路径实现的过程中,还可以将施行有效的一系列制度举措从自由贸易试验区向周边地区推广,这样可以更好地发挥溢出效应,促进区域经济的联动发展。

9.1.1 通过政府治理联合创新推动协同发展

黑龙江自由贸易试验区应用高新技术手段搭建政府治理联合创新的管理平台,将制度安排、政务流程、政商互动等纳入平台管理,实现信息共享,保证信息能高效、及时流动,提升政府间协同效率,打造便利化的营商环境。与此同时,还会建立联合负面清单,以便实现市场准入便利化、营运自由化。政府治理联合创新平台还打通了港口物流平台和海关管理平台,通过高效互动实现国际国内贸易物流高效运行和跨区报关通关便利快捷,出口退税、出口贸易年报制更有效降低了新兴产业的运营成本。可见,政府治理联合创新管理平台能够提高行政效率,有助于实现自由贸易试验区和其他经济功能区协同发展。

9.1.2　协调区域空间布局的路径选择

黑龙江自由贸易试验区通过建立产业生态链调整贸易布局,推动协同发展。自由贸易试验区以新一代信息技术、高端装备等战略新兴产业和高端服务业为核心产业,与其他经济功能区的核心产业通常是上下游产业生态链关系,所以建立高、中、低端密切合作的研发、制造、服务一体化的产业链,能够促进产业要素的高效流动,推动以自由贸易试验区的高端产业为引领,向其他经济功能区传导产业创新能力的良性联动,形成各区域间比较优势显著同时又相互依存的产业链关系,从而提升区域经济的整体竞争力。可见,通过产业协同协调区域空间布局,形成上下游产业生态链,有助于实现黑龙江自由贸易试验区和其他经济功能区产业协同发展,提高传统产业的信息技术水平。

9.1.3　创新中俄合作模式的路径选择

黑龙江自由贸易试验区的发展目标之一是建设以对俄罗斯及东北亚为重点的开放合作高地。在创新中俄合作模式的路径选择上,黑龙江自由贸易试验区的建设要想推动黑龙江省区域经济协调发展,必须着眼于中俄在跨境投融资、跨境物流等方面的合作,打造对俄罗斯及东北亚区域合作的中心枢纽,以制度创新为核心,以可复制、可推广为基本要求,积极推动深化黑龙江与俄罗斯的整体合作。

9.1.4　优化外部环境的路径选择

黑龙江自由贸易试验区挂牌时间不长,政府应尽快出台全面的政策法规,加强机构管理,转变政府职能,为自由贸易试验区创造一个宽松、健康的外部环境,吸引更多的外国企业来设立和投资,并逐步将这些政策的实施推广到周边地区的一些园区,为实现区域经济联动发展提供良好的外部环境,为黑龙江带来更大的经济发展动力。

9.2 政策支持的保障体系

依据"供给—需求—环境"的结构框架模式,黑龙江自由贸易试验区提出供给侧、需求侧、优化营商环境三个层面的具体保障措施。

9.2.1 供给侧—需求侧—环境侧的结构框架

从供给侧、需求侧、环境侧三个方面来构建政策支持体系(供给侧政策保障措施、需求侧政策保障措施、优化营商环境政策保障措施),揭示政策支持的内在逻辑思路,提出政策支持的总体结构框架,如图9-1所示。

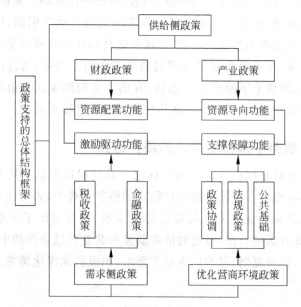

图 9-1 政策支持的结构框架

供给侧政策保障措施。其实质在于推动中俄边境贸易发展的政策供给方式,更好地与市场导向相协调,充分发挥市场在资源配置中的决定性作用。因此,应按照市场导向的要求来规范供给侧政策保障措施,并通过财政政策、产业政策的调整来实现。

需求侧政策保障措施。其主要是以市场导向需求为前提构建政策支持保障措施。中俄边境贸易发展的市场主体为企业,存在解决企业迫切需要的政策需求,具体体现为:税收政策的调整,为企业减负释放活力;金融政策支持,为企业提供良好的金融环境解决融资困难等问题。

优化营商环境政策的保障措施。中俄边境贸易发展的政策支持体系需要优化营商环境以实现支撑保障功能。在具体实操中,可以政策协调支持策略为重要保障,以法规政策保障措施为核心保障,以提升公共服务基础环境层面为前提保障。

9.2.2 政策支持的功能

黑龙江自由贸易试验区通过实现中俄边境贸易发展的各项政策,实现政策支持的保障功能:资源配置功能、资源导向功能、激励驱动功能、支撑保障功能。

1. 资源配置功能

在已有相关政策支持的前提下,黑龙江自由贸易试验区关注中俄边境贸易发展,重点安排更具有针对性的政策供给,如增加公共物品供给,为中俄边境贸易发展提供充分、有效的资源配置。

2. 资源导向功能

政府政策对中俄边境贸易的发展具有重要的指导意义。在政策支持体系中,政府作为一只"有形的手",发挥导向功能,通过政策途径影响和促进中俄边境贸易发展。这些政策主要包括:通过市场或信息传递机制引导微观活动,推动企业调整产品结构,实现技术研发、产品转化及市场化的全链条的调整等。

3. 激励驱动功能

政府的政策支持影响着中俄边境贸易的主体,其所具有的激励动力因素直接成为企业利益的驱动因素,如政府的税收减免等政策对企业产生正面影响,通过对一些重点产业提供补贴或减税来实现激励功能;金融政策提供良好的金融环境及金融服务,降低中俄边境贸易企业的投资风险等。这些政策效应影响到企业,并最终间接转化为企业的利益驱动因素。

4. 支撑保障功能

自由贸易试验区的发展,需要政策为企业提供良好的保障和支撑条件。一方面,通过政策对企业层面的支持和保护,推动自由贸易试验区的发展;另一方面,政策还保障了外部的公平竞争法律环境,如建立中俄双方协商机制等。

9.2.3 供给侧政策保障措施

供给侧的政策保障措施在实质上是指通过财政政策、产业政策的调整,推动自由贸易试验区建设的政策供给方式,按照市场导向要求规范,实现更好地与市场导向相协调,充分发挥市场在配置资源中的决定性作用。具体包括:财政政策保障措施、产业政策保障措施。

1. 财政政策保障措施
(1) 财政资金支持

在财政资金支持方面,首先是争取更多的国家政策支持。例如,争取国家对外投资合作专项资金向对俄投资合作倾斜,支持对俄通道建设、重点合作项目、资源产品回运、境外商品展示营销平台建设,加强加工区、保税区、经济技术合作区的资源优势互补,充分发挥政策导向作用,在俄罗斯进口商品方面重点考虑我国加工工业支持的类型,通过增加产品附加值出口实现政策支持。

其次,应注重调整出口贸易模式,积极改善严把出口俄罗斯产品的质量,规范对俄罗斯出口商品的贸易秩序。充分发挥自由贸易试验区的境内境外功能,重点以原材料和半成品出口,同时指导企业遵守贸易规则,严格把控出口俄罗斯产品的质量,确保关键港口有序顺利出口。

最后,建议设立建设基金与配套基金逐年增长的机制制度,考虑将其纳入部门预算管理体系。在此方面应设立专项基金,支持企业"走出去"的发展战略,为境外投资企业提供保障资金支持。例如,积极支持"走出去"的企业从事木材、煤炭和铁矿石等资源性行业,对于合作参与境外矿产资源开发,同时能够取得开采权的企业给予财政支持,加大相关优惠政策,探索支持对俄罗斯的重大项目合作策略细节。

(2) 加大财政补贴力度与层次

提升政府对边境贸易的财政补贴和预算拨款项目的投入力度。为形成对外贸易的良好产业链,打造对外贸易的优势产业,国家各级财政部门可以对从事中俄边境贸易的阳光优势产业进行财政补贴。财政补贴的形式可以多样,但主要用于对新技术、新产业、创新性较强,未来有着较好的发展前景的企业进行补贴。对于大型工业园或者对外贸易建设的项目可以纳入国家战略规划体系,设立专项基金,明确资金的用途与额度,恰当地运用 BOT 模式,推动建成固定财政收入投入与稳定的收入增长机制。

从事外包俄罗斯国家项目的企业应被视为关键的资助对象,并应充分补贴这些企业因筹集项目资金而产生的利息。除增加对从事项目承包的企业的补贴外,财政部门还应重点扶持于"走出去"企业的初始投资阶段,如购买设备、租赁场地、可行性研究支出等大型支出。

(3) 增加公共物品的投入力度

加强对俄经贸合作的政策支持力度。目前,中方应充分发挥政策导向的功能,建立一个功能齐全,设备完善的对俄罗斯开放的边境口岸,进一步支持对俄经贸企业的发展,充分合理利用好边境贸易的政策。

中俄边境贸易发展,不同于欧盟,中俄两国都是完全单独行使财政职能的国家,由于公共物品的具有正外部效应,极容易产生"搭便车"行为。因此,需要中俄双方对于此类公共物品的供给进行彼此协调,双方增加财政投入,提升中俄边境贸易发展中公共物品的供给力度,以促进双边贸易发展。区域性公共物品的供给主要体现为交通、产业调整、信息、教育、安全等。

2. 产业政策保障措施

基于俄罗斯在远东地区的开发战略,俄罗斯逐步减少在世贸组织框架和保护主义政策下的投资,同时将继续颁布新的优惠政策以吸引资本。中方企业应抓住这一历史机遇,依托俄罗斯优越的自然资源条件,投资相关工业领域,提高产品附加值,开拓俄罗斯市场。此外,两国还应开放新的高科技产业,探索投资空间、加强核能和绿色农业发展。这些都需要产业政策的支持保障。

(1) 完善产业政策及补贴的形式

产业政策支持重心应实现由结构性的政策向功能性政策的转变。当前,我国在对俄贸易的产业中还有很多属于"幼稚产业",在相当长的时期内,财政税收等支持性政策还将在扶持产业发展方面发挥重要作用。因而,产业政策策略要相应随之调整。有关产业结构方面,黑龙江自由贸易试验区应在充分尊重双方现有条件的基础上,基于互补互利视角,鼓励企业发展合作前景较好的产业,逐步优化产业结构。从当前来看,中俄边境贸易发展应优先发展现代物流业,以此推动进出口加工、服务、旅游、通信等产业的发展。当边境口岸的基础设施条件得到改善,将为中俄边境贸易的进一步深入合作奠定坚实基础。

针对特定产业类型的支持政策。针对特定产业类型的支持政策可以包括以下两个方面:一是利用税收优惠政策、补贴等多种方式,重点扶持服务贸易、离岸服务等新领域的税收政策创新。二是调整政府的产业投资结构,支持战略性、关键性的高科技产业化项目,对于高新技术企业的创业期给予引导资金,提高利用高新技术促进传统产业技术升级。

考虑优先扶持的产业类型。具体包括如下:对于中俄边境贸易发展中的小微企业给予一定的政策照顾,设立专门的扶持基金;对于前往俄罗斯建厂、从事高技术研发、展示和销售新产品等的私营企业给予财政支持或补贴。鉴于中俄边境贸易在基础设施建设方面相对落后,黑龙江自由贸易试验区应制定专项扶持基金政策,支持企业积极投资建筑业和电信服务,对于相关企业融资成本给予适当的财政补贴。

(2) 积极促进国际产能合作优化产能和资源配置布局

用全球视野配置资源、资产和各类要素,推动东部地区装备制造业、农业、木材加工、石油化工、煤化工、医药、矿产开发、冶金、纺织服装等产业走出去,推动石油、天然气、煤炭开采技术走出去,技术标准带出去,在国际产能合作上取得突破性进展。鼓励企业着眼于优化全球产业链布局，采取对外投资、工程总承包、共建产业园区等方式，加快石油化工、煤化工、航空、机械、电力冶金、建材、绿色农业等优势行业和产业"走出去"进程。鼓励企业提升其跟随性服务水平，建立境外的加工组装分销网络及售后服务体系，使东部地区中低端加工制造产品向高附加值环节拓展。在石油、天然气、铁矿、铅矿等领域，利用自身技术优势，加强与主要资源国的战略合作，同时要强化境外风险防控和权益保障机制建设，在提高对外开放水平中增强风险防范能力。

(3) 培育国际竞争新优势

东北地区要巩固传统市场优势，积极拓展海外新市场，综合发挥对外投资和利用外资联动效应，推动东北地区更多具有竞争优势的产品和服务出口。黑龙江自由贸易试验区应重点培育以技术、品牌、质量、服务为核心的出口竞争新优势，提高中高端商品出口比例，提升本地区产业在全球价值链中的地位。以服务业为重点，放宽外资投入领域，优化服务贸易结构，创新服务贸易模式，提升服务贸易国际竞争力。借鉴自由贸易试验区的建设经验，为东部地区全面深化改革和扩大开放探索可推广的新途径，黑龙江自由贸易试验区推行准入前国民待遇加负面清单的外资管理模式，大幅度减少外资限制性措施，通过营造高标准国际营商环境吸引外资，提升利用外资质量，更好地发挥外资在促进东部地区产业技术创新和产业升级方面的积极作用，使东部地区的产业和产品在国际市场上更具有竞争优势。

9.2.4 需求侧政策保障措施

中俄边境贸易发展的市场主体为企业，为解决企业迫切需要的政策需求。黑龙江自由贸易试验区的需求侧政策保障措施主要是以市场导向需求为前提，构建政策支持策略。具体体现为：税收政策的保障措施，为企业减负释放活力；金融政策的保障措施，为企业提供良好的金融环境及金融政策支持，解决融资困难等问题。

1. 税收政策保障措施

黑龙江自由贸易试验区保持现有政策优势，创新研究税收政策，赋予地方一些税收优惠政策。发展中俄边境贸易的当地政府可以在"符合税制改革方向和国际惯例并且不发生利润转移和税基侵蚀"的前提下，大胆借鉴海内外成熟经验，给予企业税收优惠，例如，选择性征收关税政策，不征资本利得税，取消利息预提税等。黑龙江自由贸易试验区建立符合通用标准又具备自身优势的税收政策体系，有利于鼓励区域内企业的投资发展、拉动内销、减少税收成本、提升企业的竞争力。当然，税收公平也不能忽视。但是在考虑尝试新的税收政策的同时，还应遵循税收公平原则。此外，国家和地方还应积极思考新对策，积极应对各地不同行业的税负不均等问题。

(1) 完善政策覆盖领域，加强政策优惠力度

黑龙江自由贸易试验区完善政策覆盖领域主要体现为：所得税优惠方式的转变，增值税出口退税政策完善及拓宽其他税种优惠。

在所得税方面，黑龙江自由贸易试验区未实行优惠税率的地区应加快采取适当的措施，因地制宜执行所得税优惠政策，还可尝试采取间接优惠方式，即削减其他费用或者延期纳税的方式；在企业所得税方面，黑龙江自由贸易试验区在中俄边境贸易发展中探索学习上海自由贸易试验区的经验，自由贸易试验区内的公司或企业在给定年度内对于非货币性资产在对俄贸易中产生资本增值，可以分期缴纳企业所得税，给企业提供延期纳税的机会。由于资金具有时间价值，这样对于企业而言，就等同于拿到了银行的无息贷款。对于非银行性金融机构发生的对外融资租赁业务，可适当纳入融资租赁出口退税的优惠范围。同时还可考虑在完善目前税种优惠政策覆盖的同时，拓展其他税种的优惠政策如土地增值税、房产税、契税等。

2022年，国家实施组合式税费支持政策，全年为黑龙江省市场主体让利超过300亿元，有力地支持了市场主体纾困发展。但由于黑龙江省地处祖国最北最东部，处于全国市场和物流体系末端，冬季严寒、取暖期长，更是增加了企业在黑龙江省的投资、建设和运营成本。因此，减税降费需要与地方经济和区域特点相结合，发挥效应的针对性、客观性。当前全国统一的减税降费政策，并不足以解决黑龙江省面临的产业发展和转型困境。目前，在全国7个纯陆地边境省份中，新疆、西藏、内蒙古、甘肃、云南全省范围、吉林省部分地区均享受了鼓励类产业15%税率企业所得税优惠政策，黑龙江省是唯一没有享受到该项政策的纯陆地边境省份。黑龙江省面临的产业发展滞后、人口流失困境，急需国家赋予针对性的支持政策，帮助黑龙江省推进实施产业振兴计划，以产业发展留人、聚人、引人、稳边、固边、兴边。笔者建议国家出台区域性税收支持政策，促进黑龙江省产业结构调整和特色优势产业发展，给予黑龙江省鼓励类产业企业减按15%税率征收企业所得税政策。

为进一步落实企业"走出去"战略，黑龙江自由贸易试验区积极支持企业发展出口业务，同时完善出口退税制度，实现"未征不退"与"完全退税"等出口退税政策结合不同行业企业实际情况有差别实施：对于一些中低端的技术密集型产业、但具有高附加值、有利于打开国际市场的产业，可以通过"少征多退"的政策积极支持发展出口业务；对帮助消化就业的劳动密集型、并且具有较强国际竞争力的产业，建议采取"征退相抵"的办法，实现减轻企业税收负担的目的。

(2) 关税定位与通关手续问题

自从加入了世界贸易组织,俄罗斯已经在逐步降低关税税率,在此基础上,中俄两国应讨论自由贸易区的关税减让问题,避免形成新的贸易壁垒,推动贸易自由化。同时,黑龙江自由贸易试验区应加大海关政策改革,改变"灰色清关"的现状。关税保护产业功能和关税财政收入功能存在一定的冲突,强化关税保护产业功能,必然会弱化财政收入功能,反之亦然。因此,在降低关税税率的情况下,要保证关税收入规模必然要扩大进口,但进口增加一定冲击国内产业,恶化贸易条件。我国应该审时度势、权衡利弊后采用合适的关税政策。如果要保护国内产业,关税财政收入功能应予以弱化。但必须认识到任何政策都有其局限性,应避免关税政策变化导致贸易双方摩擦。

2. 金融政策保障措施

金融政策代表着一个国家的货币政策导向,以金融行业的发展带动实体经济的发展已经成为国际社会发展的一个重要的趋势。要发展边境自由贸易区,金融政策的改革与创新势在必行,为贸易区内的企业提供金融政策保障。

(1) 促进金融市场开放

与此同时,要争取在中俄边境贸易发展中实现人民币与卢布的自由式兑换,促进卢布市场汇率机制的形成,以减少外币兑换汇率风险。同时,还应简化外币交换的手续,以此来提升金融效率,帮助国内企业和商人规避汇率由于时间地点的变动带来的损失。黑龙江自由贸易试验已应积极拓展金融服务范围界限,双方的商业银行应该从普通结算方式向全方位的合作发展模式转变,加快实现中俄两国间本币结算扩大到资本项目下的结算,同时应出台本币结算制度,实现人民币直接划转,这样可以减轻境内企业以人民币结算导致的境外投资压力。

(2) 支持金融机构到俄罗斯开展金融业务

黑龙江自由贸易试验区支持我国金融机构到俄罗斯开展金融业务,具体包括:鼓励我国地方性银行以及国有商业银行充分发挥本土化优势,不断拓展对俄的国际业务和国际银行间的收购业务,简化和完善国际贸易结算程序;支持我国金融机构到俄罗斯开展业务,加快推进中俄贸易本币结算,降低汇率折算差异;鼓励我国银行收购俄罗斯地方性银行,支持我国金融机构在俄罗斯设立分支机构,并在俄罗斯开展海外资产抵押贷款及其他金融业务;支持我国银行在俄罗斯哈巴尔边境地区和叶卡捷琳堡设立分行,在俄罗斯开展海外资产抵押等金融业务;积极探索建立俄罗斯投资基金模式,尝试建立对俄投资基金,解决我方企业在境外投资融资困难问题。

(3) 支持俄罗斯卢布的直接投融资

在中俄边境贸易发展中,黑龙江自由贸易试验区支持俄罗斯卢布的直接投融资,推广商业信用证、备用信用证和保函等结算方式,实现两国不通过第三国的直接结算。通过与俄罗斯签订相关的金融合作的合同,黑龙江自由贸易试验区推行真正能够流通起来的,并且能够受到两国法律承认和保护的跨国本票、支票、汇票同城异地的结算方式,加快办理中俄贸易托收等结算方式的效率。黑龙江自由贸易试验区开展离岸金融业务试点工作,鼓励条件成熟的沿边开放口岸如满洲里、绥芬河成立对俄贸易结算中心,积极推进中俄两国货币自由结算进程。

9.2.5 优化营商环境政策保障措施

在中俄边境贸易发展的政策支持体系中,优化营商环境的政策保障措施以政策协调支持策略为重要保障,以法规政策策略为核心保障,以提升公共服务基础环境层面为前提保障,实现了支撑保障功能。

1. 政策协调支持保障措施

政策协调支持的保障措施包括构建政府间的协调体系与政策间的协调支持策略两方面。政府间的协调体系体现为中俄两国政府间的协调,以及中央政府与地方间的政策协调;政策间的协调支持策略包括:财税金融政策协调支持,及其他政策与财税政策、金融政策的协调支持机制。

2. 政府间协调

(1) 中俄边境贸易是中俄双边行为,需要中俄双方协商达成共识。虽然中央政府为主导,但考虑中俄边境贸易发展的实际参与主体为地方政府,因此地方政府应有建议权和政策实施细则的解释权。

(2) 在开展对俄贸易过程中,应加强我国与俄罗斯之间的税收征管协调,这样才能有效监控跨国纳税人的税源,有效保护国家税收权益。目前我国仅在中韩税收协定中规定了自动情报交换条款,在中俄税收协定中只是规定了专项税收情报交换条款,两国税收情报交换参与程度较低,不利于监控分布在俄罗斯境内的税源。因此应当从国家层面上完善中俄两国之间的税收协定,实现自动情报交换,如此才更有利于两国之间监控税源分布情况。税收情报交换是一项对专业性要求极高的工作,因此税务部门应投入更多精力培养专业人才,以更好地服务中俄边境贸易发展。

(3) 两国海关实现规则对接。中国政府应与俄罗斯政府充分协商与合作,以WTO成员方的身份要求俄罗斯改变以往的海关贸易壁垒。中国可在中俄边境地区内给予最大限度的海关优惠,缩短通关时间、减少通关手续,按照WTO的准则进行检验检疫,使俄方向WTO的要求逐步靠近。中俄边境地区内海关实现政策透明,程序公平,让进出口商人充分享受低税收政策,以降低

"灰色清关"发生的可能性。

3. 政策间协调

在对俄边境贸易发展的政策支持中的各政策间需要加强配合与协调,实现政策合力,以推动中俄边境贸易发展。

(1) 财税政策与金融政策协调

① 协调作用机制

单独的财税政策或金融政策较难有效发挥作用,应尽可能发挥各种政策之间不同的组合效应,使财税政策与金融政策协调支持,最大限度实现政策目标的公平与效率。财税政策与金融政策的协调支持对中俄边境贸易发展创造收益的影响作用机制表示为

$$Y = \Phi(A, B, X) \tag{9-1}$$

式(9-1)表示中俄边境贸易区发展的主要政策因素包括财税政策(A)、金融政策(B)以及其他因素(X),$\Phi(g)$为非线性的函数关系。由于两种政策对中俄边境贸易发展可能存在非线性影响和互补效应,将其两因素的影响代入式(9-1),则式(9-1)具有在中俄边境贸易发展中实施中性财政税收政策,充分发挥财政税收政策宏观调控的功能。在财政状况好转的时候保证财政收支的前提原则下,应该着重调整对俄贸易企业的财政支出结构。

$$\begin{cases} \dfrac{\partial Y}{\partial A} = \dfrac{\partial \Phi(g)}{\partial A} = \varphi_1(B) \\ \dfrac{\partial Y}{\partial B} = \dfrac{\partial \Phi(g)}{\partial B} = \varphi_2(A) \end{cases} \tag{9-2}$$

从式(9-2)可以看出财税政策与金融政策的政策差距效果取决于函数$\varphi_i(g)$形式。从实证角度分析的计量形式如下:

$$Y = \beta_0 + \beta_1 \cdot A + \beta_2 \cdot B + \beta_3 \cdot A \cdot B + EX \tag{9-3}$$

式(9-3)是包含交叉项的计量方程,包含了财税政策与金融政策的交互项$A \times B$,通过代入两种政策的交互项,可以追溯政策的互补效应,具体采用对式(9-3)求财税政策与金融政策的偏导数,得到以下政策组合效应:

$$\dfrac{\partial Y}{\partial A} = \varphi_1(B) = \beta_1 + \beta_3 P \times B \tag{9-4}$$

$$\dfrac{\partial Y}{\partial B} = \varphi_1(B) = \beta_2 + \beta_3 P \times A \tag{9-5}$$

式(9-4)来源于对式(9-3)两边求解财税政策变量A的偏导数,可以看出财税政策对中俄边境贸易的偏效应作用不仅作用于财税政策变量系数β_1的符合,还作用于金融政策的实施情况,即β_3的系数符合;同理从式(9-5)中,可以得出金融政策对中俄边境贸易的偏效应作用不仅作用于变量系数的符合,还作

用于财税政策实施的情况,表现为 β_3 的系数符合。将两种政策不同搭配进行组合分析,具体如表 9-1 所示。

表 9-1 财税金融政策配合实施效果分析

直接效果系数	直接政策效果	交互项系数	配合政策效果
$\beta_1>0$	财税政策实施降低中俄边境贸易收益	$\beta_3>0$	配合的金融政策放大财税政策的不利影响
		$\beta_3<0$	配合的金融政策阻止财税政策的不利影响
$\beta_1<0$	财税政策实施增加中俄边境贸易收益	$\beta_3>0$	配合的金融政策阻止财税政策的不利影响
		$\beta_3<0$	配合的金融政策放大财税政策的不利影响
$\beta_2>0$	金融政策实施降低中俄边境贸易收益	$\beta_3>0$	配合的财政政策放大金融政策的不利影响
		$\beta_3<0$	配合的财政政策阻止金融政策的不利影响
$\beta_2<0$	金融政策实施增加中俄边境贸易收益	$\beta_3>0$	配合的财政政策阻止金融政策的不利影响
		$\beta_3<0$	配合的财政政策放大金融政策的不利影响

表 9-1 中各行参数的具体数值需要通过计量的实证研究得到。相对政策目标选择,希望得到 $\beta_1<0$、$\beta_2<0$、$\beta_3<0$,这就需要进行相应的制度和机制设计,同时还需要对财税政策和金融政策的政策工具进行一系列的优化。

财税政策与金融政策的结合及其可能的结合效应研究表明:第一,单独的财税政策或金融政策不能发挥其应有的效果,因为各种政策之间存在明显的互补性;第二,传统的财税金融政策组合以凯恩斯主义需求管理理论为基础,强调政策的短期作用。因此,财税金融政策组合搭配的模式能够充分实现政策工具的最大效应。

② 协调内容

健全和完善长期财税政策与金融政策互动的宏观调控体系,要通过长期经济社会发展规划全面处理、协调财政政策。财政政策的协调包括两大赤字,以及对不良资产的定期跟踪和衡量。财政和金融的稳定安排、财政和金融政策与业务工具之间的相互作用以及应对不利金融负债的安排。财税政策在促进俄罗斯贸易和经济增长、优化经济结构、调节收入分配方面发挥着重要作用。财政政策应注重经济稳定与平衡的作用,在中俄边境贸易中完善货币政策的传导机制；加强监测对俄罗斯的贸易操作系统；加强宏观经济调控部门互补函数和信息共享，提高宏观调控水平。

财税政策的运用模式有两种：其一，财政补贴，能够覆盖国有大中型企业，而中俄边境贸易发展的大多数中小型民营企业则无法得到政府的财政资金的支持，主要依靠金融部门的信贷的支持，因而需要金融机构出台有关具体政策评价指标及优先支持的产业类型等，这些应得到公开、透明、公正的落实；其二，依靠税收政策进行宏观调控，对于在中俄边境从事贸易的企业，可根据实际情况适当给予税收优惠政策，如企业所得税中税前扣除范围的扩大，以及对于加计扣除问题，应结合企业实际给予政策导向支持，把税收优惠政策切实落到实处。

(2) 完善产业政策与财税政策、金融政策的协调支持机制

完善对俄罗斯贸易的产业政策与财税政策、金融政策协调机制，能够发挥综合效应，对于从事俄罗斯贸易的行业制定产业政策支持、限制或禁止等相关制度，从而实现资源优化，产业结构合理调整。

协调支持机制的完善既要考虑财税金融政策的协调支持中俄边境贸易的发展，还要考虑财税金融政策的实施与其他政策如产业政策、资源配置、经济结构问题相结合。具体表现为落实财税金融政策的协调要结合具体的省情需要，例如，黑龙江省是一个农业大省，农业生产及深加工具有一定的行业优势。俄罗斯在此方面比较欠缺，对于从事带动农业产品"走出去"的企业，应给予具体的信贷支持及财税优惠政策，加大支持的力度。

9.2.6 法规政策保障措施

1. 促进中俄边境贸易区发展的相关政策体系

给予企业相应政策倾斜。目前，应充分发挥政策导向作用，有关部门应从土地使用、信贷、资金支持上重点倾向对俄服务贸易企业的发展。具体表现在如下方面：加大对政策基金的支持力度，利用相关特别基金支持发展与俄罗斯的服务贸易；争取中央财政资金的支持力度，将我方边境口岸建设成为一流的对俄开放平台；支持服务型贸易企业"走出去"战略，积极利用国家现有的政策支持，对于工程承包、咨询设计、签订合同等的前期费用给予必要支持；对于对俄服务型贸易企业加大政策性担保的力度，并且不断提高担保融资的比例。

2. 优化政策环境

自从20世纪90年代以来，中俄边境贸易的贸易量不断增长，与此同时，贸易摩擦也一直存在。如何解决这一问题？优化相关的法规政策如自由贸易区的企业准入政策、贸易纠纷的处置政策、对自由贸易商品种类的限制政策等，对

中俄边境自由贸易区的建设起到非常重要的作用。中俄两国相关贸易法规政策的协调与否,会直接影响自由贸易区的贸易结构、发展规模和方向,两国相关贸易法规政策的协调度越高,则对于中俄边境自由贸易区建设的支持作用越强。

3. 立法层次和政策内容的统一

在中俄边境贸易发展中,有关中央层面的政策应该由中央政府统一制定,从而保证中俄边境贸易的政策统一;有关地方政府层面的政策优惠,应遵循《中共中央关于全面推进依法治国若干重大问题的决定》和其他相关法律,采取保持原有政策的基础上,与中央协商后再根据实际情况制定相关政策的方式,以保证中央政府和地方政府的权威,保证各立法层级优惠政策的同一性。只有立法层次和政策内容统一,才能保证中俄边境贸易的健康发展,才能顺利推进中国边境贸易顺利发展。

9.2.7　公共基础服务保障措施

1. 建设国际性综合交通枢纽

坚持网络布局、智能化管理、提供全面服务,推动绿色发展,完善现代综合交通运输体系,建设连接中国与世界的综合交通枢纽,建成东北交通走廊。建设国际性综合交通枢纽,提高国家、区域和区域综合交通枢纽水平,应加强东部主要铁路和公路枢纽建设,以黑、吉、蒙东为依托,以哈尔滨、长春为支点,建设连接满洲里至港澳台的运输大通道;应推进边境重要港口建设。增加中心内外的辐射能力;完善枢纽综合服务功能,优化过境设施和运输网络,提高交通物流的整体效率。

2. 深度融入全球经济,提升开放型经济水平

当前,我国已深度融入全球化格局,推进与全球经济体系的深度融合,是拓展我国经济发展空间的必然要求。东北地区与沿海发达地区相比,开放水平相对较低,在新一轮全面开放中,还有很大的发展空间。东北地区要积极融入一带一路发展战略,加强与周边国家的基础设施互联互通,努力把东北地区打造成对外开放的重要窗口和东北亚合作的中心枢纽,建设好哈尔滨—满洲里—俄罗斯—欧洲,哈尔滨—绥芬河—海参崴—日本海,长春—延吉—珲春—日本海等陆上、陆海丝路带,推动东北地区与京津冀地区融合发展,建立若干产业合作与创新转化平台,支持东北地区振兴发展。

9.2.8　建立完善的风险和信用管理体系

随着新政策的出台,自由贸易试验区开放的监管越来越复杂,在区域范围

内建立完善的风险控制和信贷管理至关重要。具体表现在如下方面：一是明确法律，通过制定相关法律减少后续风险，使之有法可依，向全区企业和个人普及，进一步推动后续法律的实施；二是建立风险和信用评估平台，制定统一的风险预警规则；三是有关部门应注意审查投资者和企业的相关信息，提高信息的公开性和透明度，控制证券审查制度。此外，还应对自由贸易试验区的主要经济风险和信贷进行控制。随着自由贸易区影响力的扩大，还应逐步推进自由贸易区内与产业和企业密切相关的经济主体的统一管理，在完善的区域性风险和信贷管理体制下，尽可能减少自由贸易区对区域经济发展可能产生的风险。

9.3 黑龙江自由贸易试验区推进区域经济联动发展的具体措施

黑龙江自由贸易试验区与其他经济功能区的协同发展应围绕自由贸易试验区的战略定位，充分发挥其制度创新和对外开放优势，同时叠加其他经济功能区产业、政策和空间优势，推进协同创新和共建共享。根据自由贸易试验区各片区功能定位和其他经济功能区产业布局，以产业协同发展为主线进行积极探索，例如可选择新材料、高端装备制造、生物医药、冰雪经济、国际贸易等产业在国家级新区、海关特殊监管区和省级经济功能区中开展协同发展试点，逐步形成可复制推广的有效经验。

9.3.1 新材料产业协同发展

充分发挥科研院所和龙头企业的带动作用，以自由贸易试验区哈尔滨片区为核心与其他经济功能区协同发展新材料产业。具体内容包括：依托中国五矿等重点企业，延长石墨精深加工产业链，延伸碳纤维加工产业链，做优碳基新材料产业；推动东轻铝业等龙头企业专注于高端金属基材料，研发铝镁合金、铜合金等新产品，加快能源用钢、特种金属功能材料发展，做强金属基材料产业；引进恒天纤维等重点企业，加快开发生物基纤维、生物基橡胶，做大生物基材料产业；利用石油化工、煤化工产品，拓展高性能塑料和树脂、高性能橡胶和弹性体行业，推动设备等领域的应用，做好高分子材料行业，扩大金属基复合材料和金属基复合材料在航天和超低能建筑中的应用规模，深化复合材料行业。

9.3.2 高端装备制造产业协同发展

立足高端装备制造业既有优势，利用科研机构、龙头企业等各类资源，以自由贸易试验区哈尔滨片区为核心与其他经济功能区开展联合攻关和协同创新，推动成果转化为项目落地，以提升产业核心竞争力。具体内容包括：依托哈尔滨电器集团、哈尔滨船舶锅炉涡轮机研究所等重点企业和科研院所建设一批重大项目，推动重型装备等优势产业升级，培育壮大风电、环保等新兴装备产业。实现协同发展的关键在于加强产业链上下游协作，加强原料开发、产品选择、工艺适应、示范推广、批量生产等环节的整体联动，形成安全高效的生产支撑体系，这样才能保证高端装备制造产业协同发展。

9.3.3　生物医药产业协同发展

依托哈尔滨医药基础雄厚、科研院所集中、产学研用贯通等优势，以自由贸易试验区哈尔滨片区为生物医药产业协同发展引领极，其他经济功能区依据资源禀赋和区域特色协同发展本地生物医药产业。具体内容包括：充分发挥哈尔滨生物医药产业园的核心承载功能，整合产业资源，建立发展智库，创建省生物医药产业情报服务区，通过上市持有人制度促进药号资源的聚集和流动，支持制药企业向药品合同制造业转型，将创新型成果应用到牡丹江、绥化、七台河、伊春、黑河等地经济功能区生物医药产业的发展中，建立生物医药产业链，从而形成研发与应用深度交融的黑龙江省生物医药产业协同发展新格局。

9.3.4　冰雪产业协同发展

依托资源禀赋和产业基础进行制度创新，以自由贸易试验区哈尔滨片区为核心搭建冰雪经济产业平台，建立"线上冰雪经济产业园"，采取税收减免、财政补贴等激励政策，把其他经济功能区内的冰雪产业纳入"线上冰雪经济产业园"协同发展，创建冰雪旅游、冰雪赛事培训、冰雪休闲体育、冰雪文化创意、冰雪设备制造、冰雪经济产业集群。具体内容包括：建设哈尔滨冰雪旅游旗舰基地、风景名胜区和高水平冰雪主题旅游度假区，打造高质量的冰雪旅游产品，增加冰雪旅游质量路线，扩大冰雪旅游产业，积极举办有影响力的高水平冰雪比赛，发展冰雪体育赛事经济，通过扩大休闲体育创建冰雪体育训练基地，发展冰雪休闲体育和训练产业，积极在冰雪博览会背景下建设冰雪艺术区，扩大冰雪文化产品供应，开展冰雪节专项活动等大力发展冰雪文化产业；通过提升冰雪装备研发、设计和生产能力，推动索道、造雪机等优势产品升级，通过高新冰雪装备、冰雪运动器材研发，开展竞赛服装、室内冰雪训练系统等产品生产制造。

9.3.5　数字经济协同发展

充分发挥哈尔滨在黑龙江省数字经济发展中的内核驱动作用，以自由贸易试验区哈尔滨片区为核心搭建数字经济产业平台,将其他经济功能区数字产业纳入其中协同发展,将哈尔滨打造为黑龙江省数字经济发展核心区。具体内容包括:依托哈工大等高校和科研院所科技人才优势和数字经济创新发展试验区等载体资源优势,建设数字技术创新中心、科技成果孵化中心、转化中心、数字产品制造中心等,使哈尔滨成为全省数字经济发展动力源和引领者;依托哈大齐自主创新示范区及工业走廊、亚布力论坛等产业基础,建设数字经济研发创新基地、高端装备数字化示范应用基地、数字经济创新创业策源地,支撑数字经济蓬勃发展;充分发挥黑河、绥芬河自由贸易片区和边境地区综合保税区、互市贸易区等功能,促进跨境电商、智慧物流等数字经贸合作,探索发展数据跨境交易新模式,加快建设智慧口岸群、数字产品进出口加工基地示范区。

9.3.6 现代物流产业协同发展

立足哈尔滨市物流枢纽的独特区位优势,以自由贸易试验区哈尔滨片区为核心协同自由贸易试验区其他片区和其他经济功能区推动现代物流产业共同发展。具体内容包括:提升现有铁路货场和物流园区的功能,发展租赁和仓储代理业务,密集和高效地利用物流资源,促进物流业的专业发展;建设中欧货运列车哈尔滨东走廊集装中心和哈尔滨、黑河、绥芬河-东宁国家物流枢纽,完成跨境物流体系;依托绥芬河等边境港口城市建设跨境电子商务边境仓库、海外仓库和配送中心,采用保税进口和企业对企业出口模式,开展跨境电商零售进口试点,提高商品跨境流通效率。

9.3.7 国际贸易协同发展

以黑龙江自由贸易试验区哈尔滨片区为对俄罗斯及东北亚国际贸易的承载高地,联动自由贸易试验区黑河、绥芬河片区和其他经济功能区实现黑龙江省国际贸易协同发展。具体内容包括:发挥哈尔滨片区国际大宗商品交易平台作用,共享"链上自贸"数字化贸易平台,整合自由贸易试验区和其他经济功能区国际贸易资源,鼓励贸易方开展线上交易,帮助生产企业和贸易流通企业提升成交效率,扩大贸易机会,保障交易安全;结合自由贸易试验区哈尔滨片区大宗商品通关便利化创新成果,建设具有先进水平的国际贸易"单一窗口"为企业提供快捷通关服务,降低进口成本;建设对俄跨境电子商务综合试验区,便于企业通过跨境电商完成进出口业务,联动其他经济功能区开展跨境电商服务试点城市,开展跨境电商与县域电商合作,同时促进直播带货与跨境电商保税备货创新融合发展。

9.4　本章小结

按照"供给—需求—环境"结构框架,从供给、需求、环境三个角度来分析政策支持体系,从供给侧政策保障措施、需求侧政策保障措施、优化营商环境政策保障措施略三个层面提出具体保障措施,揭示政策支持的内在逻辑思路,提出政策支持的总体结构框架及具体保障措施分为财政政策保障措施、税收政策保障措施、金融政策保障措施、产业政策保障措施、法规政策政策保障措施。黑龙江自由贸易试验区推进区域经济联动发展的具体措施:根据自由贸易试验区各片区功能定位和其他经济功能区产业布局,以产业协同发展为主线进行积极探索,可选择冰雪经济、国际贸易等产业在国家级新区、海关特殊监管区和省级经济功能区中开展协同发展试点,逐步形成可复制推广的有效经验。

参考文献

[1] 林海英,丁茹,许海清,等."双循环"视域下自由贸易试验区对农产品贸易的区域异质性影响[J].商业经济研究,2023(9):130-134.

[2] 毛伟,王伟,李飞星.自由贸易试验区的设立促进了产业结构合理化吗——基于准自然实验的双重差分模型分析[J].湖北经济学院学报,2022,20(1):47-58,126-127.

[3] 宋丽颖,郭敏.自由贸易试验区政策对地方财力的影响研究——基于双重差分法和合成控制法的分析[J].经济问题探索,2019(11):14-24.

[4] 张军,闫东升,冯宗宪,等.自由贸易试验区设立能够有效促进经济增长吗?——基于双重差分方法的动态视角研究[J].经济问题探索,2018(11):125-133.

[5] 王利辉,刘志红.上海自由贸易试验区对地区经济的影响效应研究——基于"反事实"思维视角[J].国际贸易问题,2017(2):3-15.

[6] 王福龙,张瀚云.天津自由贸易试验区建立对京津冀地区经济发展的影响[J].全国流通经济,2021(22):131-134.

[7] 黄襄,王凡,吴安兵.我国地区经济高质量发展的测度及时空演变特征[J].统计与决策,2021,37(17):112-117.

[8] 谭娜,周先波,林建浩.上海自由贸易试验区的经济增长效应研究——基于面板数据下的反事实分析方法[J].国际贸易问题,2015(10):14-24,86.

[9] 黄启才.自由贸易试验区政策溢出效应的个案研究[J].经济纵横,2017(5):92-98.

[10] 王生金,张婧悦.中俄蒙自由贸易试验区设立的可行性与经济效应研究[J].国际商务研究,2021,42(6):96-106.

[11] 何杰,唐亮.西部内陆自由贸易试验区的经济增长效应研究:基于合成控制法[J].国际商务研究,2023,44(1):101-110.

[12] 刘一鸣,王艺明,刘志红.自贸试验区的经济增长与外溢效应——基于改进的政策效应评估方法[J].山东大学学报(哲学社会科学版),2020(5):118-130.

[13] 刘杨,曲如晓,曾燕萍.中国自由贸易试验区的政策效应评估[J].国际贸易问题,2021(4):1-16.

[14] 赵亮,陈淑梅.自由贸易试验区驱动经济增长:思想演进及作用机制探究[J].贵州社会科学,2016(9):135-141.

[15] 叶霖莉.中国自由贸易试验区的经济增长效应评估——基于沪津闽粤自由贸易试验区的实证研究[J].国际商务研究,2020,41(3):97-108.

[16] 张阿城,于业芹.自由贸易试验区与城市经济增长:资本、技术与市场化——基于PSM-DID的拟自然实验研究[J].经济问题探索,2020(10):110-123.

[17] 蔡玲,杨月涛.自由贸易试验区政策与经济增长[J].现代经济探讨,2021(6):68-76.

[18] 王军,马骁,张毅.自由贸易试验区设立促进经济高质量发展的政策效应评估——来自资源配置的解释[J].学习与探索,2023(1):127-137.

[19] 贾彩彦,华怡然.自由贸易试验区片区对城市经济的作用评估:基于地级市层面的多期双重差分法研究[J].国际商务研究,2022,43(6):94-104.

[20] 邱冬阳,曹奥臣,甘珈蔚.设立自由贸易试验区促进经济增长存在地区差异吗?——基于准自然实验的实证研究[J].投资研究,2022,41(11):65-81.

[21] 崔日明,陈永胜.自由贸易试验区设立、经济集聚与城市创新[J].经济理论与经济管理,2022,42(11):97-112.

[22] 黄玖立,周璇.定制化与地方保护主义:经验证据及对自由贸易试验区建设的启示[J].管理世界,2018,34(12):56-66.

[23] 孙浩进,尹兴.黑龙江自由贸易试验区承接对俄产业转移合作研究[J].西伯利亚研究,2019,46(6):5-10.

[24] 张国庆.我国自由贸易试验区的建设与发展问题[J].全球化,2018(7):22-27,134.

[25] 刘贺.从自由贸易试验区扩容看我国区域经济均衡发展路径[J].经济问题探索,2018(2):67-74.

[26] 殷华,高维和.自由贸易试验区产生了"制度红利"效应吗?——来自上海自由贸易试验区的证据[J].财经研究,2017,43(2):48-59.

[27] 赵亮,陈淑梅.经济增长的"自由贸易试验区驱动"——基于中韩自由贸易试验区、中日韩自由贸易试验区与RCEP的比较研究[J].经济评论,2015(1):92-102.

[28] 周汉民.我国四大自由贸易试验区的共性分析、战略定位和政策建议[J].国际商务研究,2015,36(4):36-46.

[29] Mitsuyo A. Impacts of FTAs in East Asia: CGE Simulation Analysis [J]. RIETI Discussion Paper Series,2009(7):28-31.

[30] Ignaraja G. Assessing Liberalization and Deep Integration in FTAs: A Study of Asia-Latin American FTAs[J]. Journal of East Asian Economic Integration,2013(17):385-415.

[31] Mold A,Mukwaya R. Modelling the Economic Impact of the Tripartite Free Trade Area: Its Implications for the Economic Geography of Southern, Eastern and Northern Africa[J]. Journal of African Trade,2016(3):57-68.

[32] 蔡莹.双碳视角下城市群绿色转型效率测度及实现路径研究[D].武汉:中南财经政法大学,2022.

[33] 胡艺,张义坤,刘凯.内陆型自由贸易试验区的经济外部性:"辐射效应"还是"虹吸效应"?[J].世界经济研究,2022(2):54-72,135.

[34] 杨振华,肖军.自由贸易试验区建设背景下区域产业供应链发展优化路径[J].商业经济研究,2021(9):176-178.

[35] 王爱俭,方云龙,于博.中国自由贸易试验区建设与区域经济增长:传导路径与动力机制比较[J].财贸经济,2020,41(8):127-144.

[36] 应望江,范波文.自由贸易试验区促进了区域经济增长吗?——基于沪津闽粤四大自由贸易试验区的实证研究[J].华东经济管理,2018,32(11):5-13.

[37] 韦颜秋,邱立成.自由贸易试验区建设对母城及区域发展的辐射效应——以天津自由贸易试验区为例[J].城市发展研究,2015,22(9):81-84,90.

[38] 吴楚豪.中国自由贸易试验区的区域经济效应及影响因素——基于省份与城市面板数

据的实证研究[D].武汉:武汉理工大学,2021.

[39] 叶霖莉.中国(福建)自由贸易试验区经济效应研究——基于反事实分析法的实证测度[J].集美大学学报(哲学社会科学版),2019(2):64-74.

[40] 李国英.河南省自由贸易试验区的功能分类与定位分析——基于与国内外自由贸易区的比较优势[J].黄河科技大学学报,2016,18(1):22-26.

[41] 祁欣,孟文秀.全球自由贸易园区发展模式及对比分析[J].对外经贸实务,2010(6):20-23.

[42] 陈爱贞,刘志彪.自贸区:中国开放型经济"第二季"[J].学术月刊,2014,46(1):20-28.

[43] 曹远征,赵雪情,安然.系列二十:上海自贸区:避开资本账户开放的"囚徒困境"[C]//中国人民大学国际货币研究所.《IMI研究动态》2014年合辑.《IMI研究动态》编辑部,2014:2.

[44] 方磊,宗刚,初旭新.我国内陆地区自贸区建设模式研究[J].中州学刊,2016(1):31-35.

[45] 王建文,张莉莉.论中国(上海)自由贸易试验区金融创新的法律规制[J].法商研究,2014,31(4):13-21.

[46] 陈林,罗莉娅.我国外资准入壁垒的政策效应研究——兼议上海自由贸易区改革的政策红利[C]//中国对外经济贸易会计学会.中国对外经济贸易会计学会2014年学术年会论文集,2014:19.

[47] 王利辉,刘志红.上海自贸区对地区经济的影响效应研究——基于"反事实"思维视角[J].国际贸易问题,2017(2):3-15.

[48] 孙浩.上海自贸试验区海关监管服务改革的创新发展探究[J].上海经济研究,2015(12):79-86,96.

[49] 陈琪,刘卫.建立中国(上海)自由贸易试验区动因及其经济效应分析[J].科学发展,2014(2):43-50.

[50] 杨向东.中国(上海)自由贸易试验区的经济与政治效应关系初探——以国民待遇为视角[J].上海财经大学学报,2014,16(6):97-104.

[51] 谭娜,周先波,林建浩.上海自贸区的经济增长效应研究——基于面板数据下的反事实分析方法[J].国际贸易问题,2015(10):14-24,86.

[52] 高莉,迟连翔.图们江自由贸易区的建立及税制建设的思考[J].涉外税务,1994(2):15-17.

[53] 解涛,张翔宇.中俄贸易结构分析——兼论建立中俄自由贸易区的可能选择[J].生产力研究,2009(10):53-55,64.

[54] 张利俊.关于内蒙古边民互市贸易区运营发展的思考——以满洲里和二连浩特为例[J].商业经济,2012(8):41-42,105.

[55] 周海涛,林映华.政府支持企业科技创新市场主导型政策构建研究——基于"市场需求—能力供给—环境制度"结构框架[J].科学学与科学技术管理,2016,37(5):3-16.

[56] 蒙丽珍.中国—东盟自由贸易区框架下的财政政策协调[J].财政研究,2007(9):37-39.

[57] 丘东晓.自由贸易协定理论与实证研究综述[J].经济研究,2011,46(9):147-157.

[58] 张婷玉.美国自由贸易区战略研究[D].沈阳:辽宁大学,2014.

[59] 钟智全,马秋云,杨鹏.加快推进广西构建边境自由贸易区的思考[J].东南亚纵横,2014(6):24-28.

[60] 赵传君.对中俄贸易优势互补的实证分析[J].北方经贸,2010(6):3-5,25.

[61] Scitovsky T. Economic Theory and European Integration[M]. London: George Allen and Unwin,1958.

[62] Rivera-Batiz, Luis, Paul M. Romer. Economic Integration Endougenous Growth[J]. Quarterly Journal of Economics,1991,106(1):531-555.

[63] Johansson H,Nilsson L. Export processing zones as catalysts[J]. World Development,1997,125(12):2115-2128.

[64] Soloaga I,Winters L A. Regionalism in the Nineties: What Effect on Trade[Z]. CEPR Discussion Paper,1999.

[65] Hallaert J. Can Regional Integration Accelerate Development in Africa CGE Model Simulations of the Impact of the SADCFTA on the Republic of Madagascar[Z]. MF Working Papers No. 66 International Monetary Fund,2007.

[66] Schrank, Andrew. Export Processing Zones in the Dominican Republic: Schools or Stopgaps[J]. World Development,2008,136(8):1381-1397.

[67] Sawkut Rojid,Vinesh Sannassee,Sooraj Fowdar. The Net Contribution of the Mauritian Export Processing Zone Using Benefit-cost Analysis[J]. Journal of International Development,2009,121(2):379-392.

[68] Kim Sang Kyum. An Analysis on Measuring the Economic Benefit of Free Trade Zones: Case Studies on Preliminary Feasibility Studies in Korea[J]. Journal of Korea Trade. 2010,114(2):55-80.

[69] Bolle,Williams. U. S. Foreign Trade Zones: Background and Issues for Congress[R]. CCRS Report for Congress,2012.

[70] 姜文仙.区域协调发展的动力机制研究[D].广州:暨南大学,2011.

[71] 白恩来,赵玉林.战略性新兴产业发展的政策支持机制研究[J].科学学研究,2018,36(3):425-434.

[72] 温皓斐.黑龙江省自贸试验区与区域联动发展的机制与路径研究[D].哈尔滨:哈尔滨商业大学,2020.

[73] 李春珍.机制与路径:中国(山东)自由贸易试验区内外联动发展研究[J].枣庄学院学报,2022,39(6):107-112.

[74] 崔大为.黑龙江自由贸易试验区口岸与区域经济协调发展研究[D].哈尔滨:哈尔滨商业大学,2022.